폐불훼석과
근대불교학의 성립

근대 초기 일본불교 재활 연구

폐불훼석과
근대불교학의 성립

근대 초기 일본불교 재활 연구

이태승 지음

머리말

《폐불훼석과 근대불교학의 성립 - 근대 초기 일본불교 재활 연구 》는 메이지 유신으로 시작되는 근대기 일본불교가 겪은 소위 폐불훼석의 불교탄압으로부터 다시 회생하는 불교계의 상황을 연구논문의 형태로 집필하여 한 권의 책으로 엮은 것이다.

주지하는 바와 같이 일본의 불교계는 근대 이전 즉 도쿠가와 막부의 근세기에는 불교가 거의 국교에 해당할 정도로 사회적인 역할은 물론 신앙상 중요한 기능을 담당하였다. 곧 260여 년의 근세기에 불교는 사회적 행정기구의 역할은 물론 모든 백성들의 신앙적 구심점의 역할을 하였던 것이다. 하지만 메이지의 근대에 들어 돌연 불교는 종교상 적폐대상으로 간주되어 메이지 정부의 공적 행정에서는 물론 사회적으로 적대시 내지 백안시 되는 상황을 맞게 된다. 여기에는 메이지 정부의 정치체제로서 천황제의 이념을 제공하는 신도국교화의 종교행정으로 불교가 배척된 것에도 중요한 이유가 있었지만 근세기 오랜 기간 불교가 국교의 지위를 누린 이면에 종교적 활력이 저하된 데 대한 사회적 반발 등이 작용하였던 것도 물론이다. 불교에 대한 국가적 적대감은 폐불훼석의 사회적 풍조로 나타나고 또한 일반사회에서의 적대감 또한 불교경시와 무시의 사회적 경향으로 나타나게 되는 것이 근대 초기 들어 불교계에 닥친 모습이라 할 수 있다.

본서는 근대 초기의 불교계에 엄습한 불교에 대한 탄압과 무시의 상황을 불교계가 어떻게 극복하여 갔는가를 살펴보고자 한 것이다. 그리고 여기에는 단순히 극복이라는 상황을 넘어 오늘날 전 세계에 불교학의 메카로서 자리잡은 일본 불교학계의 성립이 불교탄압의 폐불훼석과 어떠한 관련을 갖는가에 대한 오랜 의문에 대한 답을 본서를 통해 찾고자하는 목적이 전제되어 있다. 이러한 뜻을 담은 본서는 〈서장〉과 본문 9장의 전체 10장으로 구성되어 있다. 이전 10장의 내용을 편의상 4부로 구분하였는데, 각각의 부의 명칭은 앞에서 언급한 저자의 의도를 반영해 붙인 것이다. 따라서 본서는 〈서장〉과 〈제1부 : 폐불훼석과 불교계의 대응〉, 〈제2부 : 근대불교학의 성립과 전개〉, 〈제3부 : 이노우에 엔료의 생애와 사상〉, 〈제4부 : 부편〉으로 구성되어 있다. 다음에서 각각의 장에 대한 간단한 설명을 하기로 한다.

먼저 〈서장 : 일본 메이지 시기 불교의 전개와 근대불교학의 성립〉은 본서 전체의 내용에 해당하는 것으로, 폐불훼석의 상황과 원인 그리고 이에 대한 극복과 근대불교학의 성립 전반에 대한 고찰을 시도한 것이다. 이 〈서장〉에서 다룬 내용을 보다 세밀하게 고찰한 것이 본문의 연구논문이며, 본문에서 다루지 못한 근대 불교의 위상이나 불교계와 전쟁 등의 문제는 〈제4부 : 부편〉에서 다루었다. 이 〈서장〉의 집필은 비교적 일찍 이루어졌고, 이 〈서장〉의 집필로 인해 일본 근대불교에 대한 관심이 깊어지고 구체화되었음은 물론 본서가 만들어지는 직접적인 계기가 되었다.

〈제1부 : 폐불훼석과 불교계의 대응〉에는 3편의 논문이 실려 있다. 〈제1장 : 일본 메이지 시대의 불교와 신도의 갈등〉은 근대기에 들어 불교를 대신해 새로운 국교로서 간주된 신도와 불교의 갈등과 투쟁을 보다 구체적으로 살펴본 것이다. 근대기 정치권력에서 천황제의 이념을 제공하며 국가종교로 등장하는 신도국교화의 종교정책에 대한 불교계의 대응과 분전의 관계를 보다 세밀하게 고찰하였다. 〈제2장 : 일본 근대 제종동덕회맹의 성립과 역할〉은 폐불훼석의 사회적 풍조 속에 불교계의 구체적인 대응으로서 제종동덕회맹의 성립 계기와 그 역할을 살펴본 것이다. 이 제종동덕회맹은 교토에서 그 출발이 이루어지지만 후에 도쿄에서 보다 큰 사회적 역할이 이루어지는 구체적인 내용과 활동 경과 등에 대해 세밀하게 고찰 정리하였다. 〈제3장 : 일본 근대 대교원의 설립과 그 역할〉은 일본 근대기 신도 일변도의 종교정책이 변경되어 불교계도 국가의 이념을 전달하는 종교로서 인정된 시점에서 불교계의 사회적 역할을 실제 담당하는 기관으로서 대교원 설립의 배경과 그 전개 상황을 살펴본 것이다. 이 대교원의 설립과 관련해 크게 주목받은 인물이 시마지 모쿠라이로서, 그는 대교원의 설립은 물론 대교원의 폐지 운동에서도 적극적인 역할을 담당한다. 대교원의 설립과 폐지의 구체적인 진행절차와 이와 관련된 시마지 모쿠라이 활약상에 대한 구체적인 모습을 정리하였다.

〈제2부 : 근대불교학의 성립과 전개〉에는 두 편의 논문이 실려 있다. 〈제4장 : 일본 근대 인도철학의 성립과 전개〉는 근대불교학 성립의 직접적인 계기가 된 도쿄대학에서의 〈불서강의〉 강좌개설의 상황과 그 강좌를 담당한 하라 탄잔의 생애를 살펴본 것이다. 이 〈불서강의〉

강좌는 개설 이후 계속 존속되어, 인도철학 내지 인도철학과의 성립으로 이어져 오늘날 현재까지 이어지고 있다. 근대불교학의 위상 정립에 중요한 역할을 담당한 인도철학의 구체적인 성립과 전개를 살펴보았다. 〈제5장 : 일본 최초의 〈인도철학사〉 강의록에 대한 일고찰〉은 근대불교학의 전개에 큰 역할을 담당한 인도철학과 관련해, 불교학으로서의 인도철학이 아니라 순수한 인도철학의 학문이 도쿄대학에서 전개된 역사적 상황에 대해 살펴보았다. 이러한 역할을 담당한 사람이 일본인 최초로 도쿄대학 철학과 교수를 역임한 이노우에 테츠지로로서, 그의 생애와 삶을 조명해 살펴보았다. 불교학의 전통을 바탕에 둔 인도철학이 아니라 순수한 인도철학을 강의하게 된 역사적 배경에는 유럽 유학을 통해 당시 성행하던 인도학에 관심과 열정이 담겨져 있었음은 물론 이노우에 테츠지로 스스로도 인도철학을 강의한 자부심을 가지고 있었던 것을 확인할 수 있었다.

〈제3부 : 이노우에 엔료의 생애와 사상〉에는 두 편의 논문이 실려 있다. 〈제6장 : 일본 근대의 불교가 이노우에 엔료의 활불교철학〉은 이노우에 엔료의 불교에 대한 기본 이념인 활불교의 개념을 구체적으로 살펴본 것이다. 이노우에 엔료는 정토진종의 절에서 태어나 불교적인 이해를 할 수 있는 입장에 있었지만 도쿄대학에서 철학을 공부해 불교의 철학적 가치를 새삼 알기 전까지는 불교를 구습에 젖은 종교라는 인식 밖에 가지지 않았음을 스스로 고백하고 있다. 불교의 철학적 종교적 가치를 자각한 이노우에 엔료는 이후 다수의 저술을 통해 불교의 가치를 드러내어 불교의 위상을 높이고 정립하는데 중요한 역할을 담당하였다. 그의 핵심적인 개념인 활불교의 의미를 살펴보고 그의 불교

재활에 대한 구체적인 노력과 열정을 정리하였다. 〈제7장 : 이노우에 엔료의 기독교 비판과 의의〉는 불교의 재활에 노력한 이노우에 엔료의 종교적 고찰에 대한 모습으로 일본에 유입된 기독교에 대한 입장을 살펴보았다. 당시 기독교는 서구의 과학문명을 받아들이려는 일본정부의 입장에서는 용인할 수밖에 없었지만, 종교적 대립이 불가피한 상황에서 이에 적극적으로 나서서 기독교와 논전을 벌인 측이 불교이었고, 불교측의 입장에서 세밀하고 철저하게 논전에 참여한 대표적인 인물이 이노우에 엔료였다. 그의 기독교 비판의 논리는 물론 당시 불교계의 기독교 비판의 전반적인 모습을 고찰하였다.

〈제4부 : 부편〉에는 앞의 개별적인 논문과는 달리 본서 전체를 이해할 수 있는 내용의 논문을 실었다. 〈제8장 : 한국의 입장에서 본 일본 근대기의 불교〉에서는 근대기 불교계의 전반적인 양상을 살펴보았다. 곧 불교계가 폐불훼석의 위기를 맞이해 스스로 탈바꿈을 시도하여 사회적으로 수용되는 새로운 불교의 위상을 가졌음에도 장식불교와 같은 근세기 이래의 불교형태도 그대로 존속하게 된 배경 등에 대해 스에키 후미히코 선생의 견해에 근거해 살펴보았다. 스에키 후미히코 선생은 일본불교사 전공의 탁월한 연구자로서, 특히 근대와 관련해서도 저자로서 많은 유익한 도움을 받았다. 본고에서는 근대불교의 위상은 물론 불교계와 전쟁과의 관계 등 근대기 전반의 일본불교에 대해 저자로서 본인의 입장을 정리하였다. 마지막의 〈제9장 : 일본 근대기 불교 재활에 기여한 불교가의 생애〉에서는 근대기 불교계의 위상 제고에 크게 기여한 불교가의 생애를 정리하였다. 여기에 정리한 불교가는 본서와의 관계에서는 물론 저자가 오랫동안 궁금해 했던 불교학자들의 생애도 함께 살펴보았다. 〈서장〉의 말미에서 근대기에 활약한 불교가의 이름을 정리하였지만, 중요한 불교가의 생애를 좀 더 살펴보아야 할 필요가 있다고 생각해 정리 고찰하였다.

본서는 저자가 오래전 일본에 유학한 이래 오늘날의 일본불교 모습에 대해 관심과 주의를 기울이게 된 최근 수년간의 연구 결실이라 할 수 있다. 따라서 본서는 저자의 본래 전공으로서 인도대승불교철학과는 달리 좀 더 현실적인 일본불교의 모습에 대한 정리를 시도하여 엮은 결과물이다. 사실 불교학의 연구에 심혈을 기울인다 해도 그 연구의 대상이나 방법에 따라 이해방식과 연구결과는 크게 차이가 날 수 있다. 그런 점에서 인도대승불교철학에 대한 연구가 사상적, 철학적인 이해에 집중된다면 근대불교의 연구는 역사적, 현실적 문제에 관심을 가지게 한다. 그리고 일본 근대기가 우리나라의 식민지 시기 즉 일제강점기와 연결되는 까닭에 연구의 폭이 넓어지고 깊어짐에 따라 긴장과 주의력은 더욱 높아짐을 느낀다. 본서는 비록 이러한 긴장과 주의력이 극도로 요구되는 예민한 시기의 책은 아니지만, 근대기 불교의 재생, 재활에 초점을 둔 책으로 저자로서 반드시 알고 정리할 필요가 느껴 그간 심혈을 기울인 책이라 할 수 있다. 따라서 본서는 저자에게 당연히 중요한 의미를 갖는 책임은 물론 본서를 접하는 독자들에게도 일본이나 일본불교에 대한 이해에 도움이 된다면 크게 다행이라 생각한다.

저자로서 나름 최선을 다해 책을 엮었지만, 돌이켜보면 본서는 아마도 서울대 명예교수이신 최병헌 선생님의 불교에 대한 헌신적인 마음이 없으셨다면 그 초석은 제때에 놓이지 않았을 것이다. 본서 〈서장〉 집필의 직접적인 계기를 만들어주시고 〈제1장〉 또한 선생님의 추천으로 발표를 한 것이 토대가 되었다. 지금도 여전히 한국불교의 위상을 높이기 위해 애쓰시는 선생님의 건강과 무병장수를 기원한다. 그리고 본서에서도 자주 인용한 스에키 후미히코 선생에게도 감사를 올린다. 일본 근대불교에 한창 목말라 있었을 때 선생님의 책 《근대일본과 불교》는 풍부한 자료와 지식을 제공해 주었다. 2013~15년 교토의 국제 일본문화연구센터에 매년 1개월 정도 머물며 자료를 볼 수 있도록 배려해주신 은덕도 아마 잊을 수 없을 듯하다. 늘 건강하시길 기원한다. 또한 본서가 제대로 나올 수 있도록 도움을 준 위덕대학교 대학원의 제자 이명숙에게 감사를 올리고 싶다. 학부와 대학원 재학시절 내내 저자에게 많은 도움을 주고 학문의 즐거움을 함께하며 열심히 교정에 애써준 데 감사를 드린다. 그리고 만학도로서 일본문화에 관심을 가지고 학업에 임하면서 본서의 윤독과 교정에 적극 참여해 준 김영애에게도 고마움을 전한다. 앞으로도 늘 웃음을 잃지 않고 뜻있는 일에 자신의 능력을 바치기를 기대한다.

본서는 근대기 일본불교에 대한 이해의 단면을 저서로 엮은 것으로, 향후 본서가 우리나라 불교의 발전은 물론 한국과 일본 간의 불교문화에 대한 상호이해의 계기가 되었으면 하는 바람이다. 독자제현의 질정을 기대하며 본서를 읽어주는 분들에게 부처님의 가피가 있기를 기원한다.

2019년 5월
위덕의 연구실에서
저자 識

추천사

일본 근대불교의 연구는 일본에서도 상당히 뒤쳐져 있다. 불교학에서는 고전적인 문헌·사상의 연구가 중심으로, 근대불교는 그다지 연구가치가 없는 것으로 생각되었다. 또 근대사의 연구에서는 정치·경제의 문제가 중심으로, 불교사는 그 주변의 극히 작은 문제로서 밖에 간주되지 않았다. 이런 근대불교의 연구가 급속히 진전된 것은 최근 십 수년의 일이다. 2004년 내가 《명치사상가론》, 《근대일본과 불교》의 두 책을 출간하여 근대일본에서 불교사상의 중요성을 지적했을 때, 종래 연구가 적었던 영역으로 그 내용도 두서가 없었음에도 불구하고, 다수의 연구자로부터 호평을 받았다. 그 즈음부터 급속히 근대불교의 연구가 성행을 이루어 오늘날에는 젊고 유능한 연구자가 차례로 큰 성과를 내고 있다. 일본근대불교사연구회의 활동은 활발하며, 그 기관지 《근대불교》에는 의욕적인 논문이 차례차례 발표되고 있다.

일본의 근대사를 생각할 때 종교의 문제가 중요한 의미를 갖는 것은 금일 명백하다. 신도는 천황의 조상을 제사지내는 것으로 국가에 의해 유지되고, 근대국가의 이데올로기적 지배원리로서, 국민들 사이에 침투했다. 불교도 또 그와 같은 신도의 동향과 무관계하지 않고, 신도를 보완해 국민의 조상 숭배를 지지하는 종교로서 역할을 다하였다. 이와 같은 종교의 역할은 일본의 식민지 지배에서도 같은 모양이었다. 식민지에는 먼저 신사가 창설되고, 그것과 함께 불교가 식민지 지배에 이용되었다.

그러나 불교는 완전히 국가에 흡수된 것은 아니었다. 문제의식을 가진 불교가들에 의해 근대라는 시대 속에 새로운 불교를 구축하려는 노력이 계속되어, 갖가지 사상과 활동의 전개가 이루어졌다. 일찍이 근대는 단순히 탈종교의 세속화의 시대라고 간주되었지만, 그와 같은 견해가 오류인 것은 더 이상 누구의 눈에도 명백하다. 앞으로의 시대를 어떻게 만들어 갈 것인가를 생각하는 데에서도 근대사회 속에서 불교가 담당한 역할을 적절히 규정해 가는 것은 불가결한 일이다.

본서의 저자인 이태승 씨는 고마자와 대학에 유학하고, 인도의 중관불교를 전공으로 하고 있지만, 근년 일본의 근대불교의 중요성을 인식하고, 그 연구를 진행하고 있다. 그리고 나의 《근대일본과 불교》를 한국어로 번역 출판해 주기도 하였다(공저). 한국과 일본 사이에는 식민지 지배라는 불행한 과거가 있고, 한국에서 근대 일본불교의 연구는 곤란한 점이 있을 것이라 생각된다. 그렇지만 양국의 근대 관계를 냉정히 생각하기 위해서도 연구를 진행하는 것은 필요하다고 생각된다. 씨의 최근의 연구 성과가 출판되는 것은 지극히 그 의의가 크다고 생각된다.

2019년 5월
도쿄대학 명예교수 스에키 후미히코

목차

제1부 : 폐불훼석과 불교계의 대응

제1장 일본 메이지 시대 불교와 신도의 갈등 65

제 3 부 : 이노우에 엔료의 생애와 사상

서장
일본 메이지 시기 불교의 전개와 근대불교학의 성립

I. 서언

먼저 필자가 일본의 근대불교에 관심을 갖게 된 연유를 밝히는 것으로
〈서언〉을 시작하고 싶다. 필자가 일본의 불교 좀 더 엄격하게 말하면
일본의 불교학에 관심을 가졌던 것은 대학 시절 불교학 관련 일본 서
적을 접하면서부터였다고 할 수 있다. 불교학에 관한 방대한 일본 서적
을 접하면서 일본의 불교학에 관심을 가졌고, 그리고 그 관심은 1988
년 일본 유학을 계기로 좀 더 깊어질 수 있었다. 그렇지만 일본의 불교,
좀 더 명확하게 말하면 일본 근대불교의 분야는 필자의 직접적인 전공
영역이 아니어서 실제 본격적인 연구를 하기는 어려웠다. 하지만 필자
의 전공 분야인 인도대승불교철학에 대한 연구를 진행하는 한편으로
일본의 근대불교에도 관심을 가져, 그 일환으로 1995년 〈근대 일본 불
교학의 공과(功過)〉라는 일본어 논문을 번역 발표하고 또한 2006년
한국불교학회에서는 〈일본 메이지 시대 폐불훼석(廢佛毁釋)의 전개와
그 원인에 대하여〉란 제목의 논문을 발표하기도 하였다. 한국불교학회
의 발표는 아쉽게도 초록 발표로만 끝났지만, 이 발표는 여전히 필자가
근대불교 연구의 필요성과 중요성을 인식하고 있다는 나름대로의 관
심 표명이었다. 따라서 본장에서는 필자의 지금까지 관심과 인식을 바
탕으로 일본 근대불교 전개의 중심이 되는 메이지(明治) 시기의 불교
와 근대불교학의 형성을 살펴보고자 한다.

　　일반적으로 일본에서 근대(近代)라는 말은 메이지 시대, 다이쇼
(大正) 시대, 쇼와(昭和) 시대를 포함해 태평양 전쟁 시기까지를 가리
키지만, 메이지 유신(明治維新)을 기점으로 하는 메이지 시대는 일본

사회 전반에 걸쳐 획기적인 변혁과 개혁이 일어난 시대이기도 하다. 곧 메이지 이전 도쿠가와(德川) 막부(幕府)에 의한 봉건주의적인 근세가 서구의 자본주의 체제의 근대로 확연하게 바뀐 것이다. 이러한 변혁의 시대에 봉건주의 시대의 정신적 근간을 이루었던 일본 불교가 어떠한 변화와 자세로 새로운 시대에 대응하여 가는가를 살펴보는 것이 본장의 주요한 목적이다. 따라서 여기에는 메이지 초기 불교계에 밀어닥친 반(反) 불교적 운동으로서 폐불훼석에 대해 불교계가 어떻게 극복해 가는가를 고찰하는 것이 주요 테마가 될 것이다. 그리고 잘 알려진 바와 같이 근대에 들어 일본의 불교계는 전통적인 불교를 서양의 학문적 전통과 결부시켜 불교학(佛敎學)이라는 학문을 정립시킨다. 도쿄대학(東京大學)을 비롯한 정규 대학에서 불교를 비롯한 동양의 전통이 체계적으로 연구되는 계기가 마련되어 서구 일변도의 학문과 대비되는 독자적인 학문 분야를 개척한 것이다. 이러한 불교학의 성립도 메이지 유신의 새로운 변화와 관련한 불교계의 산물이라 할 수 있는 것으로, 근대의 불교학이 어떠한 과정을 통해 성립되고 전개되어 가는가를 살펴보는 것도 또한 본장의 목적이다.

메이지 시대를 비롯한 근대의 일본불교의 연구에 대해서는 최근 한국에서도 성과가 나타나고 있지만, 다른 불교학 영역의 성과와는 비교할 수 없을 정도로 미미한 상태라 생각된다. 그러나 메이지 시대를 포함한 근대 일본불교는 근현대의 정치적으로 민감한 한국과 일본의 관계를 고려할 때 더 많은 연구가 이루어져야 하는 부분이라 생각된다. 이것은 일제(日帝)의 식민지를 경험한 한국의 입장에서 실질적인 한일 불교의 선린우호는 근현대에 대한 분명한 인식과 지식이 있어야 가능할 것이라 생각되기 때문이다. 다시 말해 메이지 시대 후기 일본 사회의 국수주의적 성향과 함께 다이쇼, 쇼와에 들어 일본 정부의 제국주의, 침략주의 노선에 일본불교가 어떻게 대응해 가고 있는가에 대한 분명한 이해가 있어야 할 것이기 때문이다.

따라서 본장은 동아시아의 전통적인 불교의 동질성에 근거한 한일의 선린우호는, 일본 근대불교가 어떻게 전개되어 왔는가에 대한 정확한 이해에 있다는 것을 기본 전제로 하여, 근대 일본불교의 일단을 살펴보고자 하는 것이다.

II. 메이지 초기 폐불훼석과 불교계의 대응

1. 신불분리령과 폐불훼석

일본의 근대는 1868년 메이지 유신으로부터 시작된다. 이 메이지 유신은 260여 년간 지속된 에도(江戶) 막부의 통치를 폐하고 천황(天皇)이 직접 통치하는 새로운 정치체제를 구축한 것이다. 그렇지만 메이지 유신을 주도한 사람들은 일본의 전통적인 종교인 신도(神道)의 체계에 근거해 천황을 중심으로 정치이념을 세우고 사회체제를 재편(再編)하고자 하였다. 이것은 메이지 유신의 주역자들이 신정부의 이념을 일본 고대의 이상적인 정치형태로서 천황에 의한 제정일치(祭政一致)에서 찾고, 그 정치 이념의 근거를 신도의 체계로 뒷받침하고자 하였던 것이다. 이를 위해 메이지 정부는 고대의 최고 행정기관인 태정관(太政官)과 신기관(神祇官)을 부흥시켜 정부조직의 최고기관으로 삼았다.[1] 특히 신기관은 신도의 예배대상인 천신(天神)과 지기(地祇)인 신기(神祇)에 대한 제사를 담당하는 기관이지만, 메이지 초기부터 신기사무과(神祇事務科), 신기사무국(神祇事務局), 신기관(神祇官) 등으로 명칭을 바꾸며 한 때는 태정관보다 우위(優位)의 최고기관 역할을 하였다. 그리고 메이지 유신 직후부터 이 기관에서는 신도 부흥을 목적으로 신불분리령(神佛分離令, 또는 神佛判然令)을 하달하였다. 불교가 일본에 전래된 이래 전통적인 종교이념으로서 신불습합(神佛褶合)에 의거

---

1)   柏原(1990), p.13.

해 불교 사원(寺院)과 신사(神社)가 혼재하여 있던 것을 역사상 최초로 정부에 의해 분리가 단행되었던 것이다. 이 신불분리령이 명확하게 드러난 것이 1868년 3월17일 신기사무국 제165호와 3월28일 제196호로 하달된 명령이었다(제2장 Ⅱ절 참조).

이 명령 이후로도 메이지 정부는 새로운 명령을 내려 신사와 사원을 분리시키지만, 이러한 명령으로 불교사원은 강압적으로 탄압을 받기에 이르렀다. 소위 메이지 초기 유명한 폐불훼석의 사건으로 이어지는 것으로, 신사의 독립을 정부가 공인함으로써 전통적인 불교가 역사상 최초이자 본격적으로 탄압을 받게 되게 된 것이다. 이 폐불훼석의 사건은 구체적으로 불교사원의 파괴, 다수 불교사원의 통폐합 그리고 불교사원의 신사화 등으로 이어졌다. 곧 메이지 유신은 불교계에 있어서는 유사(有史)이래 처음으로 불교탄압이라는 절대적인 위기를 가져왔다.

메이지 정부가 초기부터 신도주의(神道主義)를 바탕으로 불교에 대한 적대감을 드러낸 것에는 에도 막부이래의 전통적인 사상흐름을 반영하는 것이기도 하였다. 곧 일본 고유의 전통적인 종교로서 신도의 복고(復古) 운동과 새로운 정신으로서 국학(國學) 운동, 그리고 이러한 것에 의거한 배불론(排佛論)이나 실질적인 불교의 폐해 등이 메이지 초기의 신도주의와 폐불훼석으로 전개하였다.[2] 이 폐불훼석으로 인한 불교계의 피해는 실로 엄청난 것이었다. 오우미국(近江國)의 히에(日吉) 신사와 나라(奈良)의 흥복사(興福寺) 등과 같은 사원은 철저하게 파괴되었고, 도야마번(富山藩), 마츠모토번(松本藩), 사도(佐渡)

---

2)　辻(1949), pp.64-77.

에서와 같이 사원이 강제적으로 통폐합되는 일이 전국에 걸쳐 일어났다.[3] 그리고 사원이 신사로 바뀐 대표적인 예로는 하치만(八幡) 대보살의 명호가 붙었던 사원이 하치만 신사로 바뀐 것을 들 수 있다.[4] 이처럼 일본 각 지역에서 불교에 대한 탄압이 이루어지고 이에 따라 승려의 환속(還俗)이 이어졌으며, 또한 사원 통폐합으로 승려들은 하루아침에 오갈 데 없는 신세가 되기도 하였다. 실로 메이지 유신은 불교계에 엄청난 위기를 몰고 왔다.

2. 제종동덕회맹의 성립과 전개

메이지 초기 시행된 신불분리령에 의한 폐불훼석은 국가에 의한 사상 초유의 불교 탄압으로 불교계의 절대적인 위기를 몰고 왔다. 하지만 이 폐불훼석은 260여 년 도쿠가와 막부의 보호 속에 안주해 있던 불교계에 새로운 자극과 변혁을 가져오는 계기가 되기도 하였다. 곧 다수의 승려들이 사찰을 버리고 환속하는 속에 불교의 정체성에 투철한 승려들에 의해 새로운 불교의 분위기가 조성된다. 개별적으로는 신불분리령이 발표되자 그것의 부당성을 알리려는 승려들이 출현하였고(대표적인 인물로 진언종 釋雲照를 들 수 있다)[5], 또한 종단별로는 동서(東西) 본원사(本願寺)와 같이 메이지 정부 정책에 적극 협력하는 교단도

---

3)   柏原(1990), pp.15-18.
4)   佐伯(2003), pp.138-143.
5)   吉田(1998), pp.69-70.

생겨났다.[6] 하지만 이런 가운데 불교 전 교단이 모여 불교계에 닥친 위기를 타계하고자 하는 움직임이 생겨나 결성된 것이 제종동덕회맹(諸宗同德會盟, 이하 회맹으로 약칭)이다.

이 회맹은 1868년 12월 임제종의 도코쿠(韜谷)와 진종의 셋신(攝信)이 중심이 되어 40여 개 절의 승려가 모여 교토(京都) 흥정사(興正寺)에서 최초로 집회를 가졌다. 이어서 각 종단별로 돌아가며 회의를 거행하여 다음해는 도쿄, 오사카에서 회의가 열렸으며, 1872년경까지 계속되었다. 이 회맹의 중심인물로는 도코쿠와 셋신 외에 조동종 에키도(奕堂), 임제종 도쿠온(獨園), 진언종 조류(增隆), 진언종 운쇼(雲照), 진언종 도케이(道契), 천태종 쇼슌(韶舜), 정토종 테츠죠(徹定), 정토종 교카이(行誡), 일련종 닛사츠(日薩), 진종서본원사 신스이(針水), 진종서본원사 단운(淡雲) 등을 들 수 있다.[7] 이렇게 여러 종파의 승려가 모여 집회를 갖는 것은 에도 시대에는 없었던 일로, 폐불훼석을 계기로 불교 각 종단이 연합하여 불교계의 위기를 타개하려는 중요한 의미를 갖는 것이었다. 또한 이 회맹은 폐불훼석의 광풍(狂風) 속에서 불법(佛法)을 지킨다는 호법(護法)의 정신에 여러 종단의 승려가 공감을 하였기 때문에 가능한 일이기도 하였다. 그만큼 당시의 불교계의 사정은 급박하였다. 이 회맹은 회를 거듭할수록 더욱 많은 사람들이 참가하여 불교계의 단합적인 모습을 보여주었다.

그리고 이 회맹에서는 8개의 과제가 논의의 주제가 되었다. 그 여덟 가지 과제는 ① 왕법불법불리지론(王法佛法不離之論) ② 사교연

---

6)   柏原(1990), p.20.
7)   柏原(1990), p.21.

궁훼척지론(邪敎硏窮毁斥之論) ③ 자종교서연핵지론(自宗敎書硏覈之論) ④ 삼도정립연마지론(三道鼎立練磨之論) ⑤ 자종구폐일세지론(自宗舊弊一洗之論) ⑥ 신규학교영선지론(新規學校營繕之論) ⑦ 종종인재등용지론(宗宗人才登庸之論) ⑧ 제주민간교유지론(諸州民間敎諭之論)의 8가지이다.[8] 먼저 ①은 왕법과 불법이 서로 어긋나지 않는다는 것으로, 이것은 당시 천황을 근본으로 내세운 왕법과 불교의 가르침이 서로 통한다는 것을 내세운 것이다. ②는 사교 즉 서양의 종교로서 기독교를 의미하는 것으로, 기독교의 교리를 연구해 그것을 물리친다는 것을 뜻한다. ③은 각 종단별 교학을 체계적으로 정립한다는 의미이며, ④는 신도·유교·불교의 3교가 서로 일치하는 것을 분명히 한다는 것이다. ⑤는 과거의 폐해를 고치자는 것이며, ⑥은 새 시대에 맞게 교육기관을 운영한다는 것, ⑦은 각 종단의 인재를 등용하자는 것, ⑧은 일본 각 지역의 사람들에게 불교를 올바로 가르치자는 것을 의미한다. 곧 이 여덟 가지는 당시 불교계가 풀어나가야 할 중요한 주제로서, 각 종단이 서로 머리를 맞대고 논의하였던 주제이었던 것이다. 또한 새로운 시대에 부응해 불교계가 환골탈태하여야 하는 시대적 요구 속에서 불교계가 당면한 문제이기도 하였다.

이와 같이 폐불훼석의 분위기 속에서 불교계는 회맹을 통해 사회적 요구를 수렴하고, 또한 각 종파의 여러 사람들에 의해 대안이 제시되어 이를 통해 불교계는 어려운 시대의 여건을 극복해갔다. 이러한 시대적 상황 속에 불교의 억압을 주도한 신기관은 1871년 신기성(神祇省)으로 바뀌어 당시 최고기관으로서 태정관 안의 한 성으로 축소되었

---

8)   辻(1949), pp.96-97; 柏原(1990), pp.21-24.

고, 1872년에는 신기성이 폐지되고 새롭게 교부성(教部省)이 설치되었다. 이 교부성은 불교를 국민교화에 활용하려는 정부의 의도로 새롭게 설치된 것으로, 그것은 당시 정토진종의 시마지 모쿠라이(島地默雷)를 비롯한 여러 승려들의 건의에 의한 것이기도 하였다. 이 교부성의 설치에 이르러 정부는 불교를 국민의 교화에 활용하고자하는 방향으로 크게 전향하였다.

3. 대교원 운동과 3조교칙비판

1872년 메이지 정부는 교부성을 신설하고, 4월 25일 교부성의 관할 하에 교도직(教導職)을 설치하였다. 교도직은 대교정(大教正)·권대교정(權大教正)·중교정(中教正)·권중교정(權中教正)·소교정(少教正)·권소교정(權少教正)·대강의(大講義)·권대강의(權大講義)·중강의(中講義)·권중강의(權中講義)·소강의(少講義)·권소강의(權少講義)·훈도(訓導)·권훈도(權訓導)의 14개 직급으로 나누고 신관(神官)과 승려(僧侶)를 각각 임명하였고, 6월에는 각 종단별 교도직의 최상위에 관장(管長)을 두어 종단을 통솔케 하였다.[9] 처음 교도직이 발표될 당시 불교계에서는 각 종단별로 17명이 권소교정으로 임명되었지만, 얼마 되지 않아 진종 동본원사의 고쇼(光勝)와 진종 서본원사의 고존(光尊)은 대교정의 지위에 오르게 되었다.[10] 이처럼 메이지 정부는 교도직을 설

---

9) 柏原(1990), pp.34-35.
10) 柏原(1990), p.35.

치해 신관과 승려들로 하여금 국민교화를 담당케 하였다. 그리고 교도 직 설치를 발표한 바로 직후 4월28일에는 국민을 교도함에 있어 지침 이 되는 세 가지 교칙을 발표하였다. 소위 삼조교칙(三條教則)으로 일 컬어지는 것으로 ① 경신애국(敬神愛國)의 뜻을 체(體)로 할 것 ② 천 리인도(天理人道)를 분명히 할 것 ③ 황상(皇上)을 봉대(奉戴)하고 조 정(朝廷)의 뜻을 준수(遵守)할 것의 세 가지이었다. 이것은 메이지 정 부의 정신적 근간인 신도를 중심으로 하여 국민교화를 담당할 것을 명 하는 것이었다. 따라서 이것이 발표되자 신도, 불교의 각 종단에서는 그것을 부연(敷衍)하고 해석하는 각종의 해설서와 주석서가 만들어졌 다.[11]

　　그렇지만 3조교칙이 발표되자 그 교칙에 담겨져 있는 신도 중심 의 이념에 대해 불교계에서 반발이 생겨났다. 그리고 이러한 반발은 불 교 각 종단이 연합하는 새로운 연합체로서 대교원(大教院)의 설립으로 이어졌다. 곧 국민의 정신적 순화를 위해 보다 폭넓고 다양한 교화가 필요한 것을 강조해 불교계가 연합하여 그 교화를 담당하기 위한 조직 체의 성립을 요구한 것이다. 메이지 정부는 불교계의 요구를 받아들여 대교원 설립을 허가하였지만, 실제 대교원의 활동에서도 불교계의 근 본의도와 달리 신도 측의 참여와 신도 중심적인 활동의 전개가 이루어 졌다. 또한 대교원에 이어 각 지방에 중교원(中教院), 소교원(小教院) 등이 생겨나 3조교칙을 국민들에게 전달하고 이해시키는 역할을 담당 하였다. 이와 같이 불교계의 근본의도와 달리 신도 중심으로 3조교칙 이 전달되는 가운데, 불교계에서는 대교원 이탈운동이 일어나게 되고,

---

11)　柏原(1990), p.36.

그리고 이러한 이탈운동에 본격적으로 불을 붙이는 사건이 발생하였는데, 그것이 3조교칙에 대한 비판이었다.

3조교칙을 비판하는 〈삼조교칙비판건백서(三條敎則批判建白書)〉를 올린 사람은 진종 서본원사파에 속하였던 시마지 모쿠라이로서, 그는 당시 유럽지역의 종교시찰을 하던 중 3조교칙의 발표를 듣고 파리에서 이 건백서를 썼다.[12] 당시 서본원사에서는 서구 기독교에 대한 이해를 포함해 종교일반에 대한 보다 깊은 지식의 필요성을 느껴, 종단의 인재(人才)로 하여금 서구 종교사정을 시찰케 하였다. 1872년 1월 출발하여 1873년 6월 귀국하지만, 그 사이 시마지는 3조교칙에 대한 비판을 써 정부에 제출한 것이다. 이 비판의 건백서는 종교와 정치의 분리와 관련된 당시 서구의 종교적 입장을 반영한 중요한 비판으로, 이 비판으로 인해 불교의 대교원 분리운동도 본격화되었다. 곧 시마지는 3조교칙의 내용에 대해, 경신(敬神)과 천리(天理)는 종교적인 입장이며, 애국(愛國)과 인도(人道)는 정치적인 입장이라 하여, 종교와 정치가 명확히 분리되어야함에도 불구하고 이 교칙에는 정치와 종교가 혼재되어 있음을 지적하였다.[13] 종교와 정치에 대한 명확한 구분은 이전까지는 이루어지지 않았던 일로, 이 3조교칙에 대한 비판은 종교와 정치의 분리를 명확히 제기한 중요한 사건이었다. 이것은 당시 메이지 정부가 신도를 이념으로 하여 국가의 윤리체제를 강제(强制)하고 있던 상황을 고려하면 중요한 문제제기였다고 할 수 있다. 시마지는 유럽에서 귀국한 후 대교원 분리에 관한 건백서 제출 등 다양한 활동을 전개

---

12) 藤井(2000-B), p.102.
13) 藤井(2000-B), pp.103-104.

하였다. 시마지를 중심으로 한 불교계의 활동으로 인해 1875년 5월 교부성으로부터 신불합동(神佛合同)의 교원을 폐지하고 각 종교별로 3조교칙을 받들어 전하라는 명령서가 전달되어 대교원은 실질적으로 폐지되었다. 신도측에서도 이미 3월 대교원을 대신하는 기관으로서 신도사무국(神道事務局)을 설치하였다. 1877년에는 교부성이 폐지되고, 내무성(內務省)에 사사국(社寺局)을 두어 신사와 사찰을 관리하였다. 교도직도 이후 상당기간 존속하였지만, 1884년 신불교도직은 모두 폐지되고, 불교계의 모든 행정은 각 종파의 관장에게 일임되었다.[14]

---

14) 柏原(1990), p.40.

III. 국가주의 불교와 교단별 해외 포교

1. 국가주의 불교의 전개

메이지 유신으로부터 시작되는 근대일본의 불교는 유사 이래 최초로 직면한 폐불훼석의 소용돌이에 휘말리면서 출발하였다. 물론 이 폐불훼석은 메이지 신정부의 천황 중심 정치체제를 뒷받침하는 신도의 이념을 본격적으로 드러내는 과정에서 빚어진 것이다. 곧 신불습합(神佛習合)의 이념에 의거해 불교사원과 신사가 공존한 에도 시대까지 전통적인 종교형태를 벗어나 신도 중심의 체제 확립을 위해 메이지 정부가 발표한 신불분리령은 불교사원의 파괴와 통폐합, 불교사원의 신사화 등으로 이어졌던 것이다.

하지만 폐불훼석을 의도하여 메이지 정부가 신불분리령을 발표했는지는 의문이지만,[15] 실제 일본 각 지역에서 폐불훼석으로 인한 불교계의 폐해는 실로 엄청났다. 그리고 그러한 폐불훼석을 가져온 신도 중심의 공식적인 정부 방침은 1877년 교부성이 폐지될 때까지 지속되었다. 곧 메이지 초기 신기사무과의 설치로부터 교부성이 폐지될 때까지 정부 주도의 종교정책 하에 불교는 정부의 시책에 따를 수밖에 없었다. 특히 1872년 4월25일 태정관 포고 제133호로 발령된 〈육식처대(肉食妻帶) 마음대로 할 것〉을 정하는 포고령은 정부가 불교계를 일방

---

15) 윤기엽(2005), p.136.

적인 무시하는 극단적인 예를 보여주는 정책이라고 할 수 있다.[16]

그렇지만 메이지 원년 그 활동을 전개한 제종동덕회맹에서 보듯 폐불훼석의 폭풍이 불어오는 와중에도 뜻있는 승려들에 의해 불교계의 대응과 반성이 나타나, 신불분리령에 대한 비판도 생겨나고, 불교의 폐해에 대한 반성도 나타났다. 이러한 움직임에서 유의할 것은 그러한 대응과 반성이 각 종단 차원이 아니라 전 종단 차원에서 이루어지고 있는 것이다. 앞에서 보았듯 제종동덕회맹의 8개 과제에서도 그러한 모습은 잘 나타나며, 또한 회맹은 세부적인 규칙을 정해 각 종단이 연합적으로 대처해야 함을 분명히 밝히고 있다.

13개의 세부 규칙 가운데 ① 회맹은 모든 종단이 자종(自宗), 타종(他宗)의 습염(習染)을 벗어나 일미화합(一味和合), 동심협력(同心協力)할 것, ② 탄원서(歎願書) 등은 연서(連署), 건백서는(建白書)는 각각 모두 합의한 방식으로 제출할 것, ③ 건백의안(建白議案) 등은 회맹의 자리에 지참하여 피로(披露)할 것 등과 같이 중요한 문제에 대해 모든 종단이 합심 협력할 것을 정하고 있다.[17] 이러한 불교계의 일치된 노력은 이후 대교원(大敎院) 설립운동에서도 나타난다. 물론 대교원 설립은 불교측의 주장으로 설립된 것이지만, 실제로는 신도와 연합된 형태로 국민교화가 이루어져 후에 불교계는 탈퇴를 하게 된다. 불교계의 대교원 탈퇴를 계기로 교부성이 폐지되고, 이후 신도와 불교는 각기 독자적인 조직과 기능으로 사회적 역할을 담당하게 된다.

메이지 초기부터 메이지 10년 교부성이 폐지되기까지 불교계는

---

16)　吉田(1998), p.64,
17)　辻(1949), p.97.

이전에 경험하지 못한 경험을 하여 새로운 시대에 맞는 변화를 꾀하게 된다. 곧 더 이상 국가적인 보호가 이루어지지 않는다는 명확한 현실인식에서 각 종단은 새로운 시대에 부응하는 기틀을 갖추고자 노력하였다. 이러한 노력은 메이지 시대 서구 문물의 본격적인 유입으로 인한 사회변화 속에서 당연한 것이지만, 또한 각 종단은 자발적으로 서구 시찰 등을 통해 능동적으로 변화를 받아들이고자 하였다. 또 그러한 사회변혁과 관련된 종단의 다양한 노력과는 별도로 각 종단은 기본적으로 메이지 정부의 각종 정책에 적극적으로 협조하고 순응하는 자세를 견지(堅持)하였다. 이러한 자세는 회맹의 8개 과제에서도 나타나듯, 불법(佛法)은 왕법(王法)과 분리되지 않는다는 전통적인 입장을 그대로 고수하고 있었다. 곧 이것은 메이지 정부의 근본으로서 천황을 중심으로 하는 사회체제인 왕법이 불법과 크게 다르지 않다는 것을 의미하는 것이기도 하였다.

이러한 입장은 불교의 가르침이 메이지 정부의 사회윤리에 반하는 것이 아니라 적극 협력, 협조할 수 있다는 불교계의 입장을 반영한 것이다. 물론 메이지 초기 10여 년간은 정부에 의한 신도 중심의 분명한 이념제시가 있었던 까닭에 사회 전체 속에서 불교의 역할은 미진하였지만, 그럼에도 불구하고 불교계는 정부의 방침에 따른 여러 가지 정책에 적극 가담하거나 앞장서 실천하고자 하였다. 메이지 초기 각 종단에서 적극적으로 실천한 아시아 지역을 중심으로 한 해외 포교도 정부의 시책에 적극 가담한 사례라고 할 수 있다.

2. 각 교단별 해외 포교

메이지 초기 각 종단별 해외 포교는 정부의 정책과 밀접히 관련되어 있다. 정부 내에서는 1873년 조선을 강점하고자 하는 의도에서 정한론(征韓論)의 논쟁이 일어나, 일단 그것을 정부 시책의 하나로 채용하였다. 하지만 1871년 미국과의 불평등조약을 개선하려는 의도에서 미국과 유럽시찰을 떠난 이와쿠라견외사절단(岩倉遣外使節團)이 1873년 귀국한 뒤 내치우선(內治優先)의 주장이 강화되어 정한론의 주장은 철회된다. 이로 인해 메이지 유신을 주도한 정부 내의 인사 간에 새로운 권력투쟁이 일어나지만, 내치를 주장하던 주류세력도 이후 얼마 지나지 않아 대외 팽창정책을 펼치고 이러한 정책은 주변국가의 침략으로 이어진다. 메이지 정부의 대외 관계는 1871년 일청수호조규(日淸修好條規), 1874년 대만출병(臺灣出兵), 1876년 조선과의 강화도조약(江華島條約) 등으로 이어지며, 이러한 정부의 시책과 결부해 불교계도 해외 포교에 가담하게 된다.

불교계에서 최초로 해외 포교에 가담하는 종단은 진종으로, 1873년 진종 동본원사파의 오구루스 고초(小栗栖香頂)가 중국으로 건너가 포교를 시작하였다.[18] 1876년 7월에는 동본원사에서 오구루스를 비롯한 6명을 상해에 파견해, 상해별원(上海別院)을 설립하고, 별원 내에 강소교교(江蘇敎校)를 개설하였다. 이 강소교교에서는 중국에 본격적인 전도를 위한 인력양성을 위해 중국어의 습득과 포교를 위한 구체적인 공부가 이루어졌다. 조선에 대해서도 동본원사는 1877년 오쿠무

---

18) 柏原(1990), p.63.

라 엔신(奧村圓心)과 히라노 에스이(平野惠粹)를 부산에 파견하고, 별원을 설립하였다.[19] 부산지역의 포교도 1876년 채결된 강화도조약으로 부산, 원산, 인천이 개항됨에 따라 일본의 정부시책에 응해 포교가 이루어졌던 것이다. 부산별원에서는 한어학사(韓語學舍)가 설치되어 종문의 유학생들이 머물며 조선어를 배워 원어에 의한 직접적인 포교를 준비하였다. 동본원사파는 포교 과정에서 당시 독립당(獨立黨)에 소속되어 있던 김옥균, 박영효 등과 연결되어, 갑신정변 후 일본 망명에 도움을 주기도 하였다. 이와 같이 진종을 선두로 하여 중국, 조선에 대한 포교가 시작되지만, 실제 일본 각 종단의 아시아 지역에 대한 포교는 1894-95년의 청일전쟁(淸日戰爭) 이후 본격화된다. 청일전쟁은 조선을 둘러싸고 청나라와 일본 사이에 벌어진 전쟁으로, 일본은 이 전쟁의 승리를 계기로 본격적인 조선과 중국에 대한 포교가 전개된다. 특히 일본불교의 조선에 대한 포교는 1910년 한국병합 이후 더욱 가속화된다.

정토진종에서는 동서 본원사가 서로 경쟁을 하듯 중국과 조선에 포교를 거듭하였다. 조선에 있어 동본원사파는 1895년 경성별원(京城別院)을 설립해 적극적인 포교에 나섰고, 서본원사파도 1907년 경성에 조선별원을 세웠다.[20] 진종 이외에도 조동종, 일련종, 정토종 등의 교단도 조선에 사원을 세워 포교에 가담하였다. 이들 종단 가운데 특히 조동종의 다케다 한시(武田範之)는 한국병합 후 한국의 불교종단을 조동종에 병합시키고자 하였다. 이것은 다케다가 일본 조동종 종무원으로부터 초대 조동종 한국포교관리자로 임명된 뒤, 한국의 원종(圓宗)

---

19) 柏原(1990), p.64.

20) 柏原(1990), p.65.

과 동맹 관계를 맺은 데서 비롯되었다.[21] 이러한 동맹은 한국과 일본 양측에서 반대 운동이 전개되어 실현되지 않았지만, 이것을 계기로 조선의 총독부는 불교계에 대한 불간섭의 방침을 바꾸어 1911년 사찰령(寺刹令) 반포를 비롯해 일본불교와 한국불교를 '내지불교(內地佛敎)'와 '조선사찰(朝鮮寺刹)'로 분리하여 통제하기에 이르렀다.[22] 이렇게 일본 각 종단별로 조선에서의 활동은 활발히 전개되어, 1934년에는 종파 수 26파, 사원 143개소, 포교소 422개소, 포교자 610명에 달하였다.[23]

　　일본불교의 해외 포교는 정부의 대외정책에 편승해 포교가 이루어지지만, 일본의 대외팽창으로 인한 전쟁의 소용돌이 속에 불교도 또한 전쟁과 관련하게 된다. 곧 일본의 각 종단들은 청일전쟁과 러일전쟁(1904) 때에는 전쟁을 수행하는 군인의 위문과 죽은 자에 대한 추선법요(追善法要) 등을 목적으로 군부에 종군포교를 탄원하였다. 이러한 종군포교(從軍布敎)와 관련해 조직적인 운동을 펼친 대표적인 예로 일련종에서 조직한 일련종보국의회(日蓮宗報國義會)를 들 수 있다. 이것은 청일전쟁이 일어난 1894년 조직된 것으로, 전승기도와 의연금 모금, 전쟁터에서의 포교 등을 기치로 내세워 전국적인 활동을 전개하였다.[24] 이러한 활동 속에 구체적으로 종군승이 선발, 파견되어 전사자의 공양, 병원의 위문 등이 이루어졌다. 그러한 종군승의 활동은 일본 각 종단별로 이루어졌고, 그것은 태평양 전쟁이 끝날 때까지 계속되었다.

---

21)　工藤(2000), p.246.
22)　工藤(2000), p.247.
23)　柏原(1990), p.65.
24)　安中(2000), p.249.

3. 불교계의 전쟁 책임

일본 각 종단의 해외 포교는 실로 광대하고 다양하였다. 예를 들면 진종 본원사파의 해외 포교 영역으로는 중국 동북부·북부·중남부, 조선, 대만, 남양(南洋) 지역에 이르렀으며,[25] 조동종, 정토종, 일련종 등도 대다수의 지역에 별원이나 포교소를 두어 포교에 임하였다. 이와 같은 각 종단에 의한 포교는 일본정부의 대외 팽창주의와 함께 아시아 침략, 태평양 전쟁으로 이어지고 마침내는 태평양 전쟁의 종결로 끝이 났다. 그리고 종전(終戰)과 함께 해외 각 지역에 있던 일본불교의 사원이 거의 대다수 철수하게 되는 까닭에 불교의 해외 포교가 정부시책에 의거한 정책의 일환이었음을 보여주었다. 곧 종교의 본질로서 보편적인 인류애를 바탕으로 한 자비나 사랑을 각 지역에 구현한 것이 아니라 정부의 시책과 현실적인 정책에 편승하여 불교의 포교가 이루어졌다고 할 수 있다.

　따라서 포교의 명목으로 이루어진 불교계의 해외활동은 침략 전쟁이 장기화되고 더욱 악화될수록 현실적인 참상과 결부되어 종교의 본질과는 유리될 수밖에 없었다. 이러한 불교계와 전쟁의 관계는 종전 후 일본 불교계의 책임론으로 전개된다. 특히 이 책임론은 전쟁이 계속되는 가운데 다수의 일본인으로 하여금 전쟁을 계속적으로 수행해야 하는 이유와 근거를 불교계가 제공했다는 점에 그 초점이 맞추어져 있다.

　일본불교계의 전쟁 책임을 논하는 글에서 히시키 마사하루(菱木

---

25)　柏原(1990), p.67.

政晴)는, 일본정부가 대외 침략의 근본 장치로서 설정한 것을 다음의 세 가지 교의로 요약하고 있다.[26] ① 성전교의(聖戰敎義; 자국의 전투 행위는 항상 옳고, 거기에 참가하는 것은 숭고한 의무이다) ② 영령교의(英靈敎義; 그러한 전투에 종사하다 죽으면 신이 된다, 그 때문에 죽은 자를 추선한다) ③ 현창교의(顯彰敎義; 그 영령을 모범으로, 그것을 보고 배워 뒤를 따른다)의 셋이다. 히시키는 일본의 불교계가 전쟁과 관련된 이 세 가지 교의에 적극 가담하였고, 또한 그것을 찬미하고 선양하여 많은 사람들을 전쟁터로 몰고 간 책임을 지적하고 있다. 곧 법요나 의식을 통해 죽은 자를 찬양하고 침략동원을 미화하여 많은 이들로 하여금 그 뒤를 따르도록 한 것 자체가 중대한 책임이라는 것이다. 따라서 본질적으로 보면 영령을 현창하는 것이 아니라 사죄 반성의 형으로 바뀌어야 하고 그러한 반성 자체가 전쟁 책임에 대한 자각이며, 불교의 구제이고, 불교의 인간 해방인 것을 지적하고 있다.[27]

일본에서는 종단 차원은 물론 개별적인 연구자에 의해 근대의 해외 포교와 전쟁 책임에 관한 다양한 자료와 저술이 만들어졌다. 이러한 불교계의 전쟁 책임에 대하여 전후 최초로 본격적인 문제 제기와 연구 정리를 시도한 이치카와 하쿠겐(市川白弦)의 역할을 빠뜨릴 수 없다. 그는 그간의 연구를 모은 저서 《불교자의 전쟁 책임》(春秋社, 1970)을 저술해 전쟁기 불교계의 역할을 강하게 질타하였다. 이러한 이치카와의 책임론 제기 이후 각 종단의 책임과 관련된 논문들도 다수 출간되었다. 예를 들면 진종 서본원사와 관련해서는 〈중국침략과 종교 - 중국

---

26)   菱木(2000), pp.256-259.
27)   菱木(2000), pp.263-265.

침략실태조사방중단 참가보고〉(野世英水,《진종연구회기요(眞宗硏究會紀要)》, 1986), 〈전시하 진종자(眞宗者)의 종교포교(從軍布敎)〉(同,《용곡대학대학원연구기요》, 1991), 〈전시하 진종교단의 해외 포교〉(同,《해방의 진종》 2호, 1994)가 있고, 동본원사교단과 관련해서는 〈대정기 대곡파(大谷派) 해외 포교의 문제〉(都築淳,《교화연구(敎化硏究)》 92·93合倂號, 1986), 〈소화초기 대곡파 해외 포교문제〉(同,《同》 95·96 合倂號), 〈진종의 조선포교〉(美藤遼,《근대진종교단사연구(近代眞宗敎團史硏究)》, 1987), 〈1920年代 진종대곡파 상해별원(上海別院)이 담당한 한 역할〉(山內小夜子,《敎化硏究》 99호, 1989)가 있다. 이외에 양 교단을 통합해서 다룬 것으로 〈동서본원사교단의 식민지포교〉(菱木政晴,《이와나미강좌 근대일본과 식민지》 4, 1993),《정토진종의 전쟁 책임》(同, 1993) 등을 들 수 있다.[28]

　　한편 조동종에서는 해외 포교와 관련해 보고서가 만들어졌지만 후에 비판을 받아 회수한 사건도 생겨났다. 조동종에서는 1980년 11월 10일자로《조동종해외개교전도사(曹洞宗海外開敎傳道史)》(曹洞宗海外開敎傳道史編纂委員會編集, 曹洞宗宗務廳發行)를 발간하였다. 조동종 교단의 해외 포교와 관련된 유일한 보고서로서 간행된 것이지만, 그 내용에 대해 교단 내부에서도 고발과 반발이 생겨나 1992년 그것을 회수 폐기처분하기에 이르렀다. 식민지나 전쟁에 대한 역사적인 입장을 반영한 것이 아니라 안일하고 자기만족적인 내용 일색으로 내외에 비판을 받았던 것이다.[29] 이와 같이 각 교단별로 해외 포교에 관

---

28)　木場(2000b), p.237.
29)　工藤(2000), p.243.

한 반성과 책임이 나타나고 있지만, 이러한 반성과 책임의식에 대해서는 일본제국주의에 의한 식민지 당사국인 한국의 입장에서도 분명하게 인식하고 대비해 명확하게 대처해야 할 일이라고 생각된다.

IV. 근대불교학의 성립과 전개

1. 근대불교학의 형성

일본의 불교계는 메이지 유신 이후 폐불훼석의 사회분위기 속에서 유사 이래 최초로 경험하는 불교탄압의 억압을 체험하고 아울러 새롭게 수용된 서구의 문물에 큰 자극을 받았다. 국내적으로는 제종동덕회맹과 같은 연합체가 생겼지만, 국제적인 시야를 두고서는 각 종단별로 그 대처에 부심하였다. 이러한 사회분위기 속에서 불교의 쇄신을 위해 국제적으로 눈을 돌린 교단이 진종교단이었다. 진종 동본원사파는 1872년, 9월 서구의 종교사정을 알고자 시찰단을 보냈으며, 시찰단은 다음해 귀국하였다.[30] 진종 서본원사파도 같은 해 1월 시마지 모쿠라이 등을 비롯한 시찰단을 서구에 파견하였고, 시마지는 인도 등을 거쳐 다음해 귀국하였다. 이 진종 양 본원사의 서구 시찰은 진종교단 내에 큰 영향을 끼쳐 자체적인 개혁에 돌입함은 물론 교단 내의 인재를 서구에 파견하는 계기가 되었다.

동본원사에서는 1876년 난조 분유(南條文雄)와 가사하라 겐주(笠原研壽)를 영국에 파견해 범어를 배우게 하였고, 서본원사에서도 1875년 이마타테 도스이(今立吐醉)를 미국에, 1881년 기타바타케 도류(北畠道龍)을 구미에, 1882년 후지에다 타쿠츠(藤枝澤通), 후지시마

---

30) 柏原(1990), p.72.

료온(藤島了穩) 등을 프랑스에 파견해 공부하게 하였다.[31] 이러한 진종의 인재파견은 다른 교단과 종파에도 영향을 주어 이후 다른 종단에서도 다수의 유학생이 배출되었다. 그리고 종단에서 파견된 유학생들은 각각의 지역에서 수학하고 귀국한 후에 일본불교계에 새로운 불교학의 초석을 놓게 된다. 이러한 초석을 놓은 데 중요한 역할을 한 사람으로 난조 분유, 다카쿠스 준지로(高楠順次郞), 오기하라 운라이(荻原雲來), 와타나베 카이쿄쿠(渡邊海旭) 등을 들 수 있다.

그리고 이러한 각 종단별 유학생의 파견과 함께 일본에서는 새로운 교육령에 근거해 대학이 생겨나 1877년 최초의 관립대학으로서 도쿄대학(東京大學)이 설립되었다. 도쿄대학은 1886년 제국대학(帝國大學), 1897년 도쿄제국대학(東京帝國大學)으로 바뀌지만, 이 관립대학에서 불교 관련 강좌가 처음으로 개설되었다. 도쿄대학에서 최초의 불교강의는 1879년 12월25일 조동종 승려였던 하라 탄잔(原坦山)에 의해 이루어졌다.[32] 하라는 젊은 날 의술을 연구하여 불교적 이해에 의학적 방법을 동원한 것으로 알려져 인물로, 그가 도쿄대학 문학과의 화한문학과(和漢文學科)의 강사로서 〈불서강의(佛書講義)〉를 담당한 것이 최초의 불교학 강의이다. 이 〈불서강의〉로부터 시작되는 불교학의 강의는 이후 인도철학이란 명칭으로 바뀌고 그 학문적 전통은 꾸준히 이어진다. 그리고 난조 분유도 1885년 도쿄대학 강사로 임명되어 산스크리트 즉 범어 강의를 담당하였다. 이 난조 분유의 강의를 계기로 동양의 전통적인 불교이해를 바탕으로 서양에서 배운 문헌학적

---

31) 柏原(1990), p.72.
32) 심봉섭(1996), p.7.

연구 방법이 가미된 새로운 불교학이 뿌리내리는 계기가 되었다. 이렇게 전개되는 인도철학·불교학이 일본에 본격적으로 정착하게 되는데 절대적인 역할을 한 사람이 다카쿠스 준지로로서, 그는 1890년 영국에 유학, 1897년 일본에 돌아와 도쿄대학의 강사가 되었다. 1901년 일본에서는 최초로 범어학강좌(梵語學講座)가 설치되어 다카쿠스가 초대 교수로 임명되었다. 다카쿠스에 의해 체계화되는 인도철학과 불교학의 강좌는 이후 그의 제자들인 기무라 타이켄(木村泰賢), 우이 하쿠주(宇井伯壽) 등으로 이어진다. 그리고 도쿄대학에 정착된 불교학과 인도철학의 학문적 체계는 다른 제국대학은 물론 불교계의 사립대학 등에도 영향을 끼쳐 불교학의 본격적인 전개로 이어진다.

일본 각각의 종단들은 제종동덕회맹의 8개 과제에서도 나타나듯, 종단별 교육기관과 연구기관의 설치 등에 관심을 기울여 전통적인 종단교육기관을 대학으로 바꾸어 새롭게 시대에 대응하였다. 예를 들어 조동종 종립대학인 고마자와대학(駒澤大學)은 그 전신이 에도 시대 이래의 전단림학교(栴檀林學寮)라 명칭되었던 것으로, 그것이 1882년 조동종대학림(曹洞宗大學林), 1905년 조동종대학(曹洞宗大學), 1925년 대학령으로 고마자와대학으로 개칭되었다. 이렇게 근대에 들어와 전통적인 종단의 교육기관에서 탈바꿈하여 새롭게 불교계 대학으로 정착한 대학으로 릿쇼대학(立正大學, 일련종), 오타니대학(大谷大學, 진종대곡파), 류코쿠대학(龍谷大學, 진종본원사파), 하나조노대학(花園大學, 임제종), 다이쇼대학(大正大學, 천태·밀교), 고야산대학(高野山大學, 진언종) 등을 들 수 있다. 이처럼 일본의 각 종단은 메이지 유신으로 인한 서구의 문물 유입에 자극을 받으면서도 새로운 시대를 대응하고자 유학생의 파견, 교육기관 설립 등 다양한 노력을 기울였다.

2. 불교학의 다양한 전개

메이지 시기 근대불교학의 성립에는 서구에서 유학하고 귀국한 유학승의 역할이 컸지만, 이들에 의해 불교학이 꽃 필수 있었던 데에는 당시 서구에 훌륭한 동양학자들이 있었기 때문이기도 하였다. 곧 메이지 연간 서구에서도 영국, 프랑스, 독일 등을 중심으로 동양학의 발전이 이루어져 다양한 학문적 업적이 이루어지고 있었다. 영국의 막스 뮐러, 리스 데이비스를 비롯 프랑스의 실비앙 레비, 독일의 폴 도이센, 올덴베르히, 로이만 등 다양한 학자들에 의해 산스크리트어학을 기초로 하여 동양학의 발전이 이루어지고 있었다. 서구에 유학한 대다수의 일본 유학승들도 이들 밑에서 공부하였고, 또한 몇몇 사람들은 동양의 전통적인 불교교학을 서구에 소개해 큰 업적을 올리기도 하였다. 그 중 대표적인 것으로 난조 분유가 막스 뮐러의 협조로 출간한《대명삼장성교목록(大明三藏聖敎目錄)》을 들 수 있다. 이 책은 명판(明版) 대장경의 목록을 영역, 해설한 것으로, 〈난조카탈로그〉라고 불리어 당시 서구의 동양학자들 사이에서 많이 활용되었다.[33] 이렇게 서양의 동양학 연구 방법을 습득하고 귀국한 유학승들에 의해 일본의 불교학은 다양하게 발전, 전개된다.

일본 근대불교학의 연구방향은 서양의 방법론에 의거해 처음에는 전통적인 한문경전의 비판, 즉 산스크리트 원전에 의거한 불교경전의 비판적 연구로부터 시작된다. 이러한 역할을 담당한 대표적인 인물이 난조 분유로, 그는 귀국 후《금강반야경》,《무량수경》,《아미타경》,

---

33) 柏原(1990), p.75.

《반야심경》 등의 산스크리트본을 출간하고, 후에 네덜란드 케른과 공동으로 《범문법화경》을 출간한다. 만년에는 《범문입능가경》을 간행하였다.[34] 난조에게서 보이는 원전에 대한 이해와 그 연구의 중요성은 이후 일본 불교학의 근본이 되어 팔리어, 티베트어에 의한 원전연구로 이어진다. 이러한 원전에 대한 연구는 1901년 도쿄대학에 범어학강좌가 설치되고 다카쿠스가 담당교수로 취임하면서 일본 불교학의 방향을 보다 확실하게 정립하였다.[35] 다카쿠스 역시 젊은 날 영국에 유학하고, 프랑스, 이탈리아 등지의 학자와 교유하면서 학문적 역량을 키웠다. 그에 의해 불교학, 인도철학은 깊게 뿌리를 내리며, 특히 그의 주도로 이루어진 《대정신수대장경》과 《남전대장경》 등의 출간은 일본 불교학계의 불후의 업적으로 간주되고 있다. 도쿄 정토종학교(淨土宗學校)를 졸업하고 독일에 유학해 로이만을 스승으로 공부하고 돌아온 오기하라 운라이(荻原雲來) 역시 범어에 대한 이해를 바탕으로 다수의 업적을 내어 근대 불교학을 뿌리내리는데 중요한 역할을 하였다.[36]

이러한 산스크리트 원전에 대한 이해는 자연히 팔리어와 티베트어 불전에 대한 관심으로 이어지게 된다. 팔리어 불전의 연구와 관련해서도 앞서 다카쿠스 준지로가 그 선구적인 역할을 하게 되고, 그 뒤를 이어 나가이 마코토(長井眞琴), 야마모토 카이류(山本快龍), 미즈노 고겐(水野弘元) 등에 의해 그 연구는 점차 심화되고 있다.[37] 특히 다카쿠스가 중심이 되고 많은 제자들의 협력에 의해 완성된 《남전대장경

---

34) 柏原(1990), p.75.
35) 심봉섭(1996), pp.7-8.
36) 柏原(1990), pp.76-77.
37) 東京大學百年史 部局史I, p.535.

(南傳大藏經)》70권은 불교연구에 있어 일본의 위상을 한층 높이는데 기여하였다. 티베트학 분야에서는 도쿄대학에서 체계적인 연구가 이루어지기 전에 이미 티베트에 들어간 일본인 승려들이 있었다. 그 대표적인 인물로서는 가와구치 에카이(河口慧海)와 테라모토 엔가(寺本婉雅)를 들 수 있다.[38] 가와구치는 도쿄의 철학관(哲學館, 후의 東洋大學)에서 공부하고 처음에 황벽종(黃檗宗)의 승려가 된 뒤 남방불교를 공부했지만, 후에 원전연구의 필요성을 느껴 티베트에 들어갈 것을 결심했다. 1897년 일본을 출발해 1900년 티베트의 라사의 세라 사원에 들어갔다. 이것은 일본인 최초로 티베트에 들어간 것이지만, 당시 티베트는 외국인의 입국금지가 법으로 되어 있어 후에 발각되어 추방되고, 1906년 일본으로 돌아왔다. 돌아온 뒤 신문에 〈서장여행기(西藏旅行記)〉를 연재하고, 《하구혜해사장래서장품도록(河口慧海師將來西藏品圖錄)》을 간행하였다. 그는 또 다시 티베트에 들어가고자 결심하여 1907년 일본을 출발하고 1914년 티베트에 들어갔다. 그는 가지고 간 한역대장경과 티베트대장경을 교환하고 달라이라마로부터 도쿄대학에 티베트대장경의 기증을 위탁받고, 1915년 귀국하였다. 귀국 후 다양한 번역활동과 저술로 티베트불교학에 대한 이해를 증진시키는데 큰 역할을 하였다.

테라모토는 진종대곡파 소속으로, 1898년 중국 북경에 유학하여, 중국에서 티베트로 들어가려 하였지만, 실패하고 일본으로 돌아왔다. 그 후 테라모토는 1900년 통역으로 북경 공사관에 근무하다 외무대신의 명으로 티베트에 들어가 공부하게 된다. 라사의 레풍 사원에 머물며

---

38) 柏原(1990), pp.78-80.

공부하고, 1905년 5월에는 다실룽포 사원에 머물다 10월 인도를 거쳐 귀국하였다. 이후 1906년 또다시 티베트에 들어가 공부하고 1909년 2월에 귀국하였다. 그는 티베트의 타라나타《인도불교사(印度佛敎史)》를 번역하고, 중론의 주석서인《용수조(龍樹造) 중론무외소(中論無畏疏)》을 번역하는 등 많은 학문적 업적을 남겼다.

이와 같이 여러 학자들에 의해 연구 성과가 나타나는 가운데 메이지 시기에는 종단차원에 학술탐험대를 조직해 해외 답사를 한 경우도 있었다. 대표적인 것이 진종 서본원사파에 의한 서역 학술탐험으로, 3회에 걸쳐 진행되었다.[39] 제1회는 1902년에서 1904년, 제2회는 1908년(明治41)에서 1909년, 제3회는 1910년(明治43)에서 1914년(大正3) 걸친 학술탐사로, 제1회 때에는 서본원사 법주(法主) 오타니 코즈이(大谷光瑞)가 직접 탐사에 참가하였다. 이 서역의 학술탐사로 불경을 비롯한 다수의 유물, 유적을 발굴하여 불교학계의 서역연구에 막대한 자료를 제공하였다. 그 중의 일부분은 1915년《서역고고도보(西域考古圖譜)》로 정리 출간되었다. 이처럼 메이지 시기에는 산스크리트어, 팔리어, 티베트어에 의한 원전연구 및 학술탐험 등 다양한 불교학 전개가 이루어졌다. 이러한 전개 가운데 동양의 전통적인 불교 이해와 해석상의 차이가 생기거나 또한 불교 교리와 관련하여 논쟁이 생겨나기도 하였다.

---

39) 柏原(1990), pp.80-81.

3. 불교사상 논쟁과 불교학의 영향

일본의 불교학은 제국대학인 국립대학과 종단설립의 사립대학에서 불교에 대한 강의가 체계적으로 이루어짐에 따라 발전적으로 전개한다. 곧 서구의 합리적이고 논리적인 학문체계의 방법론을 바탕으로 전통적인 동양의 불교가 대학의 공간에서 본격적으로 연구되어 새로운 개발이 이루어진 것이다. 이러한 대학에서의 연구는 메이지 초기 폐불훼석으로 억압받은 불교의 전통 체계를 보다 합리적으로 지식인 사회에 전달하는 계기를 마련하였다. 곧 객관적이고 과학적인 입장에 의거해 불교의 본질을 밝혀 일본 사회에 불교의 위상을 더욱 공고히 하는 계기를 만들게 되었던 것이다. 그러한 입장을 대표하는 인물로서 하라 탄잔(原坦山)과 이노우에 엔료(井上圓了)를 들 수 있다. 하라는 최초로 도쿄대학 강사를 역임한 인물로서, 그는 의학의 실험적 방법론에 의거해 불교를 과학적으로 검토하여 그 본질을 밝힌 것으로 유명하다.[40] 도쿄대학을 졸업하고 후에 철학관(哲學館)을 열어 불교의 발전에 기여한 이노우에도 서구철학의 방법론에 의거해 불교의 진리를 객관적으로 검토해 불교철학의 우위성을 주장하였다. 그의 대표적인 저술로는《불교활론(佛敎活論)》,《진리금침(眞理金針)》등을 들 수 있으며, 특히 후자에서는 서구의 기독교 교리에 대한 불교사상의 우위를 체계적으로 논증한 것으로 유명하다.[41] 이러한 과학적이고 객관적인 불교 교리에 대한 탐구과 연구는 메이지 연간 중요한 불교사상 논쟁을 낳았는데, 그

---

40) 柏原(1990), pp.81-82.
41) 柏原(1990), pp.84-86.

중 대표적인 것이 대승비불설론(大乘非佛說論) 논쟁이다.

대승비불설론이란 대승이 붓다의 직접적인 가르침은 아니라는 것으로, 곧 대승불교는 석존 입멸 후 오랜 기간이 지나서 생겨난 불교로서 석존의 진설(眞說)이 아니라는 것이다. 이러한 대승에 대한 역사적 태도는 이미 에도 시대 도미나가 나카모토(富永仲基)에 의해 주장된 가상설(加上說)을 이어받는 것으로, 메이지 연간 불교에 대한 객관적 연구가 이루어지면서 다시 대두하게 되었다.[42] 이러한 객관적이며 역사적인 연구방법에 의한 불교에 대한 이해는 메이지 이후 불교학의 기본적인 태도이었지만, 이러한 태도는 기존 불교계의 전통적인 이해방식과는 배치되는 것이었다. 즉 대승불교를 불타의 진설(眞說)로 이해해 온 전통교단의 입장과 차이가 생기게 된 것이다. 곧 학문적인 연구의 입장에서 불교의 역사성을 분명히 하고자하는 입장과 전통적인 입장에서 대승불교를 불교의 근본입장으로 간주하던 교단의 입장과의 차이가 있었던 것이다. 이러한 대승비불설론과 관련해 논쟁의 계기를 만든 사람은 무라카미 센쇼(村上專精)이며, 무라카미 이후 이 논쟁에 가담한 학자로서 아네자키 마사하루(姉崎正治), 마에다 에운(前田慧雲) 등을 들 수 있다.[43] 하라 탄잔에 이어 도쿄대학 강사가 된 무라카미는 《불교통일론(佛敎統一論)》, 《대승불설론비판(大乘佛說論批判)》 등을 지어, 거기에서 불교의 역사성을 분명히 하고자 하였지만, 그것으로 인해 자신이 소속된 진종대곡파에 강제적으로 승적을 반환하기도 하였다. 도쿄대학 철학과를 졸업하고 동대학 종교학 강좌의 교수로 취

---

42) 柏原(1990), p.88.
43) 柏原(1990), pp.89-93.

임한 아네자키는 대승불교가 석존의 불교와 역사적으로도 사상적으로도 분리되어 있음을 분명히 하여 근본불교만이 불교의 참된 뜻을 담고 있다고 주장하였다. 그리고 도쿄대학 강사를 역임하고 류코쿠대학(龍谷大學) 학장을 지낸 마에다는 대승불교를 역사적인 방법론에 의거 연구하여 대승불교가 석존의 진설을 이어받고 있음을 논증하려고 하였다. 이 대승비불설론 논쟁과 관련한 마에다의 견해는 이후 일본 불교계에 큰 영향을 준 것으로 간주되고 있다.

이처럼 대승비불설론 논쟁은 불교 연구의 역사적 과학적 방법의 도입과 관련된 불교논쟁으로 메이지 연간 불교의 이해를 둘러싼 중요한 논쟁으로 간주된다. 또한 그러한 방법론은 이후 불교학의 기본적인 연구방법으로 간주되어 불교학의 다양한 분야에서 연구 성과가 나타나게 되었다. 그리고 약간 시대가 내려오지만, 다이쇼 연간 쇼와 초기에 원시불교의 사상을 둘러싼 기무라 타이켄, 우이 하쿠주, 와츠지 테츠로(和辻哲郎) 등의 논쟁 또한 일본 불교사상계에 중요한 논쟁으로 간주되고 있다. 도쿄대학에 범어학강좌가 개설된 뒤 배출된 불교학자로 다카쿠스 준지로의 후임으로 임명된 사람이 기무라였고, 기무라와 같은 동기였던 우이는 도호쿠대학(東北大學) 교수로 임명되었다. 이들 간에 원시불교의 교학과 관련된 논쟁이 일어나, 이 논쟁에 와츠지와 아카누마 치젠(赤沼智善)이 참가해 실로 불교사상의 원점을 둘러싼 논쟁이 전개되었다.[44] 이것은 원시불교의 연기설과 관련된 논쟁으로 특히 12연기의 무명(無明) 해석과 관련된 논쟁이었다. 이 논쟁은 더욱 본격화되려는 시점에서 기무라가 운명함으로써 끝이 나고, 이 기무라의

---

44) 야마오리(1995) 참조.

후임으로 우이가 도쿄대학으로 오고 이후 우이의 불교방법론이 도쿄대학에 정착된다.

이와 같이 불교학의 성립과 전개에 따라 불교사상 논쟁을 비롯한 다양한 불교학의 성과가 나타나 그 발전의 양상을 보인다. 이러한 불교학은 객관적이고 합리적인 방법론에 의거 다양한 연구 성과를 올려, 일본을 불교학의 종주국으로 만들게 된다. 하지만 과학적인 연구방법의 불교학 연구와 실제 전통적인 현실불교의 모습은 오랜 기간 유리된 상태로 있었다. 다시 말해 폐불훼석 이후 각 교단은 정부 주도의 종교정책에 순응하여 현실적 종교생활의 유지와 안주에 머물렀고, 일본국가가 제국주의, 침략주의로 방향을 바꾸어 가는데 있어서도 순응하며 그것에 따라가게 된다. 즉 불교학의 합리적 체계가 현실 생활에서 인간 내면의 주체적 변화를 동반하는데 까지 이르지 않는 이상 불교학과 현실불교는 유리될 수밖에 없는 상황이었다. 그렇지만 이러한 상황에서 불교학의 발전과 함께 불교의 이념을 현실의 삶에서 실천하려는 재가(在家)의 불교자와 불교단체가 나타나기도 하였다. 하지만 불교계의 주류를 형성하고 있던 각 교단들은 제국주의적, 침략주의적 사회 흐름 속에서 국가의 이념을 받들고 실천하는데 적극 협력하였다. 현실 불교계의 사회적 동향과 관련하여 일본의 불교학계가 어떠한 입장을 취하였는가는 향후 좀 더 깊이 있는 연구가 필요한 부분이라 생각된다.

V. 근대불교의 연구 전망과 중요 인물

1. 근대불교의 연구 전망

일본의 불교계는 불교학의 발전에 의해 불교에 대한 새로운 인식이 생겨남과 함께 재가(在家)의 불교도에 의한 불교운동도 일어났다. 재가의 불교운동으로서 기존의 교단과 관계없이 불교도의 결속에 의한 단체로서 특히 유명했던 것이 1899년(明治32) 결성된 신불교도동지회(新佛敎徒同志會)이며, 이 동지회는 불교의 근본이념을 사회에 실현하고자 노력하였다. 그리고 불교의 이념을 몸소 실현하고자 사회적인 운동을 벌이거나 개별적인 단체를 만들어 활동한 사람들도 나타났다. 불교사상에 의거해 정신주의를 제창한 기요자와 만시(清澤滿之), 구도(求道)운동을 제창한 지카즈미 조칸(近角常觀), 무아애(無我愛) 운동을 펼친 이토 쇼신(伊藤証信)이나 일련주의(日蓮主義)를 내세워 그 이념을 구현하고자 한 다카야마 초규(高山樗牛), 일등원(一燈園)을 만들어 활동을 편 니시다 텐코(西田天香) 등을 그 대표로 들 수 있다.[45] 이러한 운동은 기존의 교단중심의 활동과 달리 펼쳐져 불교정신의 근대화, 사회화에 많은 공헌을 하였다. 그렇지만 일본 사회가 제국주의, 침략주의로 경도되면서 많은 불교활동은 위축되어 불교의 사회적 활동에는 제약이 따를 수밖에 없었다. 이러한 가운데 1931년 만주사변(滿洲事變) 이후 본격적인 전쟁의 돌입 속에 불교계도 기존의 교단불교를

---

45) 柏原(1990), pp.113-135 참조.

중심으로 전쟁에 협력을 하게 된다.

메이지 시기를 포함해 다이쇼, 쇼와의 태평양 전쟁 종전까지를 포함하는 일본의 근대불교는 실로 복잡 다양한 전개가 이루어진 시기이다. 메이지 정부의 신불분리령에 의한 폐불훼석으로부터 시작된 근대불교는 폐불훼석의 극복과 새로운 불교학의 성립, 그리고 제국주의, 침략주의의 방침에 선 국가의 방향 속에 현실 불교계의 전개 등 실로 다양한 전개를 보이고 있다. 이렇게 복잡하고 다양하게 전개된 근대불교계의 역할과 방향에 대해 살펴보면 다음과 같이 다섯의 방향에서 정리할 수 있다.[46] 먼저 첫째는 국가와의 관계에서 불교에 의한 국가보익성(國家輔翼性), 사회질서유지, 국민정신 위무(慰撫) 등의 역할이다. 둘째는 사회와의 문제로, 사회개량, 교육, 자선, 교화단체의 설립 등과 관련한 불교의 활동이다. 셋째는 인간의 문제로서, 불교교리의 철학적 사상적 이해, 교조(敎祖)의 인간적 이해 등에 대한 것이다. 넷째는 전근대유산과 관련된 것으로, 단가제(檀家制), 의식의존(儀式依存) 등과 관련된 문제이다. 다섯째는 타문화와의 문제로서, 국가신도(國家神道)와 동화, 기독교와의 대론 등의 문제이다. 이상의 다섯은 근대불교와 관련된 다양한 관계를 보여주는 것으로, 근대불교를 이해하는 각각의 방향을 제시하고 있다. 이것은 곧 근대불교의 복잡성과 다양성을 말하는 것임은 물론이다.

이러한 일본의 근대불교에 대해 우리 학계에서도 최근 연구의 성과물이 나오고 있지만, 아직은 미진한 상태라 생각된다. 그렇지만 근대의 일본은 우리와는 정치적으로도 민감한 역사적 현실을 가지고 있

---

46) 木場(2000a), p.64.

기 때문에 향후 보다 다양하고 적극적인 연구가 이루어져야할 것이다. 이것은 가까우면서도 먼 한국과 일본의 관계를 생각해 볼 때, 근대 일본 불교에 대한 관심과 연구는 정치적인 입장에서 해결할 수 없는 보다 보편적인 인간적 삶과 가치에 대한 이해를 더해 주리라 생각한다. 또한 불교정신이 가지는 보편성이 근대일본의 역사 속에서 어떻게 전개되어 갔는가를 분명히 하는 것은 오늘날 종교와 사회가 어떠한 관계로 정립되어야하는가의 중요한 사례를 제공해줄 것이다. 이러한 관계를 고려해 볼 때, 최근 서구에서 일본 근대에 불교계의 역할을 밝힌 브라이언 빅토리아(Brian Victoria)의 《선(禪)과 전쟁(ZEN AT WAR)》이 갖는 의미는 매우 중요하다고 생각된다. 불교계가 전쟁에 가담한 구체적인 사실을 제시하여 불교계의 책임과 반성을 촉구하고 있는 것으로, 종교와 사회가 어떠한 관계를 가져야하는가를 성찰할 수 있는 중요한 책이라 생각된다.

한국의 학계에서도 근대일본불교에 대한 다양한 연구가 이루어져 한국불교학의 발전으로 이어져야 할 것이다. 동아시아의 동질적인 정신문화를 제공한 불교는 일본의 경우 에도 시대 국교(國敎) 역할을 한 것과는 대조적으로 같은 시대 조선에서는 숭유억불(崇儒抑佛)의 정책에 의해 천대받는 각자 다른 길을 걸었다. 오늘날 일본 불교학계의 많은 연구 성과에 도움을 받고 있는 우리 불교학계의 현실에서, 실로 불교정신에 의한 새로운 사회윤리를 구축하기 위해서라도 일본 근대불교에 대한 이해는 중요한 의미를 갖는다고 할 수 있다. 불교계가 가져야하는 보다 분명한 사회적 역할과 책임을 다하기 위해 근대 일본 불교에 대한 다양한 관심과 연구가 요구되는 시점이라고 생각된다.

2. 각 종단별 중요 인물

여기에서는 근대불교에 족적을 남긴 각 교단별 인물을 정리해 둔다 (《大法輪》(1993-4·5)에 나타나는 분야별[일부 생략] 인물을 정리한 것이다).

[나라불교계]

사에키 조인(佐伯定胤, 1867-1952), 오오니시 료케이(大西良慶, 1875-1983), 하시모토 교인(橋本凝胤, 1897-1978)

[천태종]

하코자키 분노(箱崎文応, 1892-1990), 시미즈타니 교준(清水谷恭順, 1891-1979)

[진언종]

샤쿠 운쇼(釋 雲照, 1827-1909), 곤다 라이후(權田雷斧, 1846-1934), 모리 사이안(毛利柴庵, 1871-1938), 다카가미 가쿠쇼(高神覺昇, 1894-1948), 이와보리 시도(岩堀至道, 1909-1982)

[정토종]

후쿠다 교카이(福田行誠, 1805-1888), 야마시타 겐유(山下現有, 1832-1934), 야마자키 벤에이(山崎弁榮, 1859-1920), 하야시 겐묘(林 彦明, 1868-1945), 오노 겐묘(小野玄妙, 1883-1939) 도모마츠 엔타이(友松圓諦, 1895-1972)

[임제선계]

이마기타 고오센(今北洪川, 1816-1892), 야마오카 뎃슈(山岡鐵
舟, 1836-1888), 샤구 쇼엔(釋 宗演, 1859-1919), 아시카가 시잔
(足利紫山, 1859-1959), 야마모토 겐뽀(山本玄峰, 1865-1961), 스
즈키 다이세츠(鈴木大拙, 1870-1966), 후루카와 타이코(古川大
航, 1871-1968), 가토 고산(加藤耕山, 1876-1971), 히사마츠 신이
치(久松眞一, 1889-1980), 모리모토 쇼넨(森本省念, 1889-1984),
시바야마 겐케이(柴山全慶, 1894-1974), 나카가와 소엔(中川宋
渕, 1907-1984), 오사카 고류(苧坂光龍, 1901-1985), 세키 쇼세츠
(關 精拙, 1886-1945)

[조동종]

하라 탄잔(原 坦山, 1819-1892), 니시아리 보쿠잔(西有穆山,
1821-1910), 모리타 고유(森田悟由, 1833-1914), 오우치 세이란
(大內靑巒, 1845-1918), 오카 소단(丘 宗潭, 1860-1921), 이이
다 도인(飯田欓隱, 1863-1937), 아라이 세키젠(新井石禪, 1864-
1927), 기시자와 이안(岸澤惟安, 1865-1955), 와타나베 겐슈(渡
邊玄宗, 1865-1963), 하라다 소가쿠(原田祖岳, 1871-1961), 구마
자와 타이젠(熊澤泰禪, 1873-1968), 우치야마 구도(內山愚童,
1874-1911), 다카시나 로센(高階瓏仙, 1876-1968), 사와키 고도
(澤木興道, 1880-1965)

[진종대곡파]

기요사와 만시(淸澤滿之, 1863-1903), 기즈 무안(木津無庵,

1867-1943), 와시오 쥰쿄(鷲尾順敬, 1868-1941), 지카즈미 조칸(近角常觀, 1870-1941), 사사키 겟쇼(佐㋐木月樵, 1875-1926), 소가 료진(曽我量深, 1875-1971), 이토 쇼신(伊藤證信, 1876-1963), 아게가라스 하야(曉烏 敏, 1877-1954), 다카미츠 다이센(高光大船, 1879-1951), 가네코 다이에이(金子大榮, 1881-1976), 야스다 리진(安田理深, 1900-1982)

[정토진종본원사파]

기타바타케 도류(北畠道龍, 1820-), 시치리 고쥰(七里恒順, 1835-1900), 시마지 모쿠라이(島地黙雷, 1838-1911), 아카마츠 렌죠(赤松連城, 1841-), 이나바노 겐자(因幡の源左, 1842-1930), 아사하라 사이치(淺原才市, 1850-1933), 마에다 에운(前田慧雲, 1857-1930), 마타니 루이고츠(眞溪淚骨, 1869-1956)

[일련계]

아라이 닛사츠(新居日薩, 1830-1888), 다나카 치가쿠(田中智學, 1861-1939), 혼다 닛쇼(本多日生, 1867-1931), 후지이 닛다츠(藤井日達, 1885-1985), 세노오 기로(妹尾義郎, 1889-1961)

[학자]

난조 분유(南條文雄, 1849-1927), 무라카미 센쇼(村上專精, 1851-1929), 이노우에 엔료(井上圓了, 1858-1919), 오다 도쿠노(織田得能, 1860-1911), 다카쿠스 준지로(高楠順次郎, 1866-1945), 모치즈키 신쿄(望月信亨, 1869-1948), 오기하라 운라이

(荻原雲來, 1869-1937), 가토 도츠도(加藤咄堂, 1870-1949), 와타나베 가이교쿠(渡邊海旭, 1872-1933), 아네자키 마사하루(姉崎正治, 1873-1949), 사카이노 고요(境野黃洋, 1871-1933), 다카시마 베이호(高島米峰, 1875-1949), 시이오 벤쿄(椎尾辨匡, 1876-1971), 츠지 젠노스케(辻善之助, 1877-1955), 기무라 타이켄(木村泰賢, 1881-1930), 우이 하쿠주(宇井伯壽, 1882-1963), 나가이 마코토(長井眞琴, 1881-1970), 야마구치 스스무(山口 益, 1895-1976)

[티베트계]

가와구치 에카이(河口慧海, 1866-?), 테라모토 엔가(寺本婉雅, 1872-1930), 오오타니 코즈이(大谷光瑞, 1876-1948), 아오키 분쿄(靑木文敎, 1886-1956), 다다 도칸(多田等觀, 1890-1967)

서장 후기

본장에서 다수 참조, 인용한 가시와하라 유센(栢原祐泉)의《日本佛敎史 - 近代(吉川弘文館, 1990)는 2008년 8월, 동국대학교출판부에서 한국어로 출간되었다.[가시와하라(2008)] 저자가 본장의 원고를 탈고 한 것은 본장이 실렸던《한국불교사연구입문 下(2013년 9월 출간)의 마감일이었던 2008년 2월말로, 이미 원고를 탈고한 상태라 따로이 한국어 번역본을 대조하지 않았다. 본서에서 일본어 원서를 참고한 경우는 '栢原(1990)', 한국어 번역을 참고한 경우는 '가시와하라(2008)'로 표기하였다.

제1장
일본 메이지 시대 불교와 신도의 갈등

Ⅰ. 서언

2012년 유난히 더운 여름을 보내는 와중 대한민국의 이명박 대통령은 한일관계에 대해 근래에 드문 특별한 언급을 하여 한일간의 역사외교 논쟁에 더욱 거센 불을 지폈다. 곧 8월14일 한국교원대에서 거행된 학교폭력에 관한 워크샵에서 이대통령은 "[일왕이] 통석(痛惜)의 염(念)이니 이런 단어 하나 찾아서 올 것이라면 올 필요 없다"라고 하여 일본 통합의 상징인 천황(天皇)에 대한 비판적인 언급을 공개적으로 하였던 것이다. 여기에서 '통석의 염'이란 1990년 노태우 대통령의 일본 방문 시 아키히토(明仁) 천황이 한국에 대한 역사적 사죄의 의미로 사용한 말이었다. 한국 대통령의 이러한 일왕에 대한 언급은 영토문제나 위안부 문제와는 다른 역사적 문제를 제기하는 것으로, 여기에는 근현대를 벗어나 일본의 전 역사를 돌아보게 하는 중요한 문제가 함축되어 있다. 일본의 천황제는 1945년 태평양 전쟁 패배 이후 연합국에 의해 일본 국가 통합의 상징이란 의미로 존속되지만[1], 그 제도는 역사 이래 한 번의 단절도 없이 계승되어온 일본 역사 그 자체를 의미하기도 한다. 따라서 일왕에 대한 비판적 언급은 경우에 따라서는 일본국에 대한 비판 내지는 일본 국민전체에 대한 비판으로 받아들일 가능성도 있다. 이명박 대통령의 발언 이후 일본측의 반응을 보면 새삼 일본에서의 천황의

---

1) 일본국 헌법 제1장은 '천황'에 관한 조항으로, 제1조의 [천황의 지위·국민주권]에 대하여 다음과 같이 말하고 있다.
  "천황은 일본국의 상징이며 일본국민 통합의 상징으로, 이 지위는 주권을 갖는 일본국민의 總意에 기초한다."[《岩波コンパクト六法》((平成2年版, 1990) p.23.)]

존재감이 커 보이는 느낌을 지울 수 없다. 그렇다면 이렇게 일왕에 대한 언급이 일본국 전체에 대한 언급으로 간주되는 일은 언제부터 생겨난 경향이었을까? 아마도 이러한 경향이 본격적으로 드러나는 것은 근대의 출발이라는 메이지 유신 이후의 일로[2], 여기에는 천황제와 밀접한 관련을 가지고 있는 신도(神道)의 등장과 신도국교화(神道國敎化)라는 정부의 정책이 그러한 경향을 적극 만들어 내었다고 생각된다.

본장은 일본근대에 있어 신도와 불교의 갈등에 대한 역사적 고찰을 시도하고자 하는 것으로, 여기에서 살펴보는 신도의 전개는 그 내용상 천황제와 긴밀한 관련을 가지고 있다. 일본 고유의 종교로서 신도는 그 교리적인 성격상 일본 천황의 가계(家系)와 밀접히 관련되어 있어, 실제 신도에 근거한 정책의 전개는 천황에 대한 이념적 옹호의 역사를 대변하고 있다고도 말할 수 있다. 곧 메이지 유신 이후 전개된 메이지 정부의 신도 정책은 한편으로는 기존의 사회적 기득권을 가졌던 불교계에 대한 권리를 빼앗는 정책의 시행이기도 하지만 또 한편으로는 천황을 중심으로 한 메이지 정부의 사상과 이념을 강화하는 역사적 경과이기도 하였다. 따라서 신도 정책의 역사적 경과는 천황제 이념에 대한 철저한 강요로 이어져 오늘날 일본 국민사회의 기층에 중요한 일부를 이루고 있다고도 생각된다.

이렇듯 근대에 있어 신도의 전개는 천황제와 관련된 오늘날의 일본현실과 무관하지 않은 내용을 가지고 있지만, 본장에서 실제 고찰하고자 하는 것은 불교와 신도의 갈등 구조의 사회적 전개이다. 이미 잘

---

2) "〈근대천황제〉라는 것은 重言으로, 근대 이전에 천황제는 없었다."[小谷野(2010), p.66.]

알려진 바와 같이 일본에서 불교는 오랫동안 정신문화의 근간으로 간주되었고 특히 에도 시대에는 국교적(國敎的) 지위에 있었지만, 메이지 유신 이후 불교는 심각한 탄압을 받고 그 대신 새로운 국교로서 신도가 등장한다. 곧 국가신도(國家神道)가 성립하는 것이다. 그렇다면 그러한 국가신도의 성립에 불교에 대한 갈등과 마찰은 어떠한 역사적 경과를 보이고 있는 것일까? 또한 신도는 메이지 유신으로 서구의 정치, 종교이념이 밀려들어 오던 시대적 흐름 속에서 어떠한 경과를 거쳐 국가신도로 정착하게 되는 것일까? 그리고 국가신도의 성립에 천황제는 어떠한 역학관계를 갖고 있는 것일까? 이러한 의문들을 해소하고자 하는 것이 본장의 목적으로, 이로 인해 오늘날 일본의 정치 및 종교문화를 좀 더 깊고 폭넓게 이해할 수 있는 계기를 만들고자 한다.

II. 메이지 초기의 신불분리령

도쿠가와 막부에 의해 260여 년 지속된 에도 시대는 1867년 10월14일 마지막 장군 도쿠가와 요시노부(慶喜)가 대정봉환(大政奉還)을 선언함으로써 그 막을 내리고, 그해 12월 9일 사츠마(薩摩)와 죠수(長州)의 무력토막파(武力討幕派)가 왕정복고의 대호령(大號令)을 발함으로서 메이지 유신의 서막이 올랐다. 다음해 1868년 1월17일 새로이 전국에 대해 왕정복고를 선언함으로써 본격적 메이지 정부의 출범이 이루어 졌다. 이 메이지 유신은 쇼군(將軍)을 정치적 중심으로 한 에도 막부의 봉건적 사회구조를 천황을 중심으로 한 중앙집권적 구조로 바꾼 일련의 사회변혁으로 동아시아에서는 드물게 보는 국가의 정체성을 바꾼 사건이라고 할 수 있다. 따라서 메이지 정부는 이전의 체제와는 전혀 다른 체제와 제도로서 국가를 운영하게 되는데, 여기에 특징적인 점이 과거 일본의 정치체제로 돌아간다는 점에 있다. 이러한 과거로의 회귀를 왕정복고(王政復古) 또는 제정일치(祭政一致)라고 표현하고 그것을 진무(神武) 천황의 창업(創業)으로 돌아간다고 말하고 있다.[3] 곧 일본의 최초의 천황으로 간주되는 진무천황의 시대로 돌아가며, 또한 일본 고대 율령이 반포될 당시 존재하였던 정치체제로서 신기관과 태정관의 2원체제를 기본으로 하여 정부의 체제를 조직하게 되는 것이다.

---

3) 1868년(明治1) 3월13일 태정관포고령 일부는 다음과 같다. "금번의 왕정복고는 진무창업의 시원에 바탕하여 이루어진바, 제정일치의 제도를 회복하게 됨에 있어 먼저 첫째로 신기관을 재흥, 확립한 위에, 치츰차츰 祭奠도 흥기시켜야만 할 것으로 명이 내려졌습니다.…."[가시와하라(2008) p.30.]

이와 같이 서구적 체제에 대한 일본적 수용을 계기로 하여 성립된 메이지 유신의 신체제가 과거 고대의 일본을 바탕으로 정부제도를 조직한 이면에는 일본 고대를 순수한 종교적 근거로 간주하는 국학자(國學者) 내지 신도가(神道家)가 신정부 내에서 주요한 역할을 하였기 때문이다. 이들의 적극적인 참여로 메이지 정부의 조직체제 내에서 신도를 담당하는 기구로서 신기사무과(神祇事務科, 1868.1.17~1868.2.3), 신기사무국(神祇事務局, 1868.2.3~윤4.21), 신기관(神祇官, 1868.윤4.21~1869.7.8[太政官 아래에 위치]), 신기관(神祇官, 1869.7.8~1871.7.29[태정관과 별도로 상위기구])의 기구가 조직되어 신도의 정책과 이념을 펴게 된다.[4] 곧 메이지 유신 이전까지 일본사회의 국교적인 역할을 담당한 불교의 세력아래 사회적으로 큰 역할을 하지 못한 신도의 부흥을 위한 새로운 정책이 발표되기에 이르렀던 것이다. 이러한 정책 가운데 기존의 불교사회를 붕괴시키고 신도 우위(優位)의 새로운 국가 건립을 위해 발표된 정책이 기존의 종교문화 속에 혼재해 있던 불교와 신도의 성격을 분명히 하고자 한 신불분리령(神佛分離令 혹은 神佛判然令)이었다. 이것은 당시까지 일본종교의 한 특성으로 간주되어 신앙상 큰 문제가 없었던 신불습합(神佛習合)의 경향이 메이지 정부에 참여한 국학자와 신도가들에 의해 명확히 분리되어 신도의 색체를 분명히 하고자 하게 된 것이다. 이러한 신불분리의 정책으로 공표된 것이 1868년 3월17일 신기사무국에서 발표된 165호 공표문과 몇일 후인 3월28일 발령된 태정관령 196호로 발표된 다음의 명령이었다.[이 명령의 일본어 원문은 부록으로 첨부, 부록 1]

---

4) 박삼헌(2012) p.6.

[제165호령]

금번 왕정복고, 구폐(舊弊)를 일소하기 위함에 있어, 전국 대소(大小)의 신사(神社)에서 승려의 형태로 별당(別堂) 혹은 사승(社僧)의 무리라 일컬어지는 자는 환속(還俗)시켜 물러나게 하고, 만약 환속의 의례에 사정상 지장이 있을 때는 신고하고 그것을 마음에 잘 새길 것.

단 별당 사승의 무리가 환속을 할 경우 지금까지의 승위(僧位), 승관(僧官)을 반납함은 물론이며, 신주(神主)의 관위(官位)의 법도는 추후 기별할 것으로 당분간은 의복은 정의(淨衣)로 하여 신사의 사무를 담당할 것. 이것을 마음에 새기며 환속할 때는 그대로 당국에 신고를 할 것.[5]

[제196호령]

하나. 중고(中古)이래로 어떤 권현(權現) 혹은 우두천왕지류(牛頭天王之類), 그 밖에 불교의 용어로서 신의 호칭을 삼는 신사가 적지 않았다. 어느 것이나 그 신사의 유서(由緒)를 상세하게 써 빨리 제출할 것. (중략)

하나. 불상으로써 신체(神體)를 삼는 신사는 이후로 다시 바꾸도록 할 것.

부가. 본지(本地) 등이라 하여 불상을 신사의 앞에 거는 일, 혹은 악구(鰐口)·범종(梵鐘)·불구류(佛具類)들은 빨리 없애도록 할

---

5)   櫻井(1971), p.22.

것.[6]

    이러한 거듭된 정부명령으로 인해 기존의 혼재되어 있던 불교와 신도의 혼합적 성격을 완전히 새롭게 분리하고 특히 신사에서 불교의 색체를 없애려는 경향이 분명하게 나타났다. 이러한 경향에 편승해 이루어진 일련의 사회적 종교적 변동이 폐불훼석이라 불리는 불교탄압 운동으로, 이 신불분리령으로 인해 불교는 일본 역사에서 초유의 탄압을 경험하게 된다.

---

6)   櫻井(1971), pp.22-23.

Ⅲ. 신도국교화 정책의 전개

메이지 유신은 이전 쇼군을 정치적 중심으로 하는 막부체제를 천황을 중심으로 하는 정치체제로 변혁시킨 사회변혁의 정치적 사건으로, 이로 인해 일본 사회는 새로운 변화를 맞게 된다. 이러한 변화는 종교적인 면에서도 예외는 아니었다. 오랜 역사기간 동안 정신문화의 담당자로서 에도막부 시대에는 국교적인 역할을 담당한 불교가 메이지 정부의 신불분리령에 의한 폐불훼석의 탄압을 받게 되는 사상초유의 일이 전개되는 이면에, 당시까지 뚜렷한 종교적 색체를 갖지 않았던 신도(神道)가 정치적, 종교적 주체로서 등장하게 되는 것이다. 신도가 메이지 정부에 있어 정신적, 이념적 주체로 등장하는 것은 메이지 유신의 핵심세력 가운데 국학자와 신도가가 적극 활동한 것에 기인한다. 이들은 메이지 유신의 정신적 지주로서 천황에 대한 이념을 세우는 것은 물론 이전까지 불교의 세력에 억눌렸던 신도의 종교적 우위를 되찾고자 하는 종교적 열망을 가지고 있었다. 이들에 의해 천황의 위상은 일본국 건국초기의 이상(理想)으로서 진무천황의 위업을 계승한다는 명분이 세워지고 또한 제정일치의 총화(總和)로서 모든 정치의 중심에 천황이 자리하는 독특한 정치체제를 구축하게 되는 것이다. 이러한 메이지 유신의 제정일치적인 정치체제는 당시 서양의 제정분리(祭政分離) 내지 종교자유(宗敎自由)의 사회적 경향과는 거리가 먼 것으로, 천황 중심의 독특한 정치체제가 자리 잡게 되는 것이다.

　　이러한 천황중심의 제정일치의 이념을 제공하는 신도 중심의 정치체제를 구축하는 데 큰 역할을 한 사람들이 메이지 이전 배불론자로서 복고신도(復古神道)를 주장하였던 히라타 아츠타네(平田篤胤)를 잇는 국학자들이었다. 메이지 신정부의 핵심관료인 이와쿠라 토모미(岩倉具視)의 고문으로서 역할을 한 다마마츠 미사오(玉松操)도 히라타의 제자인 오오쿠니 다카마사(大國隆正)에게 사사한 국학자로, 그는 이와쿠라의 명으로 막부를 무너트리라는 천황의 밀칙(密勅) 문안을 만들기도 하였다.[7] 그리고 실질적으로 메이지 정부 초기 신도 정책으로서 신기사무과가 설치된 이후 1869년 신기관이 태정관보다 상위의 기관으로서 그 역할을 하게 되는 데는 히라타파의 계보를 잇는 국학자들이 중요한 역할을 담당하였다. 그중 대표적인 인물이 가메이 고래미(龜井玆監), 후쿠바 요시시즈(福羽美靜), 히라타 가네타네(平田鐵胤) 등과 같이 히라타 아츠타네의 제자에 해당하는 오오쿠니 다카마사와 야노 하루미치(矢野玄道)파에 속한 국학자 및 신도가들이었다.[8] 이들에 의해 신기관 재흥과 제정일치의 이념이 메이지 정부의 공식 이념으로 채용되어 신도국교화의 정책들이 반포, 실시되기에 이르게 되는 것이다. 그리고 이들에 의해 정책 입안되어 반포된 신불분리령은 일본 사회에 초유의 불교탄압운동을 일으키는 계기가 되지만, 그와 별도로 신도 중심의 종교정책은 신기관의 설치와 함께 계속 이어진다.

1869년 7월 설립된 신기관은 국가의 최고행정부인 태정관보다도 상위의 기구로서 독립하여 국정의 최고기관으로서 그 위상을 가지게 되었다. 이 신기관의 설립과 함께 황실내에서도 신불분리가 이루어져 당시까지 궁중에서 거행되던 의례가 불교식에서 신도식으로 바뀌거나,

---

7) 佐伯(1988) p.129; 遠山(1991) p.68.
8) 安丸(1979) p.46.

궁중에 있던 불교유물들도 다른 곳으로 옮겨졌다. 특히 동년 9월 신도에서 받드는 각종의 신들과 황실에서 제사 지내던 황령(皇靈)에 대한 제사가 체계적으로 정비되어 진무창업에 의거한 제정일치의 이념이 새롭게 정리되었다.[9] 또한 신기관의 독립과 함께 신사제도, 의식 등에 대한 정비가 이루어지고 일본 전국에 있는 신사에 대한 조사도 거행된다. 1870년에는 일본 국내에 있는 29개 신사에 대해 신기관의 봉폐(奉幣)가 내려져 대(大)·중(中)·소(小)의 봉폐와 제(祭)가 정해진다. 하지만 신기관의 명령에 따른 구체적인 일의 진행이 실제 순조롭게 이루어지지는 않았던 탓에 보다 근본적인 신사 조사와 제도개혁에 착수하게 되고, 그 결과 1871년 5월 신사를 '국가의 종사(宗祀)'로 삼는 포고와 함께 〈관사이하정액(官社以下定額)·신관직제등규칙(神官職制等規則)〉이 공표되었다.[10] 이것은 신사의 격을 관사(官社)와 제사(諸社)로 구별하고, 관사는 관폐(官幣)·국폐(國幣)로, 그리고 각각을 대중소사로, 제사는 부(府)·번(藩)·현(縣)·향(鄕)의 각사로 분류하고[11], 사격의 규모에 따라 신관의 직제를 나누고 사람수를 배정하였다. 이렇게 신기관은 신도 중심의 세밀한 정책을 실행에 옮겨 당시까지 존속한 신사들에 대한 조사 및 규정 등을 마련하였다. 또한 1872년에는 '별격관폐

---

9) 신기관 시대에 제사의 대상이 된 八神·天神地祇·歷代皇靈은 神祇官假神殿에 놓여졌고, 이중 역대 황령은 신기성으로 바뀌는 중 천황이 거주하는 궁으로 옮겨지고, 이후 교부성 설치에 동반해 팔신, 천신지귀도 궁중으로 옮겨져 오늘날 宮中三殿[賢所(가시코도코로; 천황의 조상인 天照大神을 모신 곳)·皇靈殿(과거 천황의 영을 모신 곳)·神殿(팔신 및 천신지기를 제사하는 곳)]의 원형이 완성되었다.[岡田(2010) pp.232-235; 田村(2005) p.65.]

10) 岡田(2010) pp.233-234.

11) "단 2개월 뒤 廢藩置縣이 이루어져 藩社에 대한 列格은 없다"고 함.[岡田(2010) p.234.]

사(別格官幣社)'로서의 사격이 새롭게 생겨나, 메이지 이후 황실과 국가를 위해 공헌한 사람들을 받드는 신사를 여기에 해당시켰다. 그것에 대한 효시로서 남북조시대의 무장(武將)이었던 구스노키 마사시게(楠木正成)를 주신(主神)으로 하는 미나토가와(湊川) 신사가 열격(列格)되었다.[12]

이와 같이 신기관은 국가 최고의 기관으로서 신도의 위상을 정립하는데 힘을 기울였지만, 당시 급격한 종교적 소요로 사회적 혼란이 지속되던 폐불훼석의 여파와 아울러 천황을 정치적 종교적 정점으로 삼으려는 정부내의 움직임[13]에 의해, 1871년 8월 신기관은 폐지되고 대신 태정관 속에 신기성(神祇省)이 설립되었다. 신기성에서는 신기관 당시 확립된 전국적 규모의 신사 신관제도에 맞는 제사의 부흥과 정비, 새로운 의례의 제도화가 이루어져 동년 10월 최초의 전국적인 제사제도가 되는 〈사시제전정칙(四時祭典定則)〉, 〈지방제전정칙(地方祭典定則)〉이 제정되었다.[14] 이러한 제도적 정비와 함께 신기관 시대에 신도와 천황의 이념을 알리기 위해 설치된 선교사(宣敎使)에 의한 대교선포운동(大敎宣布運動)도 신기성 하에서 계속 전개되지만, 인원부족과 열정부족 등으로 인해 충분한 성과를 거두지는 못하였다. 아울러 메이지 초기 폐불훼석의 여파에서 조금씩 벗어나던 불교 측의 국민교화 활동 등

---

12) 岡田(2010) p.234.
13) "…, 신기관을 없애고, 제정의 권을 천황-태정관으로 통일함으로써 문자 그대로 천황이 친히 제사와 정치를 행하는 '근대적 제정일치'체제 확립을 목표로 하였다."[岡田(2010) p.234.]
14) "〈사시제전정칙〉에서는 천황친제의 대제를 元始祭(1월3일), 皇太神宮遙拜(9월17일), 神武天皇祭(3월11일), 孝明天皇祭(12월25일), 新嘗祭(11월卯日)의 5제로 하는 것이 정해졌다. … 〈지방제전정칙〉에서는 국폐사·부현사·향사의 例祭·祈年祭·新嘗祭의 3제에 대한 參向官 등이 정해졌다."[岡田(2010) pp.234-235.]

에 대한 요구 등도 있어 1872년 3월 신기성, 선교사는 폐지되고 보다 활발한 교화정책을 위해 교부성이 설치되며, 그 교도직에 신도·불교 합동에 의한 새로운 국민교화 활동이 전개된다.

Ⅳ. 폐불훼석과 불교계의 대처

1. 폐불훼석의 전개

메이지 유신을 계기로 불교계는 신불분리령에 의한 폐불훼석이라는 유례없는 탄압을 경험하지만, 잘 알려진 바와 같이 불교는 오랫동안 일본의 정신문화를 대표하며 중요한 사회 문화의 기층을 형성하고 있었다. 특히 에도 시대에는 모든 가정이 사원에 호적을 두는 사청제도(寺請制度, 테라우케 세이도) 속에 가정과 절은 단가(檀家)와 단나사(檀那寺)로서 긴밀한 관계를 유지하고 있었다. 이러한 관계는 사원이 장례를 전담하는 소위 장식불교(葬式佛敎)가 공고해 짐에 따라 사원과 일반 민중과의 관계는 더욱 긴밀해졌다. 에도 막부 전시기를 통해 제도적 장치를 통해 불교가 자연스레 일반 민중과 긴밀한 관계를 가짐으로써 불교는 일본 사회에 중심적인 역할을 하게 되지만, 그에 따른 폐해도 자연스레 생기게 되었다. 곧 불교의 역할이 커짐에 따라 그에 따른 부정적 현상이 나타나 불교에 대한 비판적인 기운이 생겨나게 되었다. 메이지 정부에 의한 신불분리론도 그와 같은 불교비판론자 가운데 특히 배불론으로 유명하였던 히라타 아츠타네의 사상을 이어받은 국학자들에 의해 입안되고 시행된 정책 중의 하나이었다.

신불분리론이 발표되자 오랫동안 불교의 그늘아래 참고 지내온 신도가(神道家) 내지 불교에 비판적인 각 지방의 정치세력들에 의해 불교에 대한 탄압이 본격적으로 거행되었다. 먼저 신불분리령에 따라 신불습합의 전통에 의해 오랫동안 신사에 설치된 신궁사(神宮寺), 별당사(別堂寺) 등의 별당과 사승(社僧)의 역할을 하였던 승려들이 자발적으로 환속하거나 신사의 신관으로 전향한 것은 물론 신궁사, 별당사에 모셔진 각종 불상, 불구 등을 파괴하는 상황이 전개되었다. 곧 폐불훼석의 직접적인 형태는 신사에 모셔진 불교관련 물건을 파괴적으로 없앤 경우와 각 지역의 불교사원을 종파별로 폐사 또는 합사하여 강제로 규모를 줄이는 경우였다.[15] 신사에 모셔진 불교의 유물 유적이 파괴된 예로는 1868년 4월1일 오우미국(近江國)의 히에신사(日吉神社)를 효시로 하여 다수의 신사에서 폐불의 바람이 불었다. 히에신사에서는 신관이 이끄는 신위대(神威隊)에 의해 극단적인 파괴소각이 실시되어져, 이 사태는 메이지 정부의 태정관에게도 보고되어 폐불에 주의를 주는 태정관의 포고가 나올 정도였다.[16] 이 히에신사를 시작으로 일본 전국의 신불습합의 신사와 사원에서 불교에 대한 파괴적인 행위가 거행되었고, 이로 인한 불교문화의 파괴는 가히 헤아릴 수 없을 정도였다. 여기에 더하여 각 지역에서는 불교사원의 폐합사(廢合寺)도 이루어졌다. 폐사로서 특히 유명했던 곳은 사츠마(薩摩) 지역으로, 메이지유신 이전부터 논의되었던 폐사가 신불분리령으로 본격적으로 시행된다. 곧 당시 조사로 알려진 대소의 사원 1066개의 절이 대다수 폐사되고, 2964인에 달하는 승려도 거의 환속의 령이 내려져 따를 수밖에 없었던 것 같다.[17] 그리고 폐합사의 시발로서 거론되는 사도국(佐渡國)의 경우 1868년 11월 5백여개의 절이 80개의 절로 합사되고, 그 가운

---

15) 가시와하라(2008) p.32.
16) 가시와하라(2008) p.33.
17) 辻(1949) pp.27-28.

데 진종사원은 50개의 절이 14개로 줄어들었다.[18] 이러한 폐합사의 사태도 일본 각지에서 일어나 불교계는 사상 유례없는 탄압을 받게 되었다. 이러한 폐합사건 가운데 가장 문제가 된 것이 도야마번(富山藩)의 폐합사로 이곳에서는 일종일사령(一宗一寺令)에 의해 총 370여 개의 절이 8개의 절로 폐합사되기도 하였다.[19] 특히 도야마 지방의 극단적인 폐합사의 폐해에 대해 진종교단의 탄원이 이루어지고, 이에 대해 1871년 3월 태정관은 진종교단에 대해 "금번 탄원제출의 건은 명령이 내려진 지의(旨意)에 어긋나는 일입니다. 처음부터 폐불지의(廢佛之儀)에는 그것이 없고…"라는 포고를 내리며, 5월에는 도야마번에 온당한 조치를 취하도록 지시하기도 하였다.[20]

이렇게 일본 전국으로 전개된 폐불훼석의 불교탄압 운동은 유례없는 사회현상으로서 받아들여지고, 그러한 폐불훼석의 구체적인 사례는 일찍부터 조사, 연구, 보고되었다.[21] 이 폐불훼석은 일본의 정신문화의 근간으로서 불교의 기층적 역할을 뒤흔들고 그 사회적 역할을 재인식하는 계기를 가져왔다. 그러한 기층적 역할의 약화는 그간 일반민중의 장의(葬儀)를 담당한 불교 전담의 장례의례에 신도장(神道葬)과 자장(自葬)이 허용되어 새롭게 실행되는 계기가 되기도 하였다. 특히 신도의 의례에 의거한 장례의례로서 신도장은 에도 시대에는 금지되

---

18) 가시와하라(2008) p.34.
19) 가시와하라(2008) p.35.[이 도야마번의 일종일사령에 해당하는 370여개의 절에 대하여 번역본에는 "진종동서본원사파 232개절, 선종조동·임제양종 40개절"이 빠져있다. 이 절 수를 포함해 370여개의 절이 된다. 柏原(1990)참조.]
20) 가시와하라(2008) p.35.
21) 《明治維新 神佛分離史料(上·中·下)》(村上專精·辻善之助·鷲尾順敬 共編)는 신불분리와 폐불훼석과 관련된 상세한 사료를 전하고 있다(동국대도서관 소장).

었던 것이지만, 신직을 담당하는 신관 가계(家系)의 장례식으로 1868년 4월 허용되었다. 자장은 신주와 승려가 관여하지 않는 장례식으로 메이지 초기 허용되지만,[22] 메이지 5년(1872) 금지되어 이후로는 승려와 신관이 장의를 담당하게 된다. 신도에서는 1882년 대표적인 신사에서 신관이 장의에 관여하는 것을 금지하는 외에 전체적으로 장의에 관계하게 된다.[23] 그리고 그러한 기층의 급격한 변동으로 인해 일반서민에 의한 잇키(一揆; 봉기)가 일어나기도 하였는데 그 대표적인 곳으로 미카와(三河) 기쿠마번(菊間藩) 과 에치젠(越前)의 오오노군(大野郡)·이마타테군(今立郡)·사카이군(坂井郡)의 3군에서 일어난 봉기를 들 수 있다.[24] 그렇지만 폐불훼석은 불교의 탄압이라는 부정적인 면뿐만 아니라 새로운 시대에 불교교단이 자립적으로 각각 대응해 가야 한다는 시대적 인식을 가져다 주었다. 이러한 새로운 인식과 자세는 불교 탄압이 진행되는 가운데 구체적 형태로 나타나게 된다.

2. 불교계의 대처

불교계는 에도막부 말기에 이미 호법(護法)·호국(護國)·방사(防邪)의 정신을 대변하는 종교로서 그 위상을 가지고 있었다.[25] 호법사상은 에

---

22) "自葬祭는 自身葬祭, 自神葬祭, 神道自葬祭라고도 하며, 神主·僧侶는 관여하지 않고 신장제식을 조금 생략한 정도의 신도풍의 장제로, 정부가 허가한 것은 藩縣이 인가한 신장제식의 책에 준거하여 집행되는 것이었다."[村田(2000) p.93.]

23) 岡田(2010) p.261.

24) 가시와하라(2008) pp.46-54.

25) 가시와하라(2008) pp.17-20.

도 시대 강하게 제기된 배불론 등에 대해 불교가 사회적으로 필요한 이유들을 역설한 것으로, 이것은 당시 사회체제를 지탱한 불교의 입장을 반영한 것이다. 이러한 호법의 정신은 에도 말기 미국에 의한 강제 개항(開港)을 맞이하여 호국의 이념으로 전개되어 불교가 사회의 중요한 역할을 하고 있음을 강하게 주장하였다. 그리고 삿된 정신을 구축한다는 방사는 기독교에 대한 불신감을 드러내는 것으로, 이것은 기독교에 대한 배척을 강령으로 하는 에도 막부의 정책과 통하는 바가 컸다. 종교로서 기독교에 대한 배척 정책은 메이지 정부에서도 계속되어 기독교는 1900년에 공식적으로 국가가 종교로서 인정하고 관리하게 된다. 이렇듯 호법, 호국, 방사의 이념을 가진 불교계는 메이지 유신 후 사상 초유의 탄압에 직면해 그것을 극복하는 방책으로 새로운 종파간의 연합을 꾀하게 되는 데 그것이 제종동덕회맹(諸宗同德會盟)이다.

　　에도 시대에 불교는 막부의 철저한 통제를 받아 종파간의 연합이나 회합 등은 원천적으로 금지되어 있었다. 물론 철저한 통제는 확실한 보호를 전제로 이루어진 것으로 불교의 자생력은 크게 빈약하였던 것은 말할 것도 없다. 이러한 역사적 흐름 속에 폐불훼석은 불교계에 새로운 자극과 변혁을 가져오는 계기를 만들었으며, 확실한 불교적 정체성을 내세우는 계기가 되기도 하였다. 메이지 정부에 대해 정토진종과 같이 개별적으로 관계를 맺은 경우도 있었지만, 실제 폐불훼석을 극복하는 과정으로서 전 종파가 단결하여 새롭게 결성한 것이 제종동덕회맹이다. 제종동덕회맹은 1868년 12월 임제종 대륭사(大隆寺) 도코쿠(韜谷), 진종 흥정사(興正寺) 셋신(攝信) 등이 주도해 교토 흥정사에서 결성되고 이후 1872년까지 5년에 걸쳐 그 모임은 지속되었다.

　　이 회맹에서 의제로 삼은 것은 ① 왕법불법불리지론(王法佛法不

離之論; 왕법과 불법이 서로 어긋나지 않는다는 것) ② 사교연궁훼척지론(邪敎硏窮毁斥之論; 기독교의 교리를 연구해 그것을 배척하자는 것) ③ 자종교서연핵지론(自宗敎書硏覈之論; 종단별 교학을 체계적으로 정립하자는 것) ④ 삼도정립연마지론(三道鼎立練磨之論; 신도·유교·불교의 셋이 서로 일치하는 것을 분명히 하자는 것) ⑤ 자종구폐일세지론(自宗舊弊一洗之論; 불교 각 종단이 스스로 과거의 폐해를 고치자는 것) ⑥ 신규학교영선지론(新規學校營繕之論; 새 시대에 걸맞게 교육기관을 운영한다는 것) ⑦ 종종인재등용지론(宗宗人才登庸之論; 각 종단의 인재를 등용하자는 것) ⑧ 제주민간교유지론(諸州民間敎諭之論; 각 지역에서 불교를 올바로 가르치자는 것)의 여덟 가지로서, 이것을 당시 불교계가 감당해야할 과제로 선정하고 논의하였다. 이 회맹의 의제 가운데 ①에서 나타나듯 왕법과 불법을 동일시하는 것은 당시 천황을 정점으로 하는 신도국교화정책을 의식한 불교적 호국관을 제시한 것이라 볼 수 있지만, 불교계가 피할 수 없는 사회적 분위기를 드러내고 있다. 하지만 다른 과제들에서 볼 수 있듯이 불교계도 변화와 혁신을 기하였고 그에 따라 교육기관 경영, 인재등용, 불법전파 등 사회변화에 새롭게 적응하는 구체적인 과제를 제시함으로써 능동적으로 대처하고자 하였다.

그리고 이러한 8개의 과제를 수행함에 있어 구체적인 세부규칙도 마련하였다. 13개의 세부규칙 가운데 ① 회맹은 제덕자종타종(諸德自宗他宗)의 습염(習染)을 벗어나 일미화합(一味和合), 동심협력(同心協力)할 것 ② 탄원서 등의 연서, 건백서 등은 각각 모두 합의한 방식으로 제출할 것 ③ 건백의안 등은 회맹의 자리에 지참, 피로(披露)할 것 등을 규정하여, 중요한 문제에 대해서는 모든 종단이 합심 협력할 것을 정하고 있다.[26] 이렇게 제종동덕회맹의 결속에 의거한 불교계의 변화와 노력은 이후 불교계를 환골탈태시키는 계기가 됨은 물론 신도 국교주의의 시대적 흐름 속에서도 불교계의 위상을 분명히 드러내는 계기가 되었음은 물론이다. 그리고 이러한 결속력과 노력으로 인해 메이지 정부로 하여금 교부성(教部省) 설치 내지는 대교원(大教院) 설립을 승인받기에 이른다.

---

26) 辻(1949) p.97.

V. 불교와 신도의 갈등과 수습

1. 불교·신도의 갈등

메이지 유신 이후 신도의 국교화를 추진한 신정부의 정책은 그 궁극적인 목표가 진무(神武)의 창업으로 돌아간다는 것에서도 나타나듯 순수한 일본의 정신을 구하여 실현하는 왕정복고를 실현 완성하는 것이었다. 특히 종교적인 면에서는 신도에서 구현된 일본적인 이념을 발견하고자 한 국학(國學)의 정신을 받들어 신교국교화의 정책을 수립하였다. 이러한 신도국교화정책에 가장 걸림이 된 것은 말할 것도 없이 불교이었지만, 메이지 유신 이전 에도막부의 철저한 국교정책으로 그 기반을 다졌던 불교 또한 하루아침에 사라질 존재는 아니었다. 비록 신불분리령에 의해 폐불훼석의 바람이 강하게 불어 닥쳤지만, 불교 또한 메이지 유신의 새로운 사회적 기운에 편승해 변화와 개혁에 동참하게 된다. 하지만 에도막부와 같은 강력한 후원 세력이 사라진 상황에서 불교는 스스로 자구(自救)의 입장에 철저해지지 않을 수 없었고, 그에 따른 자생의 힘 또한 새롭게 나타나게 된다. 그러한 힘은 각 종단별 노력과 제종동덕회맹과 같은 불교계내의 회합을 통해 증진되었다. 이러한 불교계의 노력이 메이지 정부에 호소력을 갖게 되고 그 결과 설립되는 것이 교부성(敎部省)이다. 이 교부성은 신기성 폐지 이후 신도와 관련된 이전의 업무를 담당하는 기관으로서 설립되지만, 실질적으로는 불교계의 사회참여 요구에 순응하는 형태로서 신도와 불교의 총체적 업무를 담당하는 기관으로 설립된 것이다. 이 교부성의 설치는 메이지 정부가 불교종단을 정치에 활용하는 방향으로 정책을 변화시킨 결과의 산물이라 할 수 있다.

　1872년 4월 이 교부성의 관할 아래 교도직(敎導職)을 설치하여 신관, 승려등을 임명하고 그들로 하여금 국민교화를 담당케 하였다. 그리고 교도직은 14등급으로 나누고,[27] 각각의 교도직 위에는 관장(管長)의 제도를 두어 감독하도록 하였다. 이 관장의 직제는 후에 교부성이 폐지된 이후 불교계에서는 각종단의 수장으로서 직위를 담당하게 된다. 교도직으로서 처음에는 신관, 승려가 임명되었지만, 후에 시간이 흐르면서 1873년에는 낙어가(落語家), 강담사(講談師), 연극가(演劇家)들도 교도직에 참여해 다양한 형태로 메이지 정부의 이념을 홍보하게 된다. 교부성에서는 교도직이 설치된 직후 4월28일, 삼조교칙(三条敎則)을 발표해 신도주의에 입각한 천황제 국가의 이념을 전국민에게 알린다. 3조교칙이란 ① 경신애국(敬神愛國)의 뜻을 명심하여 지킬 것 ② 천리인도(天理人道)를 명확히 할 것 ③ 황상(皇上)을 받들어 조정의 뜻을 준수할 것의 세 가지로, 당시 메이지 정부체제의 중심을 이루는 천황제에 대한 존중과 존경을 드러낸 것이다.[28] 이 3조교칙이 발표되자 그것의 해석과 부연설명 및 해설서 등이 나타나게 된다. 또한 교부성에서는 교도직이 수행해야 할 교화의 내용 등에 대해 다수의 항목을 설정해 지시를 내리는데 그것이 11겸제(兼題) 혹은 17겸제라 불리는 항목으로, 교도직의 면학과 교화의 구체적인 내용이기도 하였다.[29]

---

27) 교도직은 大敎正·權大敎正·中敎正·權中敎正·少敎正·權少敎正·大講義·權大講義·中講義·權中講義·少講義·權少講義·訓導·權訓導의 14등급으로 나뉜다.[가시와하라(2008) p.56.]

28) 가시와하라(2008) p.57.

29) 11겸제와 17겸제에 대해서는 본서 제3장 Ⅱ절 참조.

그러한 항목들의 구체적인 내용에서 볼 수 있듯이 실질적인 교화 활동의 장은 신도를 중심으로 되어 있어 실제 불교의 승려가 자신의 입장을 피력하는 것은 제한되어 있었다. 이러한 불공평한 상황을 해소하기 위해 불교계에서 제안한 것이 대교원(大敎院) 설립의 청원으로, 이로 인해 공평한 교화의 장이 성립되기를 기대하였다.

하지만 대교원에서도 신도의 교도직이 참여하여, 실제 승려는 신관의 하위에 놓이게 되어 교부성의 일반 교도직과 그다지 차이가 없었다. 대교원이 본래의 불교적 교화를 시행할 수 없는 상황에서 불교계는 대교원 이탈운동을 펼치게 되는데, 이러한 이탈운동에 중심적인 역할을 하는 사람이 정토진종의 시마지 모쿠라이(島地黙雷, 1838-1911)이다. 그는 1872년 1월 서구의 종교상황을 시찰하고자 외유(外遊)를 하는 중 1872년 12월 〈3조교칙비판건백서〉를 교부성에 제출하게 된다. 1873년 3월 귀국한 후에도 시마지는 대교원 분리를 주장하는 활동을 활발하게 벌이고, 그러한 활동이 결실을 맺어 1875년 1월 대교원 이탈의 허가가 비공식적으로 통지됨으로써 사실상 허가를 얻게 된다. 그리고 그해 5월 신불합동의 교원은 폐지되고, 신도와 불교 각자가 교원을 설치하는 것으로 하여 대교원은 해산하게 된다. 그리고 1877년 1월에는 교부성도 폐지하고 내무성에 사사국(社寺局)을 두어 사원(寺院)과 신사(神社)의 행정을 취급케 하지만, 교도직은 그대로 존속하였다. 그렇지만 1884년 8월에는 신도와 불교의 교도직을 모두 폐하고, 불교계에 있어 사원주지의 임면 등은 각종파의 관장에 일임하게 된다.

2. 국가신도의 길

교부성이 폐지된 이후에도 불교와 신도의 교도직은 그대로 존속하여
불교의 교도직은 각종파의 관장이 총체적으로 관리하였지만, 신도에서
도 교도직을 총체적으로 다루는 새로운 기구가 요구되었다. 그러한 필
요에 의해 도쿄에는 신도사무국(神道事務局)이 설립되고 각 지방에는
신도사무분국(神道事務分局)이 설립되었다.[30] 이 사무분국에서는 지
방관청의 협력하에 각 지역의 신사와 교의, 신관의 신분, 교도직, 국민
지도교화 등의 사무를 담당하였고, 또 각 군에는 지국이 설치되고 구내
에는 교회소(敎會所), 강사(講社) 등을 설치해 그 역할을 담당하였다.
이렇게 신도사무국 및 사무분국은 일본 전역의 신사와 신관, 국민교화
등을 총체적인 담당하였다. 하지만 신도가 메이지 정부의 천황의 직접
적인 영향 하에 있음을 보여주는 사건으로 제신논쟁(祭神論爭)이 일
어나고,[31] 그것에 대한 결론이 메이지 천황의 칙재(勅裁)로 종결되었
다. 이러한 신도내의 교리적인 논쟁을 겪고 난 메이지 정부는 1882년
이세신궁(伊勢神宮)과 관국폐사 신관의 교도직 겸임을 금지하고, 교
화활동 및 장례에 대한 관여를 금지하는 법령을 포고하였다. 이 법령의
근저에는 신도는 종교가 아니라고 하는 신도비종교론(神道非宗敎論)

---

30) 岡田(2010) p.260; 원영상(2009) p.142.
31) 明治8년 5월 도쿄의 신도사무국에서 그간 대교원에 모셔졌던 신들을 받드는 새로운
   신전의 건립과 관련해 기존의 신에 새로운 신으로서 大國主身(오쿠니누시노카미)를
   表名合祀하는 것을 두고 생겨난 논쟁. 이 논쟁 후 메이지 정부의 명으로 14년
   신도대회의가 거행되고, 이 대회 이후 신도사무국신전을 통해 궁중의 현소, 황령,
   천신지기를 요배할 수 있다는 칙제가 하달되었다.[岡田(2010) p.261; 무라오카(1998)
   p.301]

의 논리가 숨겨져 있었다.[32] 신도에서 교화활동이나 장례의례 등과 같은 종교적인 요소를 배제하고 단순히 국가에 대한 종사(宗祀)만을 담당한다는 비종교론이 공개적으로 선포되었다. 곧 국가의 제사의례를 담당한다는 비종교로서 신도의 입장이 공식적으로 표명된 것이다. 그렇지만 이렇게 신도가 종교가 아니라는 주장은 공교롭게도 대교원 탈퇴에 절대적인 역할을 담당한 시마지(島地)가 일찍이 주장한 내용이기도 하였다.

시마지는 신기성이 교부성으로 바뀌는 과정에서 교부성 설치를 주장하여, 신도 단독의 국교화를 반대하고 교부성 아래 신도·불교·유교가 일치하여 기독교를 배격할 것을 역설하였다. 그렇지만 1872년 시마지는 서구를 시찰하고 귀국한 뒤에 본격적으로 교부성과 대교원의 비판을 전개하며, 신교자유(信敎自由)와 정교분리(政敎分離)를 주장하게 된다. 곧 시마지는 귀국직후인 1882년 12월 〈삼조교칙비판건백서〉를 주상하고 나아가 그 다음해 〈대교원분리건백서〉를 통해 대교원 정책을 격렬하게 비판하였다. 삼조교칙에 대한 비판에서 "본래부터 정교(政敎)란 다르므로 뒤섞여서는 안된다."라고 하여 정교분리의 원칙을 제시한다. 여기에 "정은 인사(人事)다. 형태를 제어한다. 그래서 우리나라에 한정된다. 교는 신위(神爲)다. 마음을 제어한다. 그래서 만국에 통하는 것이다. 이로써 정은 감히 타인을 관리하지 않고 오로지 자신을 이롭게 하는데 힘쓴다. 그러나 교는 조금도 자신을 돌보지 않고 오로지 타인을 이롭게 하는 것을 바란다."라고 하여 정치의 특수성에

---

32) 岡田(2010) p.264.

대비된 종교의 보편성을 주장한다.[33] 그리고 이 종교에 대하여 "무릇 종교의 요체는 심정(心情)을 올바로 하고, 사생(死生)을 편안케 하는 것을 달리 벗어나지 않는다."라고 하여 종교는 개인의 마음이나 삶과 죽음의 문제에 관련된다고 말하고 있다.[34] 이렇게 종교를 철저한 개인의 문제로 한정시킨 시마지는 다양한 신을 숭배하는 신도의 입장을 저차원의 종교로 간주하고 있다. 곧 그는 "만약 무릇 천신(天神)·지기(地祇), 수화(水火)·초목(草木) 소위 팔백만신(八百萬神)을 경배한다고 하면, 이것은 유럽의 아동조차도 유치한 것으로 웃는바 되는 것으로, 초황(草荒), 미개(未開)한 것으로 이것보다 더한 것은 없다."라고 말해 철저히 신도의 종교성을 비판하고 있다.[35] 하지만 이러한 시마지의 신도 비판은 불교와 신도의 분리를 추진하는 정부의 정책과 합치되고 또한 신도의 종교성에 대한 비판으로 인해 신도를 비종교로서 국민도덕 내지 국가도덕의 영역으로 간주하여 국가신도로서의 발상과 연결된다.

이러한 도덕적 의무감의 원천으로서 신도의 역할은 실제 1889년 공표된 헌법 속에서 천황에 대한 신민(臣民)으로서의 입장을 대변하게 되고, 또한 1890년 교육칙어의 반포와 함께 국민교화를 위한 전위부대로서 그 역할을 하게 된다. 그리고 이후 종교의 자유와 정교분리의 논쟁이 거듭되는 가운데 신도와 불교의 종교적 입장은 분명해져 신도는 비종교로서의 입장을 가지며, 이것이 국가 내지 국민의 도덕을 책임지는 입장을 갖게 된다. 곧 국가의 정책을 따르게 하는 선전의 도구로서 역할을 담당하여, 후에 군국주의의 입장 또한 대변하게 되기에 이른다.

---

33) 스에키(2009b) p.33.
34) 스에키(2009b) p.33.
35) 스에키(2009b) p.34.

이렇게 비종교로서 신도가 국가의 제사를 담당하는 국가신도로서 길을 걷는 한편 종교적 의미에서 교화활동과 장례의례 등을 적극적으로 거행하는 신도는 교파신도(敎派神道)로 따로 독립하게 된다. 곧 1884년 교도직이 폐지된 이후 신도사무국은 1886년 신도본국(神道本局)으로 새롭게 바꾸고 스스로의 교파를 신도로 칭하였다. 이 신도본국에 근거한 신도에서 따로 독립적으로 분리된 신도를 교파신도라 부르며, 이 교파신도는 후에 13개의 교파로 그 체제가 확립되었다.[36] 이러한 교파신도는 국가신도와 분리되어 따로이 국가적 관리를 받기에 이른다. 곧 교부성 폐지 이후 신도와 불교를 담당하던 내무성 사사국(社寺局)은 1900년 신사국(神社局)과 종교국(宗教局)으로 분리되어, 신사국에서는 신도 즉 국가신도만을, 종교국에서는 불교를 비롯 교파신도와 기독교 등 여타의 종교들을 관리, 감독하기에 이르게 되는 것이다.

---

36) 13개의 교파신도는 다음과 같다. 神道大敎, 黑住敎, 神道修成派, 出雲大社敎, 扶桑敎, 實行敎, 神道大成敎, 神習敎, 御嶽敎, 神理敎, 祓敎, 金光敎, 天理敎[ひろさちや(1987) pp.39-41] 이 가운데 神道大敎는 신도사무국의 후신인 神道本局이 하나의 교파로 성립된 것이다.[무라카미(1989) p.159.]

VI. 결어

메이지 유신으로 시작된 일본 근대사회에 있어 종교의 변화는 전통적
인 불교로부터 새로운 신도에 의거한 정치적, 사회적 변화가 전개된다.
곧 메이지 정부의 신도국교화 정책에 의거해 신도가 새로운 종교이념
내지 국가이념으로 간주된 것이다. 이렇게 신도가 국가의 이념으로 간
주된 배경에는 천황을 정치와 종교의 정점(頂點)으로 세우려는 메이지
정부의 방침이 분명하였기 때문이다. 곧 메이지 유신의 이념을 왕정복
고, 제정일치(祭政一致)에 둔 메이지 정부는 신도에 국교적 지위를 부
여함으로써 천황을 정점으로 하는 제정일치의 이상적인 국가를 세우
고자 한 것이다. 이러한 제정일치의 이상을 목표로 한 신도국교화 정책
은 메이지 시기 내내 그 정책이 시행되었지만, 이러한 정책 수행과정에
서 문제가 된 것이 신도의 종교적 성격이었다고 할 수 있다. 그렇지만
이러한 신도의 종교성 문제는 후에 비종교적인 형태로서 국가의 제사
를 담당하는 제의적(祭儀的)인 신도로서 국가신도(國家神道)와 종교
성을 지니는 교파신도(敎派神道)가 분리되어 이해됨으로써 해결되기
에 이른다. 그리고 이 비종교로서 신도가 이해되는 데에는 아이러니하
게도 메이지의 유명한 불교가 시마지 모쿠라이(島地黙雷)의 정교분리
론(政敎分離論)이 큰 역할을 하고 있다. 이렇게 비종교적인 성격으로
서 신도는 국가의 관리를 받는 국가신도로서 천황의 정체성과 이념을
전하는 사회윤리 혹은 국민이념으로 국민정신의 계도 및 일본정신의
선양 등에 그 역할을 하게 되는 것이다.

그와 대조적으로 일본 근대의 불교는 메이지 초기 신불분리령으

로 인해 전무후무한 폐불훼석에 직면하여 사회적 어려움에 부딪치게 된다. 하지만 불교계는 제종동덕회맹과 같은 연합체를 구성해 새로운 개혁과 변화를 모색하고, 각 종단 또한 시대의 변화에 뒤떨어지지 않으려는 노력을 하였다. 이러한 자구적인 노력과 별도로 불교가 철저하게 국가로부터 배제됨에 따라 불교계 스스로 더욱 자생적인 힘을 기를 수밖에 없었다. 그러한 노력의 결과로 교부성(敎部省)이 설립될 당시 신도와 더불어 국민교화의 한 축을 담당하게 되고, 또 전통적인 장식불교(葬式佛敎)를 기반으로 일반 국민과의 유대관계도 회복하게 된다. 이렇게 근대에 전개된 신도와 불교의 갈등 구조를 정부의 조직체계와 관련해 정리해보면 다음의 표와 같이 될 것이다.[표1]

이와 같이 불교계의 개혁과 변화를 위한 노력으로 불교계는 일본 사회 속에 중요한 윤리적·문화적 역할을 하며 더욱이 오늘날과 같이 일본이 불교학의 메카로 간주될 정도로 성장하였다. 하지만 근대 이후 현대에 이르기까지 일본사회 속에서 불교계는 천황을 정점으로 하는 신도 중심의 풍조 속에 그 사회적 영향력은 그다지 크지 않다고 생각된다. 다시 말해 불교가 비록 전통적인 종교문화로서 일본 사회에 다양한 영향을 끼치고 있지만, 천황 중심의 사회체제 속에서는 큰 영향력을 갖지 못하고 있다고 느껴진다. 아마도 그것은 천황제를 뒷받침하는 정치적 힘과 종교적 영향력에서 불교는 여전히 비주류일 수밖에 없는 근대 이후 일본의 독특한 구조에서 오는 것에 연유하고 있기 때문이라고 생각된다.

[표 1] 일본 메이지 시대 신도·불교 갈등 구조와 관련된 담당 정부조직도

[신기사무국 165호 공표문]　　　　　[태정관령 196호]

一、中古以来、某権現、或ハ牛頭天王之類、其他仏語ヲ以神号ニ相称候神社不少候、何レモ其神社之由緒委細ニ書付早々可申出候事。

但、勅祭之神社、御宸翰、勅額等有之候向ハ是又可伺出、其上ニテ御沙汰可有之候、其余之社ハ裁判、鎮台、領主、支配頭等ヘ可申出候事。

仏像ヲ以神体ト致候神社ハ以来相改可申候事。

附、本地抔ト唱ヘ　仏像ヲ社前ニ掛或ハ鰐口　梵鐘、仏具等之類差置候分ハ早々取除キ可申事。

右之通被仰出候事。

[櫻井(1971) pp.22-23.]

今般、王政復古、旧弊御一洗被為在候ニ付、諸国大小ノ神社ニ於テ　僧形ニテ別当或ハ社僧抔ト相唱ヘ候輩ハ　復飾被仰出候、若シ復飾ノ儀、無余儀差支有之分ハ　可申出候、仍テ此段可相心得候事。

但、別当社僧ノ輩復飾ノ上ハ　是迄ノ僧位僧官返上勿論ニ候、官位ノ儀ハ追テ御沙汰可被為在候間当分ノ処、衣服ハ浄衣ニテ勤仕可致候事。

右ノ通相心得、致復飾候面々ハ当局ヘ届出可申者也。

[櫻井(1971) p.22.]

제2장
일본 근대 제종동덕회맹의 성립과 역할

Ⅰ. 서언

메이지 유신으로 시작되는 일본 근대의 출발은 불교계에 있어서는 가히 폭압에 가까운 시련의 출발이었다. 메이지 원년인 1868년 3월에 공포된 칙령으로서 신불분리령은 오랫동안 신불습합(神佛褶合)의 전통을 하루아침에 뒤엎는 결과를 가져오고 그에 따라 폐불훼석이라는 엄청난 불교탄압이 이루어졌다. 이 불교탄압의 실제적인 행동은 일본 전역에 걸쳐 일어났고, 이로 인한 불교계의 충격은 상상할 수 없을 정도에 이르렀다. 에도 시대의 국교(國敎)로서의 불교의 역할은 온데간데없고, 마치 밀려오는 폭풍우를 맨몸으로 맞을 수밖에 없는 위급한 상황에 처하게 되었다. 그렇지만 이러한 위급하고 암울한 상황은 새로운 불교체질을 만드는 계기가 된 것도 또한 사실이다.

불교계는 에도 시대 260여 년에 걸쳐 국교로서의 역할을 하여 많은 불교적 전통을 만들어내었지만, 이러한 불교적 전통은 단지 긍정적인 면만 있었던 것은 아니었다. 사원의 행정적 토착화에 따른 권력화 내지 경제적 부유화(富裕化) 그리고 승려의 세속화에 따른 종교심의 퇴화와 퇴폐적 풍조 등과 같은 불교계의 부정적인 모습은 불교를 비판하는 전통의 국학자나 신도가들에게 불교의 비판을 합리화하는 이론적 계기를 만들기도 하였다. 곧 불교에 대한 비판을 당연시하는 논리가 자연스레 형성된 것이다. 그리고 동일한 막부 아래의 번(藩)이라 하더라도 번주(藩主)에 따라 불교에 대한 호불호(好不好)가 용인되어 불교를 적대시 하는 번도 나타나 불교를 공개적으로 비난하는 경우도 있었다. 이러한 불교에 대한 비판과 적대적 관계가 메이지 정부의 신도국교화 정책과 맞물려 불교탄압으로 나타나게 된 것이 폐불훼석이었던 것이다.

그렇지만 폐불훼석의 불교탄압은 전통종교로서 불교를 새로운 종교전통으로 이해하는 하나의 계기를 만든 것도 사실이다. 곧 전통종교문화로서 국가의 비호를 받던 불교가 새로운 정부아래 탄압을 받으면서는 순수한 종교로서 불교의 자생력(自生力)을 드러내야하는 시험대에 올라서게 된 것이다. 그것은 폐불훼석을 당해 상당수의 사찰이 파괴되고 그 속에서 많은 승려들이 일상의 호구(糊口)를 위해 환속을 하였지만, 종교심을 잃지 않았던 새로운 불교인이 상당수 사회적 수면위로 부상하는 결과도 가지고 온 것이다. 그리고 이러한 새로운 불교인들이 등장하는 사회적 장으로서 근대 초기에 중요한 역할을 담당하였던 것이 제종동덕회맹(諸宗同德會盟)이라고 할 수 있다. 메이지 이전 에도 시대에는 국가적 통제 아래 불교종단의 횡적 연합이 원천적으로 단절되었지만, 신도국교화의 메이지 정부 아래에서는 각 종단간 교류나 연합이 마음대로 이루어 질 수 있는 상황이 전개된 것이다.

본장에서는 메이지 초기 불교탄압의 어려운 사정 속에서도 불교의 부흥과 서구 기독교 유입의 차단이라는 명분아래 결성된 제종동덕회맹의 성립과 그 활동을 살펴보기로 한다. 이 제종동덕회맹의 결성이야말로 쓰러져가는 불교의 회복을 가능케 하고, 불교가 일본사회에 중요한 종교전통임을 밝히게 되는 계기를 만들었던 것이다. 여기에서는 불교 소생(蘇生)의 중요한 계기를 만든 제종동덕회맹의 성립배경, 실질적인 역할, 그리고 후대의 영향 등에 대해 살펴보기로 한다.

II. 제종동덕회맹의 성립 계기

제종동덕회맹(諸宗同德會盟, 이하 회맹이라 약칭)은 불교계 각각의 종단이 연합하여 하나의 단체로서 활동하면서 붙여진 명칭이다.[1] 이러한 연합체로서의 회맹이 성립한 것은 메이지 유신 이후 새로운 시대에 새로운 국면을 나타내는 중요한 의미를 가지고 있다. 그것은 에도 시대 이후 종단간의 연합이 사실상 불가능한 상태에서 새롭게 연합체가 생겨난 것으로, 그것도 불교계에 직접적인 시련이 본격 시작된 단계에서 결성된 것이다. 따라서 이 회맹의 결성은 불교계의 위기를 감지한 선각적인 승려에 의해 그 출발점이 되었고, 그러한 회맹의 성립에 불교계의 종단이 적극 참여함으로서 불교의 사회적 위상을 드러내는 중요한 계기를 만들게 되었던 것이다. 이 회맹이 결성되는데 있어 직접적인 역할을 담당한 것은 이요국(伊豫國) 우와지마번(宇和島藩)의 보리사(菩提寺)인 대륭사(大隆寺)의 승려인 도코쿠(韜谷)로서, 이 도코쿠에 대해 츠지(辻)는 아카마츠 렌죠(赤松連城)[2]가 구술한 내용을 기록한 〈섭신상인근왕호법록부록(攝信上人勤王護法錄附錄)〉[3]에서 도코구가 교토에 오게 된 이유를 다음과 같이 기술하고 있다.

---

1) 이 모임의 다른 이름으로 道盟會(土屋詮敎《日本宗敎史》)가 거론되지만, 辻(1949)[p.85]에 따라 이하 제종동덕회맹으로 통일한다.
2) 赤松連城(1841)은 정토진종 서본원사파의 승려로서, 메이지 시기 크게 활약한 시마지 모쿠라이와 함께 서본원사의 개혁에 참여하고 해외시찰도 함께한 인물이다.[大法輪(1993-5) pp.105-106 참조.]
3) 섭신상인은 제종동덕회맹의 결성에 크게 기여한 華園攝信으로, 후에 興正寺 管長으로 대교원 분리운동 당시에는 대교원분리를 반대한 것으로 잘 알려져 있다.

(前略) 그때 도코쿠가 말하기를 우리 우와지마번이 근래 자주 신장제(神葬祭)를 채용하는데 이것은 본래 신관(神官)의 집에서 했던 것이다. 그것을 채용한다고 말하기에 왜냐고 묻자, 번의 답변에 신장제를 채용하는 것은 단지 우리 번만이 아니라 일본 전국에 이미 그와 같이 한다고 하는 답변이었다. 도코쿠 등은 크게 놀라 곧바로 국내(國內)의 사원을 모아서 그 선후책을 강구했다. 그 결과 국내 사원이 일치하여 조정에 건백하기로 결의하고 이미 그 조인(調印)까지 끝마쳤다. 그렇지만 그 이상은 일본 전국 [사원]의 조인을 얻지 않으면 안 된다. 그것이 상경한 이유이다. 하지만 어떻게 하면 좋은가하는 상담이다. 이것에는 나도 크게 고민하였다. 그 당시에는 예산(叡山)은 예산, 동사(東寺)는 동사로 서로 성벽을 쌓고 지내는 상황으로, 좀처럼 일치된 입장을 취하는 것은 생각할 수 없는 상황이었다. 그래서 갖가지 숙고를 하였고, 결국 대경희심원(大慶喜心院) 셋신(攝信)에게 상담의 뜻을 전하기로 하였다. 둘이서 곧바로 방문하여 의견을 올렸다. 그때는 몹시 배불론(排佛論)으로 탄압이 본격화되는 상황이었기에, 크게 두 사람의 의견을 받아들여 그렇다면 지금부터 동사의 관지원(觀智院)으로 의견을 나누러 가자고하고, 저쪽에서는 오라고 하는 상황. 이 관지원이라는 것은 희노가(日野家) 출신의 가쿠보 승정(覺寶僧正)을 말하는 것으로, 몹시 각별한 마음의 소유자이었던 것 같다. 그러나 나는 그 당시 일개의 서생으로, 나이도 불과 27, 8세 복장도 누추하여 옆에서 함께 하기를 주저하였지만, 뭐 그런 일은 상관없다고 하여, 마침내 도코쿠와 둘이서 관지원으로 갔다. 그 때 옆에 있으면서 갖가지 알선의 수고를 마다 않고 해준 사람

이 속인인 무라야마 쓰모루(村山績)라는 사람이었다.[4]

이 아카마츠가 전하는 말에 의거하면, 우와지마 번의 도코쿠가 교토에 와서 아카마츠는 그와 함께 셋신을 만나 의견을 나누고, 이어서 바로 관지원의 가쿠보 승정을 만나러 가고 있다. 이 도코쿠가 교토에 온 것은 신도식으로 장례를 치르는 신장제와 같은 전래없던 일들이 일본 전국적으로 이루어진다는 말에 불교적 대책을 강구하러 왔던 것을 알 수 있다. 이렇게 도코쿠가 교토에 와서 아카마츠와 함께 신도국교화의 사회적 조류속에 불교적 대책을 강구하는 것이 회맹의 시작이라고 할 수 있다. 곧 아카마츠와 도코쿠가 셋신과 관지원의 가쿠보 승정을 만난 이후 불교적 대책을 강구하는 격문을 돌리고 그리고 각 지역에서 온 승려들이 교토의 묘법원(妙法院)과 동사 관지원 등에 모여 회의를 시작하였고, 이 회의가 제종동덕회맹의 시발이 되었던 것이다. 그리고 각지에서 모인 승려들이 당시의 불교적 상황에 대해 다양한 논의를 하는 과정에서 하나의 단체로 결성되는데 중요한 역할을 담당한 사람이 셋신으로, 그의 역할이 상당히 중요하였음을 아카마츠는 다음과 같이 전하고 있다.

오늘날에도 각종 회의를 하면 상당히 논의가 활발해 정리하기 어려운 점이 있다. 하물며 당시에 있어서야. 그런데 그것을 적당히 정리했다고 하는 것은, 갖가지 사정도 있었겠지만, 어쨌든 대경희심원(=셋신)과 같은 분이 있었기 때문이다. 이것은 일본불교사

---

4)   辻(1949) pp.86-87.

상에서 특필할만한 공적이라고 하지 않으면 안된다. 또 그 결과로서 종래 서로 반목하는 듯한 태도를 취하고 있던 동서본원사가 어쩔 수 없이 화합하게 만들었다. 그 화합의 자리에는 양 본산의 법주가 처음에는 비운각(飛雲閣), 다음에는 지곡저(枳穀邸)에서 회견을 하고 서로 친목을 다졌다. 이때 대경희심원도 출석하셨던 것으로 생각된다.[5]

아카마츠의 말을 기록한 셋신의 기록에 셋신을 훌륭한 인품의 소유자라고 말한 것은 당연한 것이지만, 오랫동안 상호 소통이 없이 개별 종단 차원으로 전승된 불교계가 서로 연합하여 하나로 결합하는 데에는 셋신과 같은 신망을 가진 인품의 소유자가 있었기에 가능하였던 것은 충분히 상상할 수 있는 일이라 생각된다. 이렇게 회맹을 결속시킨 계기가 교토에 온 도코쿠에 기인하고, 이 도코쿠는 후에 도쿄에서 거행된 회맹에서는 맹주로 추대될 정도로 많은 사람들의 신뢰를 받고 있었다. 그리고 셋신도 이 도코쿠에 대해 절대적인 신의를 가지고 있어, 도코쿠가 우와지마로 돌아가야 할 날이 다가오자 셋신은 도코쿠를 위해 우와지마에 서신을 보내 일정기간 더 교토에 머물 것을 부탁하고 있다.

이렇게 폐불훼석이 본격화되는 시점에 당시 불교계에 대한 탄압에 맞서 그 대응책을 종단 차원에서 강구한 것은 절대적으로 중요한 일이었다고 생각된다. 메이지 정부의 신도국교화 정책에 의한 불교탄압은 일개의 승려나 사찰로서는 감당할 수 없는 국가권력의 횡포이었기에 그것에 대항하는 사회조직으로서 회맹은 불교계 내부의 의견을

---

5) 辻(1949) p.88.

표출하는 중요한 계기를 만들었던 것이다. 이러한 조직의 출발은 처음에는 교토에서 이루어지지만, 후에는 오사카, 도쿄로 퍼져나가 전국적으로 불교계가 통일된 연합체를 구축해가게 된다.

Ⅲ. 제종동덕회맹의 활동

1. 제종동덕회맹의 개최

앞서 아카마츠(赤松)의 말로서 기록된 〈섭신상인근왕호법록부록〉에 의하면 이 회맹의 성립에 도코쿠를 비롯해 셋신, 가쿠보 등이 중요한 역할을 하고 있음을 알 수 있다. 특히 셋신은 훌륭한 인덕으로 많은 사람들을 아우르는 기품이 있는 인물이었다고 생각된다. 그렇지만 이런 회맹이 이루어지는 근본적인 계기를 마련한 사람은 도코쿠로, 도코쿠는 폐불훼석의 풍조 속에 신장제가 이루어지는 사회현상을 목격하고, 불교적 대응을 전국적인 차원에서 추진해야한다는 생각으로 교토에 와서 이런 회맹의 계기가 마련되었던 것이다. 그리고 도코쿠가 셋신, 가쿠보를 만날 수 있는 계기를 주선한 당시 정토진종의 젊은 승려이었던 아카마츠도 회맹결성에 중요한 역할을 한 인물이라 할 수 있다. 이렇게 도코쿠의 의지와 셋신, 가쿠보 등의 협력을 통해 회맹은 이루어지고 그 모임은 본격화되기에 이른다. 이러한 회맹의 기록을 상세히 전하고 있는 츠지(辻)의 저술에 의하면 이 회맹은 처음에 교토에서 출발하고, 이어서 오사카와 도쿄로 점차 확대되어 가고 있음을 알 수 있다. 이 회맹의 모임을 지역별로 살펴보면 다음의 시기에 열렸음을 알 수 있다.[6]

---

6)　辻(1931) pp.760-764; 辻(1949) pp.89-90.

[교토]

　　제1회 : 1868년(明治元) 12월8일 : 홍정사에서 개최, 서본원사를
　　　　　　비롯 히예산 등 40여 개 절이 참여, 제종동덕회맹이라 명
　　　　　　칭함, 도코쿠가 맹주로 추대,

　　제2회 : 1868년(明治元) 12월17일 : 묘법원에서 개최

　　제3회 : 1869년(明治2) 2월16일 : 동사 관지원에서 개최

　　제4회 : 1869년(明治2) 4월3일 : 관지원에서 회합, 60여인 참여.

　　제5회 : 1869년(明治2) 4월18일 : 본국사(本國寺)에서 회합, 80
　　　　　　여인 참여

　　　　　　1869년(明治2) 5월18일 : 본국사에서 회합, 373인 참여

　　　　　　1869년(明治2) 5월19일 : 홍정사에서 회합, 289인 참여

[오사카]

　　1869년 5월 2회에 걸쳐 회맹 개최

　　초회 : 천왕사(天王寺) 사리방(舍利坊)에서 회합, 90여인 참여

　　2회 : 진촌(津村) 본원사별원에서 회합, 230여인 참여

[도쿄]

　　1869년(明治2) 4월25일 : 시바야마(芝山) 안에서 개최, 명왕원
　　　　　　(明王院) 조류(增隆), 운쇼(雲照), 총지사(總持寺) 에키도
　　　　　　(奕堂) 등 30여인 참여, 암규(岩槻) 정국사(淨國寺) 데츠
　　　　　　조(徹定)이 맹주가 됨.

　　1869년(明治2) 10월26일 : 동경 회향원(回向院)에서 개최, 조류
　　　　　　(增隆)이 맹주가 됨.

이상과 같이 메이지 초기의 시기에 회맹이 개최되고 있고, 이 회맹의 과정에서 결의된 내용도 알려지고 있다.[7] 곧 교토의 회맹의 참석자들이 1869년 3월17일 회맹의 회원이 모두 연서하여 국가를 위해 목숨을 바치는 것을 아까워하지 않겠다는 뜻을 담은 맹서(盟誓)를 하였다고 한다. 그리고 1869년 3월20일에는 사교(邪敎) 즉 기독교의 전파금지를 위해 일동이 목숨을 다해 힘쓰겠다는 뜻을 담은 내용을 연서하여 탄원하였다는 것이다. 그리고 이에 대해 25일 외국으로부터 어떠한 제안이 오더라도 채용하지 않을 것이니 안심하라는 내용의 답신이 왔다고 전하고 있다. 이러한 내용을 보면 회맹은 폐불훼석의 와중에 불교계의 활로를 찾는 일환으로, 국가를 위해 충성을 맹서하는 일이나 외국의 신앙으로서 기독교에 대한 방어의 의무를 스스로 가질려는 노력을 하고 있음을 볼 수 있다.

그리고 이 교토 회맹의 전체적인 경과의 과정에서 제1회와 제2회 때는 도코쿠와 셋신이 중요한 역할을 하지만, 제3회 이후에는 관지원 가쿠보(覺寶) 승정이 중요한 역할을 한 것을 알 수 있다.[8] 이 가쿠보 승정은 교토의 회맹이 활발하게 전개되는데 역할을 다한 것은 물론 오사카, 도쿄에서 회맹이 성립되는데도 크게 역할을 하였다. 그의 활발한 역할은 당시 불교계의 움직임을 주시하고 있던 관계 당국에 의한 검거로 이어져, 1869년 5월23일 가쿠보 승정이 형법관(刑法官)에 소환되어 그 후로 소식이 끊겼다고 전하고 있다.[9] 이것은 당시 회맹에 대해 정부

---

7)　辻(1931) pp.761-762; 辻(1949) pp.97-98; 櫻井(1971) p.98.
8)　川村(2004) pp.192-193.
9)　辻(1931) p.762; 辻(1949) pp.93-94. 川村(2004) p.200. 교토의 회맹은 가쿠보 승정이 검거된 이후 그 활동이 단절되고, 그 회맹의 역할은 도쿄의 회맹이 이어받았다.

적 차원의 감찰이 이루어지고 있었음을 확인할 수 있는 내용으로, 당시 폐불훼석의 풍조 속에 정부의 신도국교화의 노선과 대립각을 세우고 있던 불교계에 대한 감시가 예민하게 이루어지고 있었던 것을 알 수 있다. 그리고 1869년 5월18일 본국사에서 열린 회합에서는 산문(山門)에 저축된 돈을 은행에 맡기고 그 이자로서 히예산(比叡山)에 세울 대학교의 수학비로서 사용하는 것을 결정했다는 내용도 전하고 있다.[10] 이것은 회맹에서 각 종단이 참여하는 연합학교를 세운다는 뜻의 중지를 모았던 것으로 생각된다. 이렇게 회맹내의 의견으로서는 대학을 세워 인재를 키워야한다는 의견도 빈번했던 것으로 추정된다. 정확한 시간기록은 보이지 않지만 교토의 회맹에 참가한 진언종의 도케이(道契)는 이 회맹에서의 의견으로서 학교를 세워 인재를 길러야한다는 뜻을 강하게 주장하였다고 전하고 있다.[11] 이렇게 학교를 세워 인재를 키워야한다는 뜻은 불교계의 중지를 얻어 도쿄의 회맹 규약에서 보듯 불교계의 중요한 인재불사의 사업으로 전개되고 있다.

회맹은 교토의 흥정사에서 그 첫 회합 이래 메이지 초기 폐불훼석의 광풍 속에 수차례에 걸쳐 회합이 이루어지고 있다. 회합이 거듭될수록 참가는 인원도 점차 증가하고 있어 그 열기가 더해 갔음을 확인할 수 있으며, 여러 종단이 함께 참여하는 상황에서 회장격인 맹주도 한 사람이 아니라 여러 사람이 함께 맹주로 추대되기도 하였다. 이렇게 각 종단의 차원에서 연합체로서 회합이 이루어지고 있는 것은 에도 시대에는 상상할 수 없는 일이었지만, 당시 사회의 폐불훼석의 현상을 지

---

10) 辻(1949) p.90.
11) 辻(1931) p.763.

켜보고 있던 메이지 정부의 입장에서도 예민하게 회맹에 대한 감시를 소홀히 하지 않았을 것은 충분히 상상된다. 앞서 가쿠보 승정이 소환된 이후 생존에 대한 언급이 특별히 없었던 것으로 보여, 정부의 감찰 강도가 상당히 높았던 것으로 생각된다. 이러한 정부의 엄격한 감시 속에 회맹의 역할은 분명 한계가 있었다고 생각되지만, 정부에 의한 불교에 대한 일방적인 탄압에 정면으로 대항하는 중요한 연합체로서의 토대는 구축되었다고 생각된다. 특히 불교탄압의 사회적 풍조 속에 불교가 일본 사회와 유리되어 있지 않음을 이 회맹의 규약으로서 드러내 보이는데 그것을 명확히 보여주는 것이 도쿄에서 열린 회맹에서 제정한 규약이다. 다음에서 살펴보기로 한다.

2. 도쿄 제종동덕회맹의 규약

도쿄에서 회맹이 개최된 것은 1869년 4월 25일 시바야마(芝山) 내에서 회합이 이루어진 것으로, 아마도 이 회맹은 교토 회맹의 영향을 받아 발족하였을 것으로 생각된다. 츠지의 자료로는 직접적으로 누가 도쿄 회맹에 영향을 주었는가는 불분명하지만, 도쿄의 회맹은 교토 회맹의 영향을 받은 뜻있는 불교가에 의해 성립되고 그 활동이 이루어졌다.[12] 그리고 회맹에 대한 중요자료로서 일반적으로 널리 알려진 〈제종동덕회맹규약〉(이하 규약이라 약칭)은 도쿄의 회맹에서 논의된 내용이

---

12) 도쿄 회맹의 성립에도 교토의 관지원 가쿠보의 역할이 상당히 큰 것을 알 수 있다. "그(가쿠보)의 지도력과 행동력에 의해 제종동덕회맹은 비약적으로 발전하여 도쿄, 오사카, 가나자와(金澤)에서도 설립되기에 이른다."[川村(2004) p.196.]

정리되어 남아있는 것으로, 이 규약은 당시 불교계의 상황을 잘 보여주고 있다고 생각된다. 이 규약에 대해서는 도쿄 회맹의 맹주로서 당시 불교계에 중요한 역할을 하였던 조류(增隆)가 남긴 기록 〈강동잡필(江東雜筆)〉에 그 내용이 잘 나타나고 있다. 이 〈강동잡필〉에 의하면, 이 규약은 앞부분 머리말로서 '단취서(團聚序)'와 회맹에서 논의하는 기본적인 여덟 가지의 문제 그리고 회맹의 회원들이 지녀야할 열세 가지의 규칙으로 구성되어 있다.[13] 먼저 머리말로 나타나는 단취서는 다음과 같은 내용으로 되어 있다.

단취서

오호라, 서양의 기독교가 틈을 엿보고 손을 뻗치기가 작금에 이르렀구나. 개항 이래 대다수의 서민이 거의 다 서양의 풍조에 취해 이익을 따라 분주하여 인을 잃고, 욕심에 치달려 의를 잊으니, 황국의 습속이 장차 흐트러지려하고 그리고 국가에는 해가 되고, 법은 쇠퇴하는 일, 어찌 이 두 가지를 면할 수 있겠는가. 지금의 상황에 이르러 나라를 걱정하는 현장(賢將)들과 생동하는 눈을 지닌 훌륭한 스승들이 북을 쳐 법의 성에 모여 그 장막에서 미래를 위한 계책을 세우고, 외국을 능가하는 것을 결의하고, 갖가지 논의를 하여, 모름지기 사악한 논의를 제거하고, 예리한 논의를 이끌어 악마의 달콤한 말을 끊고, 필력을 드러내어 검토하고 살폈다. 이와 같이 장단이 아닌 것을 요컨대 여러 승려들이 목적으로 어찌 하겠으며 우리의 것이라 하겠는가. 오직 동맹하여 힘

---

13) 辻(1931) p.839.(諸宗同德會盟規約)[번역과 일본어 원문은 부록1, 부록2 참조.]

을 모아 삿된 견해를 없애고, 국가가 위해를 면하고, 만분이라도 도움이 되기를 바라는 마음으로, 그 규약의 서로 삼아 말한다.

이렇게 당시의 상황과 사회풍조에 대한 기본인식을 바탕으로 국가를 위해 도움이 되고자하는 뜻을 '머릿글'로 밝히고, 이러한 상황에 대처하는 문제의식으로서 여덟 가지의 문제를 제시하고 있다. 이 여덟 가지 문제는 다음과 같다.

문제
1. 왕법과 불법은 분리할 수 없는 논(王法佛法不離之論)
2. 기독교를 깊이 연구해 비판, 배척하는 논(邪敎硏窮毀斥之論)
3. 자기 종파의 가르침을 담은 책자를 잘 연구하는 논(自宗敎書硏覈之論)
4. 세 가지 도를 정립시켜 잘 갈고 닦는 논(三道鼎立練磨之論)
5. 자기 종파의 오래된 폐단을 한꺼번에 없애는 논(自宗舊弊一洗之論)
6. 새로이 학교를 세워 잘 운영하는 논(新規學校營繕之論)
7. 각 종파의 인재를 등요하는 논(宗宗人才登庸之論)
8. 각 지역의 사람들을 잘 가르치는 논(諸州民間敎諭之論)

여기에서 정리된 여덟 가지 문제들은 당시 폐불훼석의 불교탄압 가운데 불교가 일본사회에 중요한 역할을 담당하고 또 실제 향후 더욱 중요한 역할을 하기 위해 무엇을 할 것인가가 명확히 제시되어 있다고 할 수 있다. 또 달리 말하면 불교가 일본 사회 내에서 어떠한 역할을 해야 할 것인가가 분명히 제시된 문제의식의 정리라고 할 수 있다. 여기에서 제시된 문제들은 회맹에서는 물론 각 종단 내에서도 적극 논의되어 장차 각 종단 차원에서 대 사회적인 활동 내지 교육기관의 설치, 인재들의 해외 파견과 같은 일이 추진될 수 있는 계기를 마련하였다고 할 수 있다. 이와 같이 장차 일본사회에 중요한 의미를 갖는 문제들을 여덟 가지로 정리한 뒤 규약은 각각의 회원들이 지켜야할 구체적인 규칙을 13가지로 정리하여 제시하고 있다. 그 중 중요한 것을 들면 다음과 같다.[14)]

1. 회맹의 제덕들은 자종타종의 구습[습염]을 벗어나 일미합동, 동심협력해야 할 것.
2. 탄원서 등은 연서하고, 건백서는 각자 합당한 쪽으로 제출할 것
3. 건백의안 등은 회맹의 자리에 지참하여 분명히 밝힐 것
4. 매회 강의를 열고, 윤강 회독하는 것은 자유롭게 할 것.
5. 기독교의 전도가 이루어질 경우 회맹 내에서 기독교 목사들과 대결이 필요할 경우 그 준비를 할 것.

이 규칙들은 회맹 전체의 방침으로서 각 회원들이 지켜야 할 것을 기록한 것으로, 상당히 세밀하고 철저하게 회원의 자세와 입장을 규정하고 있음을 알 수 있다. 이러한 철저한 회의 진행 규칙과 방침들은 오늘날 일본 사회에서도 지속되는 상당히 엄격한 회의 진행을 연상시

---

14) 辻(1931) p.765; 辻(1949) p.97.

키는 것으로, 당시에도 만에 하나 있을 수 있는 여러 상황들을 종합해 규칙을 제정한 것이라 생각된다. 여기에서 규정된 세칙에는 정부에 대한 탄원이나 건백서 등에도 상당히 주의를 기울여 꼼꼼하게 그 내용을 정리하려는 모습도 볼 수 있다. 특히 정부에 건의하는 건백서는 메이지 유신 이후 각각의 개인들이 정부에 공식적인 건의를 자유롭게 할 수 있도록 허용된 제도로서,[15] 회맹으로서도 이것을 잘 활용하기 위해 세심한 주의를 기울이고 있음을 알 수 있다. 그리고 서양 기독교의 전파에 대한 대처도 회맹 차원에서 준비하고 있었던 것도 확인할 수 있다. 이렇게 규약은 13개의 규칙을 부연하고 뒤에 이 규약을 만드는데 주역 할을 한 인물로 세 사람의 맹주를 들고 있다. 즉 정토종 정국사 테츠조 (徹定), 진언종 명왕원 조류(增隆), 정토진종 명련사(明蓮寺) 단운(淡雲)의 3인으로, 여기에서도 회맹의 대표로서 맹주는 한 사람이 아니라 복수의 인물이 등장한다. 그리고 이 규약을 지키기로 약속한 단체회원 격인 주선방(周旋方)으로서는 다음의 절들이 기록되어 있다.[16]

고의진언(古義眞言) 여의륜사(如意輪寺), 진언율(眞言律) 영운사(靈雲寺), 신의진언(新義眞言) 진복사(眞福寺), 신의진언(新義眞言) 근생원(根生院), 일련종(日蓮宗) 랑성사(朗惺寺), 일련종(日蓮宗) 서륜사(瑞輪寺), 선종(禪宗) 경안사(慶安寺), 서본원사(西本願寺) 명서사(明西寺), 고전파(高田派) 유념사(唯念寺), 동

15) "아니 메이지 前半은 실로 건백서의 시대라고 말할 수 있을지도 모른다. 정부는 국민들의 의견을 듣고자 하였고 그 유일한 방법이 건백서이었다. 그 취급의 규칙은 明治2년 10월의 集議院 일지에 다음과 같이 기록되어 있다(이하 생략)."[村上(2011) pp.162-163.]
16) 辻(1931) p. 842.

본원사(東本願寺) 정행사(正行寺), 유행파(遊行派) 선복사(善福寺)

이상의 11개의 절외에도 츠지의 사료에 의하면 선종 경덕암(景德菴), 불광사파(佛光寺派) 대성사(大聖寺), 천태종 의왕원(醫王院), 천태종 단나원(檀那院), 정토종 청도료(聽道寮)의 다섯 개 사찰이 부가되어 있다.[17]

이와 같이 도쿄의 회맹은 세밀한 규약의 내용과 당시 불교계가 해결해야 할 문제점 등을 명확히 하고 그것들에 대해 하나하나 논의를 하고, 아울러 다수 회원의 원활한 회의 진행을 위한 규칙 등을 만들고 그에 따라서 합심 협력된 회맹의 모습을 보이고자 노력했던 것으로 생각된다. 여기에 나타난 여덟 가지의 문제는 차후 각 종단별로 논의되어 세밀하게 구체화되는 모습을 보이지만, 1869년의 시점에서는 불교계의 교육을 맡을 학교나 대학 등에 대한 구체적인 모습은 나타나지 않는다. 그렇지만 회맹에서는 회맹의 회원들을 대상으로 교육이 진행되고, 이에 따라 회맹의 교육을 담당하는 교육기관이 생기게 된다. 그것을 다음 절에서 살펴보기로 한다.

3. 제종연합의 학교설립

도쿄의 회맹은 1869년 4월 25일 첫 회합 거행이후, 5월4일 테츠조와

---

17)　辻(1931) p. 764.

조류의 양 맹주가 대표로서 변사국(辨事局)에 출두해 탄원문으로서 〈구상서(口上書)〉를 제출한다. 이 구상서의 내용은 이전 교토에서 기독교 전파에 대한 탄원문을 제출해 당국으로부터 안심하라는 답변을 받은 내용에 근거하여 도쿄에는 다수의 외국인이 있어 그들로 인해 기독교가 전파될 가능성에 대해 당국이 주의를 기울이고, 그와 함께 도쿄에서도 각 종단의 승려들이 합동으로 학업을 닦을 수 있도록 가장 가까운 사찰에서 매월 집회하는 것을 허락해달라는 내용의 탄원문이었다.[18] 이에 대해 당국은 구체적인 집회 장소를 요청하고 여기에 대해 회맹은 7개의 다음의 절 즉 니혼에노키(二本榎) 승교사(承敎寺), 니혼에노키(二本榎) 고야산괘소 정성원(高野山掛所定性院), 키쿠치(築地) 본원사(本願寺), 아사쿠사(淺草) 본원사(本願寺), 시바야마(芝山) 원류원(源流院), 아사쿠사(淺草) 고전파 유념사(高田派 唯念寺), 아타고야마(愛宕山) 진복사(眞福寺)를 집회의 장소로 신고하였다.[19] 그리고 츠지의 기술에 의하면 매월 16일을 집회날로 삼고 이들 절에서 집회와 함께 다음과 같은 과목의 수업이 이루어졌다고 말하고 있다.

> 강연서목(講演書目)은 《벽사집(闢邪集)》(2년 5월10일부터 12월 말일까지), 《구사론송소(俱舍論頌疏)》(3년 정월26일부터 6월27일까지), 《범망경의소(梵網經義疏)》(3년 4월16일부터), 《비장보악(秘藏寶鑰)》, 《벽암집(碧巖集)》, 《화엄원인론(華嚴原人論)》(3년 4월27일부터), 《국지총론(國地總論)》(7월27일부터)이었다. 강

---

18) 櫻井(1971) p.100.
19) 辻(1949) p.98; 櫻井(1971) p.101

사는 정국사 테츠조, 명왕원 조류, 회향원 교카이(行誡), 장덕원
(長德院) 탄잔(坦山)이었다.[20]

이렇게 각각의 절을 정해 당시 여러 종단의 승려가 합동으로 집
회를 겸해 불교의 공부를 하는 것은 근대적 의미의 불교학의 시작이라
고 말할 수 있을 것 같다. 그리고 인용문에 나타나는 장덕원 탄잔은 조
동종의 승려로서 후에 도쿄대학에서 최초로 불교학의 강좌로서 〈불서
강의〉를 담당한 하라 탄잔(原坦山)으로, 그에 의해 본격적인 근대학문
의 불교학은 전개된다. 그리고 그러한 불교공부의 중요성을 인식한 듯
회맹은 1869년 10월 여러 종단이 공동으로 학교를 세우는 일을 본격적
으로 논의하여 1870년 3월 제종공동의 학교로서 '제종총횡(諸宗總黌)'
이름의 학교가 개교한다.[21] 이 제종총횡의 학교는 처음에는 앞서 당국
에 신고한 대로 여러 개의 절에서 이루어졌지만, 갖가지 사정상 하나의
장소로 정할 필요가 있어 시바(芝) 니시구보(西久保) 천덕사(天德寺)
를 정해 총횡으로 삼고자 당국에 탄원을 하였다.[22] 이러한 탄원에 대해
당국의 회신과 불교측의 답신이 오고가 마침내 당국의 허가를 받았고,
회맹은 1871년 3월 집회의 장소를 다니나카(谷中) 천왕사(天王寺)로
옮기고자 하였다. 천왕사로의 이전과 관련하여 그 뜻을 담은 내용을 당
국에 신고하였는데, 이것에 대해 당국은 다른 것은 허가하였지만, 학생
들이 함께 기숙하는 일에 대해서는 허가 하지 않았다. 이와 관련해 사

---

20) 辻(1931) p.766; 辻(1949) p.98.
21) 辻(1931) p.767; 辻(1949) p.99. 川村(2004) p.196에 의하면 이 제종총횡은 교토에
     서 1869년 봄에 그 설립에 대한 논의가 있었고, 여기에도 가쿠보의 지도력이 발휘
     되었다고 한다.
22) 櫻井(1971) p.102.

쿠라이(櫻井)는 다음과 같이 기술하고 있다.

> 다른 것은 허락했지만, 입숙(入塾; 함께 기숙하는 일)의 것만은
> 허락하지 않았다. 그러나 이것은 총횡(總黌)에 있어서는 몹시 곤
> 란한 일이었다. 재삼재사 간원하여 마침내 5월말에 허가를 얻을
> 수 있었고, 기숙사 학생들도 여기에서 생활하며, 연구하게 되었
> 다. 이 당시의 강사는 후쿠다 교카이(福田行誡), 하라 탄잔(原坦
> 山) 등이었고, 하라 탄잔은 총횡내에 거주하며, 기숙학생들과 생
> 활을 함께 하였다.[23]

이렇게 제종총횡의 학교가 개교한 것은 회맹의 문제로 제기한
〈신규학교영선지론〉이나 〈자종교서연핵지론〉 등의 내용을 실제로 실
천하고자 하는 회맹의 의지가 드러난 것이라고 할 수 있다. 그리고 이
렇게 회맹 전체의 의지로서 학교경영에 대한 관심에 영향을 받아 각
종단 차원에서도 새롭게 교육제도를 변경하거나 또는 타종단과 함께
학교를 건립하는 일도 있었다. 그 대표적인 것이 3개의 종단의 연합체
로서 도쿄의 이케가미(池上) 학료의 설립과 조동, 천태, 정토, 진언, 진
종제파의 연합으로 설립된 에치젠의 가학료(假學寮) 등을 들 수 있
다.[24] 이렇게 각각의 지역에서 각종연합의 교육기관이 탄생하게 된 것
도 회맹의 의결이 각 지역에 영향을 끼친 것임은 말할 것도 없다.
　교토에서 출발한 회맹의 연합체는 도쿄의 회맹으로 더욱 체계화

---

23)　櫻井(1971) p.104.
24)　辻(1931) pp.768-769; 辻(1949) pp.100-101.

내지 조직화 되어 불교계의 입장을 대변하는 중요한 역할을 하였다. 회맹이 조직이 전개되는 근대 초기는 폐불훼석의 폭풍우가 밀어닥치는 시점으로, 회맹에서의 여덟 가지 문제가 실제 사회에서 실천되어야 할 중요한 상황에 처해있었다. 에도 시대 이후 오랜 기간 유지된 정부당국에 의한 불교계의 보호 내지 외호가 사라진 근대 초기 불교계를 위험으로부터 구해내는 절대적인 역할을 담당한 것이 회맹이었고, 회맹에서 논의된 많은 문제들과 제기된 문제들에 대한 해결의 노력이 회맹을 통해 각 종단에 영향을 끼쳐 종단별로 새로운 개혁이 이루어지는 계기가 되었다. 그러한 회맹의 영향이 가장 크게 나타난 것이 불교의 체계적인 연구를 위한 교육기관의 설립이라 생각되지만, 실제 회맹의 다양한 논의는 각각의 종단에 큰 영향을 끼쳐 각 종단이 새로운 시대를 맞이해 탈바꿈해야하는 개혁의 당위성을 제공해 주기도 하였다. 회맹의 영향을 다음에서 살펴보기로 한다.

Ⅳ. 제종동덕회맹의 영향과 의의

일본의 근대 초기 메이지 유신과 함께 시작된 신도국교화정책에 의거한 천황제국가의 수립에 있어 불교는 전통적인 국가와의 관계가 단절되고 오히려 폐불훼석의 풍조 속에 독자생존을 할 수밖에 없었다. 국가적인 묵인 속에 이루어진 폐불훼석의 실제 영향은 말할 수 없을 정도로 불교계를 황폐화 시켰지만, 그러한 탄압을 견뎌내는 중요한 대응책으로서 회맹의 역할은 실로 컸다고 할 수 있다. 에도 시대에는 상상할 수 없었던 종단간의 협력은 물론 새로운 시대풍조에 적응하고 돌파하기 위한 다양한 의견의 속출은 회맹의 차원을 넘어 각 종단에 실질적인 영향과 개혁을 가져오는 계기도 되었다고 할 수 있다. 특히 회맹에서 중요한 문제로 설정한 여덟 가지의 문제는 불교계가 사회 속에서 살아남기 위해 해결하고 실천해야할 중요한 사항이었던 것이다. 그 가운데 실질적으로 중요한 의미를 가진 의제를 살펴보기로 한다.

먼저 첫 번째 문제로서 제기된 〈왕법불법불리지론〉은 불교의 존재 이유를 담은 중요한 문제라고 할 수 있다. 에도 시대의 국교(國敎)에 상당하던 종교의 위상을 가졌던 불교가 메이지 시대의 신도 우위의 국가정책에 의거해 불교는 더 이상 사회에 큰 의미를 갖지 못한다는 인식이 컸으리라 생각된다. 이러한 불교존립의 위기를 극복하기 위한 기본 과제가 불교가 일본사회의 가치로서 신도에 의거한 천황제 중심의 윤리도덕과 유리되지 않는다는 뜻을 분명하게 제시한 것이 이 의제인 것이다. 일본 사회에서는 에도 시대 이래 불교가 국가의 말단 행정기구의 역할을 하였지만, 그 종교적 사상적 가치로서 국가의 정체성으로 왕법과 유리되지 않는 소위 수레의 두 바퀴 내지 새의 두 날개와 같은 소위 윤익론(輪翼論)의 역할을 하고 있었다.[25] 따라서 이 왕법불법 불리지론의 의제 역시 그러한 전통에 의거해 일본사회의 정체성에 부정적인 대상이 아님을 불교측의 입장에서 분명히 제시한 것이라고 할 수 있다. 특히 이러한 윤익론의 입장에서 불교의 입장을 드러내는 저술들이 다수 만들어져 그 대표적인 것으로 진언종 도케이의 《보국편(保國編)》, 정토종 테츠조의 《불법불가척론(佛法不可斥論)》, 동본원사 장조사(長照寺) 기도(義導)의 《천은봉대록(天恩奉戴錄)》, 동본원사 묘정사(妙正寺) 코초(香頂)의 《천은광대(天恩廣大)》, 동본원사 명원사(明願寺) 도쿠호(德鳳)의 《호법소책(護法小策)》, 서본원사 신스이(針水)의 《금가정법일치론(今家正法一致論)》 등을 들 수가 있다.[26] 이러한 여러 저술들 속에서 불교의 가치가 일본사회의 가치와 일치하고 있음을 주장한 것으로, 이러한 주장은 당시 회맹의 의제로서 첫 번째에 올 정도로 불교존립의 기본가치를 제시하는 중요한 의미를 담고 있었던 것이다.

이 첫 번째 의제와 더불어 불교가 일본 사회에서 그 역할이 중요하다는 것을 분명히 제시하고 있는 것이 두 번째 의제로서 〈사교연궁훼척지론〉이다. 여기에서의 사교(邪敎)란 당연히 서양의 종교를 대표하는 기독교로서, 이 기독교 전파의 금지는 에도 시대이래 계속되어 온 것이며, 일상의 종교적인 역할은 불교가 담당해 왔던 것이다. 그리고 이 기독교 전파의 금지는 메이지 유신이후에도 지속되어 1873년에 가

---

25) 가시와하라(2008) p.41.
26) 가시와하라(2008) p.41.

서야 공식적인 금지 철폐가 이루어지는 것으로, 회맹이 활동하던 기간에도 기독교금지는 유효하여 기독교 교리에 대한 대항은 불교의 역할이었다고 할 수 있다. 그러한 역할을 분명하게 재천명한 것이 두 번째 의제로서, 메이지 유신의 근대에 이르러서는 단순히 전통으로서 기독교의 금교를 따르는 것이 아니라 기독교의 교리적인 문제점에 대한 비판을 본격적으로 시도하였다. 기독교에 대한 비판은 단순히 서양종교에 대한 비판의 의미를 넘어 불교정신에 근거를 둔 일본문화체제에 대한 수호라는 의미로서도 불교는 중요한 역할을 담당하였다. 그리고 기독교를 비판할 수 있는 논리적 근거가 불교에 있다고 하는 것은 불교가 과학적, 분석적 방법을 갖는 학문적 연구대상으로서의 위상을 심어주어 불교가 학문적 대상인 불교학으로서 최초의 관학인 도쿄대학에서 강의가 이루어지는 원인(遠因)이 되었다고도 생각된다.

　　이 기독교에 대한 비판과 관련해서는 중국에서 활약한 기독교 선교사 에드킨스(Joseph Edkins, 1823-1905)가 불교를 배격하기 위해 쓴 《석교정류(釋敎正謬)》에 대한 비판의 책이 다수 저술되었다. 그 대표적인 것으로는 《석교정류초파(釋敎正謬初破)》(杞憂道人, 1868年), 《석교정류재파(釋敎正謬再破)》(杞憂道人, 1873年), 《석교정류천타(釋敎正謬天唾)》(《日本思想史料》 第10卷所載), 《석교정류허척(釋敎正謬嘘斥)》(寫本, 龍谷大學所藏), 《파척석교정류(破斥釋敎正謬)》(細川千巖, 1881年) 등을 들 수 있다.[27] 여기에서 기우도인이란 필명으로 등장하는 인물은 도쿄 회맹의 맹주 중의 한사람인 우카이 테츠조(鵜養徹

---

27)　櫻井(1971) p.108.

定)를 가리키며,[28] 이 데츠조는 또 기독교 관련 책인《몽성신론(夢醒新論)》에 대한 비판서로서《소야론(笑耶論)》을 1869년 5월에 저술 출간하고 있다.[29] 이러한 기독교 교리에 대한 비판서는 불교 이외에도 여러 분야에서 다수 저술되었지만, 불교계에서도 메이지 시기 출간된 기독교 비판서는 상당수에 이르고 있다.[본서 제7장 Ⅱ-2절 참조]

이렇듯 기독교에 대한 비판의 입장은 불교계의 주요한 사회적 역할의 의미가 담겨있고, 그러한 입장은 근대 초기 기독교금지와 관련된 정부의 입장과는 동일한 입장을 가진 것이었다. 신도의 정신이념에 근거한 제정일치(祭政一致)의 입장에 서 있던 메이지 정부가 기독교 금교의 논리적 이유를 분명하게 제시하기 어려운 상황에서 불교계에 의한 기독교 비판은 근대 초기 메이지 정부로서도 불교의 존립가치를 새롭게 이해하는 계기가 되었을 것으로 생각된다. 곧 메이지 초기의 신기관 중심의 제정일치 정치체제가 1872년 교부성 중심의 새로운 정교일치(政敎一致)의 종교체제로 바뀌는데,[30] 이러한 불교의 기독교 비판의 구체적인 활동은 상당히 중요한 역할을 하였다고 생각된다.

회맹에서 제기하여 논의된 문제 가운데 〈신규학교영선지론〉과 〈종종인재등용지론〉은 새로운 사회적 조류 속에 중요한 의미를 갖는 것이라 할 수 있다. 곧 새롭게 학교를 세워 올바른 교육을 시켜야한다는 것과 각각의 종단에서 인재를 등용시켜야 한다는 것을 중요의제로

---

28) 테츠조(1814-1891)는 筑後久留米 출신으로, 6세에 불문에 들고, 후에 교토에서 수행연찬하여 47세에 武藏岩槻 淨國寺의 주지가 되었다. 후에 傳通院 제62대 그리고 淨土宗 管長 또 知恩院 75대를 역임했다. 불교계 고난의 시대에 불교 발전을 위해 많은 기여를 하였다.[櫻井(1971) p.109.]

29) 櫻井(1971) p.114.

30) 池田(1995) p.37.

삼은 것은 시대에 맞는 불교적 교육과 인재를 양성하는 것이 절대로 중요하다는 것을 공통적으로 자각한 것을 의미한다. 새롭게 학교를 설립하는 것은 이미 회맹 차원에서 제종총횡을 세워 여러 종단의 승려를 교육시키는 구체적인 사업을 실천해 간 것이지만, 이러한 교육적 차원의 학교설립논의는 개별 종단에도 크게 영향을 미쳤다. 예를 들면 진종대곡파에서는 구래의 학료(學寮)를 관련장(貫練場)으로 바꾸고 1882년(明治15)에는 대학료(大學寮)라 개칭하였고, 조동종에서는 1875년 시바(芝) 청송사(靑松寺) 내에 전문학본교(專門學本校)를 설치하고 1882년에 조동종대학림전문본교(曹洞宗大學林專門本校)로 개칭하였다.[31] 이렇게 각 종단 차원에서 교육기관을 새롭게 바꾸거나 개칭하게 된 것 역시 당시 불교의 사회적 각성에 따른 것이라 할 수 있다. 곧 일본 근대의 교육의 출발점으로서 관립 도쿄대학의 설립이 1877년으로, 회맹의 활동 당시는 정부에서의 체계적인 교육기관 설립이 아직 이루어지지 않은 상태였기에 종단 차원에서의 교육기관 정비는 실로 시대에 앞서 사회적 현상에 대응하려는 의지가 나타난 것이라 할 수 있다. 그와 더불어 종단별로 인재를 등용하는 차원에서 종단의 인재를 해외 유학시켜 더욱 큰 인물로 성장시키는 일도 추진되었다. 이러한 해외 유학을 추진하는 사업에는 각각의 종단이 일찍 해외로 견문(見聞)하여 눈을 떴기에 가능했다고 생각된다.

종단 차원에서 해외에 시찰단을 파견한 선구적인 예는 정토진종 동서 양본원사를 들 수 있다. 동본원사에서는 1872년 9월 법사(法嗣) 겐뇨(現如)와 이시카와 슌타이(石川舜台), 마츠모토 핫카(松本白華),

---

31)　池田(1995) p.41.

나루시마 류호쿠(成道柳北) 등이 구미 각국으로 출발해 다음해 1873
년 9월 귀국하였고, 서본원사에서도 1872년 1월 묘뇨(明如)의 형제인
우메가미 타쿠유(梅上澤融)와 시마지 모쿠라이(島地黙雷), 아카마츠
렌죠(赤松連城), 호리카와 교아(堀河教阿), 미츠다 이넨(光田爲然) 등
이 유럽을 순유 시찰하였다.[32] 이 중 후에 불교계에 중요한 역할을 담
당하는 시마지는 인도를 경우해 다음해 1873년 7월 귀국하였다. 이러
한 시찰은 종단에 크게 영향을 미쳐 종단 내 제도개혁과 인재의 해외
파견 등을 구체적으로 실시하는 계기를 만들었다. 이렇게 파견된 해외
유학승으로서 가장 유명한 사람이 난조 분유(南條文雄)로 그는 영국
옥스퍼드에 입학하여 공부하고 후에 일본에 돌아와 근대 최초로 범어
학(梵語學)을 가르친 인물로 간주된다. 곧 각각의 종단이 폐불훼석의
풍조 속에서 새롭게 불교적 가치를 실현하기 위해 다양한 제도의 개혁
내지 변화의 바람을 몰고 온 데에는 회맹에서의 결의가 상당히 중요한
역할을 하였다고 생각된다. 그리고 그와 같이 개별 종단의 변화가 실제
로 필요하고 중요하다는 의미로서 제시된 것이 회맹의 문제 중 〈자종
교서연핵지론〉, 〈자종구폐일세지론〉인 것은 말할 것도 없다.

　　1868년 폐불훼석의 사회 풍조 속에 불교계의 위기를 극복하고자
결성된 회맹은 1872년 4월까지 지속되었던 것 같다.[33] 그리고 이때는
이미 정부의 종교정책도 신도일변도에서 바뀌어 불교도 포함해 국민
의 교화를 실시하고자 교부성을 새롭게 설립하던 시점이었다. 이 교부
성의 설치에 크게 기여한 사람은 서본원사의 시마지 모쿠라이로서 그

---

32)　가시와하라(2008) p.101.
33)　辻(1931) p.784.

는 이후 교부성의 폐지에 이르기까지 불교계에 중요한 역할을 담당한다. 따라서 회맹은 1868년 메이지 원년에서 1872년 메이지 5년까지 불교계로서는 가장 암울한 시점에 결성되어 그 역할을 다하고 불교계에 새로운 희망의 빛이 비추어지는 시점까지 그 역할을 수행하였다. 물론 회맹에서의 의결이 바로 종단 차원의 실행으로 옮겨진 것은 아니겠지만, 불교탄압의 광풍을 차단하고 더불어 새로운 시대에 맞는 불교계의 모습으로 환골탈태하려는 다양한 논의의 원천으로서 그 역할을 다한 것은 중요한 일이었다고 생각된다.

V. 결어

본장에서는 메이지 유신 이후 본격적으로 불교에 대한 탄압이 이루어
지는 시기에 결성된 불교계의 연합체인 제종동덕회맹의 성립배경 및
활동 등에 대해 살펴보았다. 신불분리령에 의한 본격적인 폐불훼석에
맞서 그 활동을 전개하는 회맹은 처음에는 교토에서 결성되었지만, 후
에 오사카, 도쿄에서도 결성되어 불교계가 다시 사회적 위상을 되찾는
데 중요한 역할을 하였다. 특히 도쿄에서의 회맹의 활동에는 교토에서
활동한 인물이 보이지 않아 교토의 영향은 받았지만 독자적인 결성과
활동을 하였던 것으로 생각된다. 이 도쿄 회맹의 규약에 나타나는 불교
계가 실현해야할 8개의 문제는 당시 불교계가 사회 속에서 어떤 역할
을 해야 하는지를 분명하게 보여주고 있다. 그리고 회맹에서의 그러한
문제에 대한 해결노력과 열정은 각각의 종단에도 영향을 끼쳐 각 종단
또한 새로운 사회에 대처하기 위해 많은 노력을 기울였다. 회맹에서 제
시한 〈왕법불법불리지론〉이나 〈사교연궁훼적지론〉 같은 것은 불교계
전체가 사회적 위상을 갖기 위한 중요한 과제로서 연합하여 대처해야
할 것이었지만, 〈신규학교영선지론〉이나 〈종종인재등용지론〉 등은 각
종단이 서구문물을 받아들이고 수용해야 할 상황에서 실질적으로 실
천해야할 중요한 과제이었다. 이러한 회맹의 과제는 당시 시대적 상황
을 타개하기 위한 불교계의 인식을 보여주는 것으로, 전 불교계가 새롭
게 사회적 인식을 제고하는 계기를 만들어주었다고 생각된다. 그와 더
불어 이 회맹의 활동은 일본 사회에서도 불교계 역할의 중요성을 알려
주는 계기가 되었다. 특히 서양의 기독교 사상논리에 대항할 수 있는

전통종교로서 불교의 역할은 중요한 인식을 심어주어 신도국교화의 이념에 근거한 불교배척의 입장을 철회하는 계기가 되기도 하였다. 이러한 불교계의 사회적 역할에 대한 중요성은 신도국교화의 이념을 철회하여 불교계도 중요한 종교의 일원으로 인정하는 교부성의 발족을 촉진시키고, 또한 후에 도쿄대학에서 불교학 강좌가 설립될 수 있는 먼 원인을 제공하였다고 생각된다. 메이지 원년 불교계의 위기를 감지하여 선각자적인 승려들에 의해 설립된 회맹은 교부성이 설립되는 시점까지 그 활동이 계속되어 사회적 위기에 빠진 불교계를 구원하는 중요한 역할을 담당하였다. 그리고 회맹에서 보여준 각 종단간의 연합적인 활동은 이후에도 불교계의 대사회적 활동에 중요한 전통으로 자리 잡아 오늘날에 이르고 있다.

제종동덕회맹규약

규약

단취서

오호라, 서양의 기독교가 틈을 엿보고 손을 뻗치기가 작금에 이르렀구나. 개항 이래 대다수의 서민이 거의 다 서양의 풍조에 취해 이익을 따라 분주하여 인을 잃고, 욕심에 치달려 의를 잊으니, 황국의 습속이 장차 흐트러 지려하고 그리고 국가에는 해가 되고, 법은 쇠퇴하는 일, 어찌 이 두 가지를 면할 수 있겠는가. 지금의 상황에 이르러 나라를 걱정하는 현장(賢將)들과 생동하는 눈을 지닌 훌륭한 스승들이 북을 쳐 법의 성에 모여 그 장막에서 미래를 위한 계책을 세우고, 외국을 능가하는 것을 결의하고, 갖가지 논의를 하여, 모름지기 사악한 논의를 제거하고, 예리한 논의를 이끌어 악마의 달콤한 말을 끊고, 필력을 드러내어 검토하고 살폈다. 이와같이 장단이 아닌 것을 요컨대 여러 승려들이 목적으로 어찌 하겠으며 우리의 것이라 하겠는가. 오직 동맹하여 힘을 모아 삿된 견해를 없애고, 국가가 위해를 면하고, 만분이라도 도움이 되기를 바라는 마음으로, 그 규약의 서로 삼아 말한다.

문제
1. 왕법과 불법은 분리할 수 없는 논

2. 기독교를 깊이 연구해 비판, 배척하는 논

3. 자기 종파의 가르침을 담은 책자를 잘 연구하는 논

4. 세 가지 도를 정립시켜 잘 갈고 닦는 논

5. 자기 종파의 오래된 폐단을 한꺼번에 없애는 논

6. 새로이 학교를 세워 잘 운영하는 논

7. 각 종파의 인재를 등용하는 논

8. 각 지역의 사람들을 잘 가르치는 논

一. 회맹의 여러 선지식들은 자종이나 타종의 여러 습속에서 벗어나, 일미로 화합하고, 주의 깊게 힘을 합치며, 오로지 법의 전통이 상속하는 일에 크게 마음을 둘 것.

一. 매월 정해진 모임날짜인 6일에는 늦지 않고, 정해진 시각에 출두하는 일. 단 임시집회의 시일은 따로 약속할 것.

一. 교도측의 탄원서 등은 함께 날인하여 제출하고, 건언서 등에 이름을 밝히더라도 가장 합당한 사람에게 반드시 제출할 것.

一. 건백서나 의안 등은 반드시 집회의 자리에 지참하고 분명하게 밝히도록 할 것. 덧붙여, 위의 것을 발표하고 서로 의논 결정의 와중일 때는 각자 조용히 자리를 지켜 경청하도록 할 것

一. 건언문이나 의안 등의 가부를 다룰 때나 더욱 다듬고자 할 때는 사람들을 나누어 돌아가며 살펴서 공평하게 의논이 깊어지도록 할 것.

一. 앉는 자리는 명찰의 순서에 따라 반드시 지정된 자리에 앉을 것.

一. 앉는 자리가 정해진 이후 회주나 정부회장이 문제나 의안 등

을 반포할 것.

一. 건백서를 제출하는 사람은 초고를 회에 미리 보내고 후에 출석했을 때 앞서의 회장으로부터 그것을 받을 것 .

一. 급한 내용이 아니라 하더라도 임시로 다루어야 할 것은 후에 회의 장소에 가지고 올 때까지는 앞자리의 사람에게 반드시 알려서 다루도록 할 것.

一. 매번 강석을 할 시에 모든 회의 장소에서의 진퇴는 맹주의 지휘에 일임할 것.

　덧붙여, 동맹의 사람이 아니라 해도 뜻있는 사람은 강석에 자유롭게 참석하도록 할 것. 단, 윤강 회독 등은 그 기량에 따라 자유롭게 순서를 정하도록 할 것.

一. 다른 사람으로부터 기독교 전파의 뜻을 그 이상 전하고자 할 때 조정의 수단을 다하여 억지로 개종하는 경우에 이르러서는 동맹 안에서 양사(洋師)와 옳고 그름의 대결을 할 것을 깊게 찾아 준비할 것.

一. 승려 안에서도 자주 이상한 행동을 하는 자가 있는 까닭에 소위 불법 내에 외도 일 가능성도 있는바 동시에 그 한 사람의 과오는 마침내 여러 사람에게 오명이 되면서 세간 사람들의 조소를 받게 되어 도리어 불법도 사종(邪宗)에 빠지게 될 때는 불조에 대한 면목이 적지 않은 바 각각의 종단 별로 숙고해서 찾아내어 반드시 문책해야 할 것.

一. 불법의 부침이 나날이 심하고, 나아가 여법 여율을 기본으로 하여 귀의불 귀의법을 하는 일이 없는 것은 필연적으로 폐멸에 이르는 것으로, 각 종단에서는 학림의 운영과 더불어 반드시 계율을 성실히 지켜 갈 것.

덧붙여, 마이동풍으로 무침무괴한 자는 지체 없이 바로 퇴출시킬 것.

위의 내용을 여러 사람들의 중의로 정하는 바임.

정토종 정국사 테츠조(徹定)
진언종 명왕원 조류(增隆)
정토진종 명련사(明蓮寺) 단운(淡雲)

고의진언(古義眞言) 여의륜사(如意輪寺), 진언율(眞言律) 영운사(靈雲寺), 신의진언(新義眞言) 진복사(眞福寺), 신의진언(新義眞言) 근생원(根生院), 일련종(日蓮宗) 랑성사(朗惺寺), 일련종(日蓮宗) 서륜사(瑞輪寺), 선종(禪宗) 경안사(慶安寺) 서본원사파(西本願寺派) 명서사(明西寺), 고전파(高田派) 유념사(唯念寺), 동본원사파(東本願寺派) 정행사(正行寺), 유행파(遊行派) 선복사(善福寺)

〔江東雜筆〕

四

高野山明王院增麢韻

區裝序

規約

嗚呼洋歓寂蔑有二千年來矣、開港爾來宗家廢停二于妖氛之奔利而興之、走欲面亡之義、皇徳終二左ニ椊、然而國探索ヲ被途、岐庸庵論可有之事、嗚被救ヲ法域、運毫於欋中、決ニ聽於之海、忽艽邪之臨論、逆二于否錄、顧二蜚刀、以檢以蔑、如是非長短者、要衆侶自目的、外ニ群議末ニ忿、啤閒閒合二力二揚眡、以望ニ吾國害ニ拂、益于髙分于耳、爲ニ之規約ニ云、何有ニ吾我ニ予賤、

規則

一、王法佛法不應之論
一、邪敎紛竄磨斥之論
一、三道朝立絲磨存之論
一、自宗敎皆硏鉅之論
一、新規學校營措之論
一、自宗義髣一洗之論
一、諸州民閒敎藪之論
一、宗々人才登唐之論

問題

一、會盟之誓德、自他宗之習染ヲ脱シ、一味和合シテ、疎棠ナカカフ戰シテ、只雪法命相棆ニ荷膾スヘキ事、

一、每月督會六ノ日選參ナク、巳ニ剝出ニ出頭候事、
但シ臨時集會之時日八約外タルヘキ事、

一、敎導筋集顧淸泛八、連印ニ而差出、建言等八銘々ニ唱揚可有之事、
附リ、右被諸中ハ諸門閒等有之、論量決澤ニ持擧、銘々ニ唱揚可有之事、

一、建言又ハ諸議案ント擬セント欲セハ、幾組ニモ屯集シ、輪坐シテ隨分公平二言象ヲ懇繫スヘキ事、
右故錄中之巧拙地、府詞セント欲せント欲ヒ、齒席可有之忱、

一、坐配者報之難次二隨ヒ、齒席可有之忱、
一、齒席相定リ候チ後才、會主正剒ヨリ問題井論案可有之事、
建白等官席ニ被差出候方八、草稿其會所坊ヘ預ヶ渡、後日出會之席ニ詞席之會主ヨリ取揃ヘ可被持出事、

一、急務之ニ不諾竇之議ハ、後之會揚轉ニ検ニシ、前席之方ニ面萬釼取計可申事、
每會烏二講翔相營ト候二付、都ヲ會衞之進遇ハ閒主ヲ指揮才可被任事、
附リ、馬耳風ニテ、無憚無愧ナル者ハ、無猶稶連力ニ撮出可有之事、

一、盟約之仁ニ諾賁テ云、有志之方ハ講唐江出頭之義ハ不吝候事、
但シ輪議超覆等八、其器嘉ニ應、勝手次第ニ可被設事、

一、此上尙モ强顧候面、押ヲ開宗ノ揚合ニ立チ至リ候節ハ、同盟ノ内ニテ、詳諭ト邪正ノ對決候條、尋常能々

朝廷、御手段モ盡サセラレ、同盟之仁ニ非スト云ヘメ、有志之方ハ講唐江出頭之義八不吝候事、

意得被渡度事、

一、僧侶ノ内ニテ、往々所業致之愊人モ有之由、右ハ所謂佛法內ノ外道ニ被得伏、其一人ノ過惡ニ終ニ宗人ノ汚名ト成リ、忽ヲ俗士ノ嘲笑ヲ相招ヒ、還テ佛法モ邪宗ニ陥リ候時八、佛組ヘノ忿不少候閒、其宗々ニテ深々佛法ノ浮沈曰ニ相迫リ候事八、更ニ如律ヲ基本トシ、歸依佛歸依法ニ蓋之而ハ、廢滅必然ニ候閒、各宗ニテ禪誡可有之事、
附リ、馬耳風ニテ、無憚無愧ナル者ハ、無猶稶連力ニ撮出可有之事、

右方今衆評ニ依テ所定置如件、

盟主
淨土宗 明王院淡雲
淨土眞宗 明王院敬定
天台宗 如意輪寺
周旋方
古義眞言 嵐翩寺
閒新義 根生院
日蓮宗 朗保寺
禪宗 瑞應寺
西派 慶安寺
東派 正行寺
遊行派 善福寺

제3장
일본 근대 대교원의 설립과 역할

I. 서언

일본의 근대불교는 신불분리령(神佛分離令)에 의한 폐불훼석의 탄압으로 시작된다. 곧 전통적인 일본문화의 특징으로 간주된 신불습합(神佛習合)의 종교전통이 메이지 정부의 신도국교주의(神道國敎主義) 정책하에 신불분리령으로 나타나고 그것이 불교의 탄압으로 이어져가는 것이다. 일본의 종교전통 속에서 신불습합의 문화는 신도의 여러 신(神)들과 불교의 제불(諸佛)이 상호공존한다는 의미로서, 따라서 그들을 예배하는 종교적 공간도 따로 분리됨이 없이 한 장소에 서로를 모시며 종교적 의례를 올리는 것을 의미하였다. 이러한 종교전통이 신도국교주의에 입각한 신도 독립의 종교정책을 실시함으로써 분명하게 구분되지 않던 예배공간으로서 사원과 신사가 분리된 것이다. 그리고 오랫동안 신사의 역할을 대신하였던 사원을 신사로서 간주하여 사원의 승려를 신관(神官)으로 삼거나 사원의 기물(器物)을 불태우거나 함부로 취급하는 등의 극단적인 행동들이 나타났다. 이러한 불교에 대한 탄압을 폐불훼석이라 이름하는 것으로, 거의 국교의 역할을 하였던 에도(江戶)시대에는 상상할 수 없는 일들이 근대에 들어 생겨난 것이다. 이러한 신도 중심의 종교정책 속에 불교계도 지속적으로 대항하여 새로운 종교문화의 전개가 이루어지는 것이 근대 초기의 종교현상이라 할 수 있다.

근대 초기 폐불훼석의 사회분위기 속에 불교계가 체계적으로 정부의 방침을 대응 논의하고자 연합체를 결성한 것이 제종동덕회맹(諸宗同德會盟)의 조직이었다. 에도 시대에는 상상할 수 없었던 종단 간의 상호 교류가 정부의 비호가 사라진 메이지 시대에는 오히려 가능하게 된 것도 아이러니한 일이라고도 생각된다. 오로지 국가의 명령에 따르는 행정적인 시설로서 불교사원의 역할이 이제는 본연의 종교적 역할로 돌아올 수밖에 없는 시대적 현실에 직면하게 된 것이다. 그것도 폐불훼석의 탄압으로 불교적 의지가 박약한 승려들이 대다수 환속하는 상황에서 오히려 진정한 불교가로서 승려들만이 존재하는 상황 속에서 대사회적 대응이 이루어지게 된 것이다. 따라서 제종동덕회맹은 불교계종단의 연합체로서 역할을 충실히 하였고, 거기에서 논의된 많은 내용들은 불교계 전체는 물론 각각 개별의 종단들이 불교의 활로를 개척하는데 중요한 역할을 하였음은 물론이다. 이렇게 신도국교주의의 노골적 실시와 그에 대한 불교계의 반발과 대응 등이 사회의 표면에서 복잡하게 전개되는 가운데 메이지 정부는 초기의 신도국교주의 정책을 바꾸어 불교계도 메이지 정부의 이념을 선포하는 종교집단으로 인정하는 정책을 실시한다. 그러한 정책을 위해 만들어진 것이 교부성(敎部省)이며, 교부성 설치 이후 불교계의 적극적인 요구로서 설립된 것이 대교원(大敎院)이다. 곧 교부성과 대교원의 설립은 불교계가 일본 사회의 종교로서 메이지 정부의 인정을 받았다는 의미를 갖는다.

본장에서는 이 대교원이 설립되는 과정을 살펴보고 대교원의 사회적 역할 내지 구체적 활동사례 등을 살펴본다. 아울러 이 대교원의 폐지와 그에 따른 종교정책의 변화 등에 대해서도 고찰해 보기로 한다. 메이지 초기의 신도국교주의 정책의 변화를 상징하는 대교원의 설립은 여러 가지 면에서 불교계의 사회적 역할이 공인되어 종교문화로서 사회적 역할을 하는 중요한 의미를 갖는다. 그 역사적 경과를 살펴보기로 한다.

II. 대교원의 설립 배경

메이지 정부의 종교정책은 신도국교주의에 의거한 천황제(天皇制) 중심의 국가를 지향하였다. 곧 천황을 정점으로 하는 국가형태에서 천황에 대한 이념의 제공을 신도가 담당하는 구조라고 할 수 있다. 이렇게 천황을 중심으로 하는 신도의 이념을 알리기 위해 메이지 정부는 메이지 유신 이후부터 신도의 업무를 담당하는 부서를 두고 실질적인 일들을 수행하여 왔다. 그것이 신기사무과(1868.1.17.~1868.2.3.) — 신기사무국(1868.2.3.~1868. 윤4.21) — 신기관[태정관 소속](1868. 윤4.21~1869.7.8.) — 신기관[태정관의 상위기관](1869.7.8.~1871.7.29.)의 형태로 전개되었다.[1] 그렇지만 이렇게 신도의 업무를 공식화하면서 일본 전래(傳來)의 천황의 공적을 알리는 일도 등한시하지 않았다. 그것이 1869년 3월10일 교도취조국(教導取調局)을 태정관 안에 두고, 5월에 상국회의(上局會議)를 열어 3개조의 칙문을 논의하였고, 그 중의 1조가 황도흥륭(皇道興隆)의 사안이었다.[2] 이것은 제정일치(祭政一致), 천조(天祖) 이래의 고유한 황도를 부활시켜 많은 사람들로 하여금 그 뜻을 중히 여겨 알리며, 또한 그것을 알리는 방법을 강구한 것이다.

이러한 천황중심의 이념으로서 황도의 정신을 알리기 위한 본격적인 작업이 이루어지는데 그것이 1869년 9월29일에 제정한 선교사(宣教使)의 제도로서, 이 선교사로서 일본 전역에 황도의 이념을 알리

---

1) 박삼헌(2012) pp.6-7.
2) 辻(1949) p.167.

고자 한 것이다. 그리고 1870년 정월3일 그러한 이념을 담은 '대교선포 (大敎宣布)의 조(詔)'를 공포해 본격적으로 일본국민들을 교화하는 정책을 펼쳐간다.[3] 여기에서 대교란 곧 제정일치의 도를 가리키는 것으로, 선교사를 제국(諸國)에 파견하여 국민들에게 널리 알려야하는 구체적인 것이었다.[4] 이러한 상황에서 신도는 완전히 국교로서 위치를 지니고, 아울러 오랫동안 특별히 교전을 가지지 않았던 상황을 해소하기 위해 교전의 편찬도 이루어지고, 선교사의 자세나 복부규정 등을 담은 책자등도 발간되었다. 이것을 츠지는 다음과 같이 말하고 있다.

> 여기에서 신도는 완전히 국교의 모습을 드러내었다. 대교를 선포하기 위해 그 교전의 편찬이 이루어졌다. 선교사의 규정서에, 교전의 설송 강독 때에는 예복을 착용하여 위의를 바르게 하고, 행동을 삼가고 대명(大命)을 받들어 제국을 순행하며, 그 경계에 도달하여, 부번현 관원의 안내에 의해 신직(神職)을 촌장촌로들 이하 시간을 쪼개어 모이도록 하여 간절하게 유도하도록 하는 것이었다.[5]

이렇게 신도의 제정일치의 이념이 담긴 대교의 선포가 이루어지고 또 그 대교의 내용은 각 지방의 정부기관에도 전달하여 그 이념을 준수하도록 촉구하였지만, 실제 의도한 대로 순순히 진행되지는 않은 듯하다. 그것을 보여주는 것이 최고 행정기관으로서 태정관 위에 놓였

---

3) 辻(1949) pp.167-168.
4) 辻(1949) p.169.
5) 상동.

던 신기관이 1871년 7월29일자로 폐지되고, 8월8일 태정관 내에 신기성으로 발족하고, 다음해 1872년 3월에 폐지되기에 이른 것이다. 이 신기성이 폐지되고 난 뒤에 발족한 것이 교부성(敎部省)으로 이 교부성의 발족에는 불교계의 건의가 주요한 역할을 하고 있다. 곧 이 주요한 역할을 담당한 사람이 근대 정토진종의 개혁가이자 근대 초기에 불교의 부흥을 위해 크게 애를 쓴 정토진종 서본원사파의 시마지 모쿠라이(島地黙雷)였다.

이 시마지는 교부성 설립에 큰 역할을 하지만, 그 이전에 민부성(民部省) 안에 불교계를 담당하는 부서로서 사원료(寺院寮)를 두는 데에도 크게 역할을 하였다. 메이지 정부는 메이지 유신 이후 폐불훼석의 풍조 속에 불교계에 대해서는 거의 방치하다시피 하였다고 할 수 있다. 곧 신도 정책의 실시를 위한 관련 부서들이 정부내 상위의 기관으로서 설치된 반면 실제 불교계를 담당하는 관청의 부서는 전혀 없다고 해도 과언이 아니었다. 이러한 상황 속에서 태정관 안의 민부성에 불교담당의 부서로서 사원료가 생긴 것은 여러 불교계의 유력자 그 중에서도 정토진종 관계자와 시마지의 노력에 의한 덕이라 할 수 있다.[6] 시마지는 여러 불교가의 뜻에 따라 사원료 설치에 대한 건백서를 올렸고 그에 따라 1870년 윤10월 민부성 내에 불교를 담당하는 관아로서 사원료가 설립되었다. 그렇지만 신도의 위상은 신기관으로서 이미 최고 행정기관인 태정관 위에 있는데 비해 불교는 겨우 사원료가 설립되어 관리되는 데 이른 것이다. 이것에 대해 츠지는 다음과 같이 말하고 있다.

그렇긴 하지만, 한편에서 신사를 위해서는 특히 신기관을 두어

---

6)　辻(1949) pp.173-174.

138 폐불훼석과 근대불교학의 성립

그것을 관리하고 있는데 비하면 그 처우는 균형을 잃는 것으로서, 본원사에서는 다시 메이지 4년 여름 시마지 모쿠라이를 파견하여 당국에 건언하기를, 선교(宣敎)를 위해 교부(敎部)의 일성(一省)을 두고 신불 2도를 모두 관리하며, 그 무리들로 각각 그 포교에 종사하도록 하게 하는 것을 주내용으로 하였다. 그해 7월, 민부성이 폐지되고, 대장성(大藏省)에 병합되었는데, 사원료도 따라서 폐지되고, 호적료(戶籍寮) 중에 사사과(社寺課)를 설치하여, 신기성 소관 외의 사사의 업무를 담당하도록 하였다. 이어서 5년 3월 14일 신기성을 폐지하여 교부성을 두고, 제전(祭典)을 식부료(式部寮)에 선교를 교부성에 속하게 하여, 사가 사네나루(嵯峨實愛)를 교부경(敎部卿)에, 후쿠바 요시시즈(福羽美靜)를 교부대신으로 삼았다.[7]

이 츠지의 기술에서 보듯 신기성이 폐지되고 신도와 불교를 합동으로 관리하는 새로운 기구로서 교부성이 설치되는 데에도 시마지의 역할이 컸음을 알 수 있다. 이것은 당시 실제 교부성 설립을 위한 건언의 글을 시마지가 직접 쓴 사실에서도 확인할 수 있다.[8] 곧 시마지가 직접 쓴 청원서가 바탕이 되어 1872년 3월 교부성이 설치되고, 이 교부성에서는 4월25일 14등급의 교도직(敎導職)을 정하여 실행할 것을 공

---

7) 辻(1949) p.174.
8) 선교의 관을 바꾸는데 총체적으로 교의를 감독하는 관으로 하여금 승려를 감독하여 포교에 맡기는 일을 충실히 하여 외교를 방어하게 해주시길 바라는 청 건언(교부성 개설청원서)[宣敎ノ官ニ換ルニ總シテ敎義ヲ督スルノ官ヲ以テシ僧侶ヲ督正シテ布敎ノ任ニ充テ以テ外敎ヲ防カシメ玉ハンコトヲ請建言(敎部省開設請願書)] [島地全集第1卷(1973)p.6.]

포하였다.[9] 그리고 이 교도직이 수행할 구체적인 이념의 내용으로서 4월28일 다음의 세 가지 즉 3조의 교칙(敎則)을 반포하였다.

① 경신애국(敬神愛國)의 뜻을 근본으로 할 것

② 천리인도(天理人道)를 분명히 할 것.

③ 황상(皇上)을 봉대(奉戴)하고 조정(朝廷)의 뜻을 준수(遵守)할 것.

이 3조교칙의 내용은 교도직으로서 선양시키고 알려야할 근본적인 내용을 제시한 것으로, 메이지 초기 신도의 선교사가 수행해야 할 이념적인 내용에 해당하였다. 이 3조교칙의 내용과 관련해서는 당시 다양한 해설서 내지는 설명서에 해당하는 저술이 출간되었다. 이렇게 교도직으로서 일본의 국민들에게 알려야할 내용의 근본이념으로서 이 3조교칙 이후 교부성에서는 1873년 초에 '11겸제(兼題)'를 교도직에게 내려, 교도직의 대강의(大講義) 이하는 매월 하나의 제목을 택해 강안을 만들어 교부성에 제출할 것을 명하였다. 그 열 한 개의 겸제의 내용은 다음과 같다.[10]

신덕황은지설(神德皇恩之說) 인혼불사지설(人魂不死之說)
신천조화지설(神天造化之說) 현유분계지설(顯幽分界之說)
애국지설(愛國之說) 신제지설(神祭之說)

---

9) 14등급의 교도직 명칭은 본서 〈서장〉 II-3 '대교원운동과 3조교칙비판', 〈제1장〉 각주 (27) 참조.

10) 辻(1949) p.188.

진혼지설(鎭魂之說) 군신지설(君臣之說)

부자지설(父子之說) 부부지설(夫婦之說)

대불지설(大祓之說)

그리고 이 11겸제와 함께 교부성은 '17겸제'를 부과해 교도직으로서 국민교화에 구체적으로 실행할 내용의 지침을 제시하였다. 이 17겸제는 다음과 같다.[11]

황국국체(皇國國體) 황정일신(皇政一新) 도불가변(道不可變)

제가수시(制可隨時) 인이금수(人異禽獸) 불가불교(不可不敎)

불가불학(不可不學) 외국교제(外國交際) 권리의무(權利義務)

역심역형(役心役形) 정체각종(政體各種) 문명개화(文明開化)

율법연혁(律法沿革) 국법민법(國法民法) 부국강병(富國强兵)

조세부역(租稅賦役) 산물제물(産物制物)

이 17겸제는 앞의 11겸제와 합쳐 '28겸제'라고 지칭되었고, 또 이러한 각각의 주제를 설명하는 다수의 책들도 만들어졌다. 그리고 앞서 3조의 교칙이 반포되었을 때 시마지는 정토진종의 해외순방길에 있었고, 후에 해외 순방 중에 이 3조교칙에 대한 비판의 건백서를 썼다. 시마지는 당시 서구의 순방 중에 종교사정을 특히 주의하여 살펴보았고, 그 와중에 신교의 자유와 정교의 분리 등에 눈을 떠, 메이지 정부의 정교일치에 대해 예리한 반박의 내용을 건백서에 담아 보냈던 것이다.

---

11) 辻(1949) pp.192-193.

이 시마지의 3조교칙에 대한 비판의 내용은 후에 큰 반향을 일으켜 교부성의 존립을 흔드는 사건으로 전개된다.

이렇게 교부성의 설립과 그에 따른 다양한 종교정책이 실시되는 가운데, 대교원의 설립 또한 불교계의 건의로 이루어진다. 즉 1872년 4월경 불교계의 각 종단은 교토 남선사(南禪寺) 금지원(金地院)에 모여 의결로서, 종래 신불(神佛) 교도(敎導)의 무리는 한쪽으로 치우쳐 그 폐해가 심했던 만큼 이번 교부성을 두어 신사와 사원으로 인민 교도의 뜻을 명(命)한 것을 계기로 신사(神社)와 불전(佛殿)이 서로 긴밀하게 동심협력으로 교를 포교할 것을 서로 논의했다.[12] 그리고 1872년 4월 29일 교부성에 직을 둔 사원들이 연명하여 고유(告諭)를 발표해 대교원 설립의 뜻을 분명히 하였다.[13] 그리고 5월에는 각종이 연합으로 서명한 내용을 정부에 제출하였는데, 그 내용은 대교원을 설립하고 그렇게 함으로써 생도(生徒)를 교양시키고, 3조의 교칙을 봉대하며, 신도를 비롯해 불교·유교·서양의 제과학부터 각국의 정치 풍속, 농공, 물산에 이르기까지 모두 그것을 강습하고, 인재를 양육하며, 각 부현에는 소원(小院)을 두어 그 제도는 대교원을 모방하고, 문명개화의 기운을 다스려, 집집마다 설하고 깨우칠 것을 청하고 있다.[14] 이러한 불교계의 건의는 그대로 수용되어 대교원이 설립되기에 이르렀고, 대교원 설립의 마지막 단계에 대교원을 어디에 둘 것인가에 대해 불교계의 의견을 수용하는 과정에서 그 개원이 늦어졌다.

메이지 초기의 신도국교화 정책을 반영하는 신도 담당의 기관이

---

12) 辻(1949) p.228.
13) 辻(1949) p.229.
14) 辻(1949) pp.230-231.

정부의 요직으로서 다루어진데 대해 불교계에 대한 국가의 관리는 거의 전무(全無)한 상태였다고 할 수 있다. 불교를 담당하는 사원료의 설치도 불교계의 요구를 받아들이는 형태로 이루어지고, 교부성, 대교원 등의 설립도 불교계의 입장을 수용하는 형태로 이루어지고 있다. 그리고 이렇게 진행된 대교원의 개원식에서는 신도와 불교가 대등한 입장에서 국가적 이념을 포교하는 것이 아니라 신도에 종속된 형태로 불교가 끌려가는 모습의 의례의식이 연출되었다. 곧 신주불종(神主佛從)의 대교원의 모습이 적나라하게 드러나 불교계의 적극적인 참여는 혼란을 가져오는 결과를 초래하게 되었다. 실제 대교원의 운영 실태 등에 대해 다음에서 살펴보기로 한다.

Ⅲ. 대교원의 활동과 실태

메이지 초기 신도국교화를 추진하는 핵심기관으로서 신기관은 신기성으로 축소되고 이어서 신기성도 폐지되고 대신 새롭게 설립된 것이 교부성이다. 이 교부성은 지금까지의 신도 일변도의 교화정책을 바꾸어 불교와 유교도 포함시켜 메이지 정부의 황도이념을 국민에게 교화시키고자하는 의도로 설립된 것이다. 물론 교부성의 설립에는 실제로 시마지 모쿠라이를 중심으로하는 불교계 인사들의 적극적인 노력이 반영되어 있지만, 교부성의 설립과 기존의 종교정책 변화는 폐불훼석으로 움츠려든 불교계로서는 숨통이 트이는 반가운 일이었음에 틀림없다. 신도국교화에 입각한 국가적인 배척과 폐불훼석으로 인한 사회적인 배척 속에서 이제 불교계는 사회의 일원으로서 그 역할을 인정받는 상황에 돌입하였고, 그러한 사회적 역할을 불교계 스스로가 적극적으로 담당하고자 정부에 제안한 것이 대교원의 설립이었던 것이다. 물론 이러한 사회적 역할은 교부성의 기본방침인 교도직 양성이나 3조교칙 내지 11겸제, 17겸제에 대한 강연 설교 등을 기본으로 전제하고 있어 불교 교리적인 면에서는 늘 불일치되는 면이 강하게 남아 있었다. 특히 대교원의 개시를 알리는 대교원 개원식에 있어서도 신도 위주의 의례가 중심이었던 상황에서 불교는 신도 의례를 추종할 수밖에 없었다. 본래 대교원의 설립취지는 불교계가 발의한 대로 불교적인 의식으로 진행되어야 하는 것이 당연하였지만, 1873년 6월3일과 17일 실제 개원식으로 상량식과 개강식이 개최된 도쿄 증상사(增上寺)에서는 전통적 불교의 의례가 아니라 신도의 신을 예배하는 의식으로 의식이 진행되었다.[15] 이렇게 불교계 본의에 따른 대교원의 출발이 아니라 신도가 중심이 되고 신주불종의 합동교원으로 대교원은 출발되고 있다. 그리고 이렇게 출발한 대교원으로 인해 일본 전국은 새로운 종교편제의 변화가 이루어진다.

대교원은 개원식이후 이전에 제정한 〈대교원사무장정(大敎院事務章程)〉(1873년 3월14일 교부성 無號達)과 〈대교원규칙(大敎院規則)〉(1873년 10월12일 교부성 番外達) 등에 따라 그 소관업무를 진행시키는데, 그 소관업무로서 주요한 내용을 보면 다음과 같다.[16]

(1) 교도직 육성
    ① 교도직의 검사·선거
    ② 생도강습·교의고구(敎義考究)
    ③ 교서(敎書)의 편찬
(2) 의식·설교
    ① 신전의식
    ② 강당설교
(3) 교화지도
    ① 중소교원의 총괄
    ② 강사(講社)의 총괄
(4) 자금관리

---

15) 小川原(2004) p.24.
16) 小川原(2004) p.47.

먼저 (1) 교도직 육성은 교부성의 가장 기본적인 방침으로 황도를 근본이념으로 하는 메이지 정부의 이념을 펼칠 수 있는 사람들을 양성하는 것이다. 이 교도직은 앞에서도 말했듯이 14등급으로 나누어져 있고, 6급 이상은 태정관이 임명하고 7급이하의 인사들은 교부성에서 다루도록 하였다.[17] 그리고 각각의 등급에 사람을 임명할 때는 시험의 결과에 따라 임명하는 것을 원칙으로 하였지만, 실제 교도직의 신관과 승려의 수가 무척 많고 업무가 번잡하여, 각종의 관장이 신관이나 승려를 일단 교도직 시보(試補)로 임명하고, 시험을 보게 하여 등급을 결정한 뒤 교도직에 추천하고 그럼으로써 임명하였다고 한다.[18] 그리고 시험도 앞에서 말한 3조교칙이나 11겸제, 17겸제 등을 설교하거나 해설하는 내용 등으로 치러지고 있다. 그리고 이 교도직에 오르지 않으면 사원의 주지를 할 수 없도록 제도를 정하기도 하였다. 이런 정책의 실시에 있어 불교계로서는 3조교칙 등을 강의하는 것이 대단히 어려운 일이었음은 예상할 수 있다. 당시 권중강의로서 일본에서 최초로 도쿄대학에서 범어학을 강의하였던 난조 분유는 후에 "전국의 승려를 대교원에 모아 시험으로 설교를 하게 하였지만, 전혀 불교와 관계가 없는 3조교칙에 대해 조금이라도 불교의 교의를 섞어 설하면 낙제가 되어 대단한 난제(難題)"이었다고 회상하였다고 한다.[19]

그리고 대교원의 업무로서 교도직에 나아갈 인재를 양성하는 교육의 일로서 생도강습과 교의고구(敎義考究) 즉 교리의 탐구 등도 중요한 일로 간주되었지만, 이것도 순조롭게 진행된 것 같지는 않다. 특

---

17) 小川原(2004) p.49.
18) 小川原(2004) p.49.
19) 小川原(2004) p.51.

히 대교원 이후 각 지역에 중교원(中敎院)과 소교원(小敎院)이 세워져 전국적으로 신사와 사원이 대교원의 체제로 수용됨에 따라 인재양성 교육의 주무부서로서 문부성에서 준비하는 전국민 교육의 일과 상충하는 점이 적지 않았다. 곧 교부성의 대교원체제와 문부성의 국민교육체재 속에 상당한 마찰이 일어나 대교원에서의 교육적인 일은 학교 외의 여가적인 일로 간주되기에 이르렀다.[20] 곧 교원을 통한 교육의 체제는 국민교육을 담당하는 학교체제와 밀접한 관계가 있어, 교원에서의 교육의 추진은 상당히 어려울 수밖에 없었다. 이러한 어려움은 대교원 활동의 부진으로도 이어져 대교원 존립의 문제로 이어졌다. 그리고 대교원에서는 여러 교의에 관한 책들이 출간되었는데, 그것은 당연히 교부성의 허가를 받아 출간되었다. 이렇게 출간된 책들이 상당수에 이르고 있지만, 대다수는 메이지 정부의 황도 이념을 담은 책자이었다.[21]

그리고 대교원의 실질적인 의례 의식은 증상사의 개원식에 나타났듯이 신도 의례 중심의 의식이 이루어지고 각각의 중, 소교원에서도 신도 중심의 의례가 일반적으로 거행되었다. 이렇게 대교원은 각 지방의 중소교원에 대한 총괄적인 감독을 시행하여, 따라서 대교원은 전국의 신사와 사찰을 통제하는 중요한 역할을 담당하게 된다. 하지만 신도중심의 의례 의식은 시간이 지날수록 불교계의 입장에서는 받아들이기 어려웠고, 그러한 불만은 점차 증대해 갔다. 그러나 불교계에 대한 국가적 지원이 사라진 상황에서 불교계 역시 어쩔 수 없이 신도주의적인 대교원의 방침을 수용할 수밖에 없었지만, 이러한 불만과 반발은 점

---

20) 小川原(2004) p.56.
21) 小川原(2004) pp.58-60.

차 증대해 표면화되어 마침내 대교원 분리운동이 전개되기에 이른다. 이 운동의 계기를 만든 사람도 시마지 모쿠라이로서, 그는 교부성의 근본이념인 3조교칙에 대한 비판의 건백서를 제출하여 대교원 분리운동에 직접적인 계기를 만들고 실제 그 운동에 적극적으로 가담한다. 곧 교부성 설립 제안의 중심인물이었던 시마지는 교부성의 방침을 비판하는 제일선에 앞장서게 된 것이다.

Ⅳ. 대교원의 폐지 과정

1. 시마지의 3조교칙 비판

시마지 모쿠라이는 교부성이 설치되는데 가장 큰 공헌을 하는 인물이지만, 실제 교부성이 설치되는 1872년 3월 시점에는 이미 유럽을 시찰하고 있었다. 이 유럽 시찰은 시마지가 소속되어 있는 서본원사의 공식적인 종단의 일로 추진되어 법주를 대신한 우메야마 타구유를 대표로 시마지, 아카마츠 렌죠, 오슈 테츠넨 등이 동행해 1년 이상 서구를 시찰하는 당시 불교계로서는 거대하고 또한 중요한 행사였다. 이러한 큰 일이 이루어지는 데는 시마지와 같은 동향(同鄕)으로서 메이지 정부의 실력자 기도 다카요시(木戶孝允, 1833-77)의 권유 등도 중요한 역할을 하고, 기도를 포함해 해외시찰에 나서게 되는데 그것이 1872년 1월이었다.[22] 교부성이 출범하는 것은 3월이고 불교계의 요구에 의해 대교원이 설립의 허가가 나는 것은 5월, 그리고 대교원이 신관과 승려의 합동기관으로서 그 역할을 수행할 것을 천명한 것은 6월이었다. 따라서 실제 교부성 설립 이후 대교원이 건립되고 진행되는 과정은 시마지로서는 알 리 없었고, 또 그가 4월에 교부성에서 공포한 3조교칙이 대교원의 신관 승려가 일반 국민들에게 알려야 할 기본 이념이라는 것도 훨씬 후에 해외에서 들었던 것이다. 시마지는 1872년 12월 이 3조교칙을 비판하는 건의서 〈삼조교칙비판건백서〉를 기초하여, 일본으로 귀국하

---

22) 小川原(2004) pp.150-155.

는 인편으로 정부에 전달하였던 것이다.[23]

이 건백서에 나타나는 가장 중요한 내용은 정교분리(政敎分離)라고 할 수 있다. 그것은 3조교칙의 첫 조항에 나타나는 경신애국의 개념에 대한 비판을 담고 있다고 할 수 있다. 곧 경신은 교(敎)이고, 애국은 정(政)인데, 이 둘을 함께 뒤섞여 사용해서는 안 된다고 시마지는 다음과 같이 말하고 있다.[24]

정치[政]와 종교[敎]는 달라 본래 뒤섞여서는 안됩니다. 정치는 사람의 일로서, 형체를 제어할 뿐입니다. 그래서 그 범위는 한 나라에 국한됩니다. 종교는 신의 행위[神爲]로서, 마음을 제어합니다. 그래서 만국에 통하는 바입니다. 그런 까닭에 정치는 감히 타자를 염두에 두지 않고 오로지 자신을 이롭게 하는데 힘쓸 뿐입니다. 종교는 그렇지 않습니다. 조금도 자신을 돌보지 않고, 하나라도 타인을 이롭게 하는 일을 바랍니다.[25]

실제 건백서에 나오는 용어로서 정과 교는 '치교(治敎)', '종교(宗敎)'라고 불리는 것으로, 시마지가 1872년의 시점에서 religion의 의미로서 종교라는 말을 사용한 것은 일본에서도 상당히 앞서서 사용하는 것

---

23) 小川原(2004) p.155.
24) 〈삼조교칙비판건백서〉의 원문은 辻(1949) pp.255-268, 島地全集第1卷(1973) pp.15-26 참조. 그것의 현대어 번역은 吉田(1996) pp.37-44 참조. 단 여기서의 번역과 내용에 대해서는 末木(2004) pp.28-38을 참조.
25) 末木(2004) p.29."政敎ノ異ナル固ヨリ混淆スヘカラス。政ハ人事也、形ヲ制スルノミ。而シテ邦域ヲ 局レル也。敎ハ神爲ナリ、心ヲ制ス。而万國ニ通スル也。是以政ハ敢テ他ニ管セス、專ラ己ヲ利センコトヲカム。敎ハ不爾、毫モ己ヲ顧ミス、一ニ他ヲ益セン事ヲ望ム。"[島地全集第1卷(1973) p.15.]

이 된다. 실제 일본에서는 1874년경에 종교라는 말이 일반화되기 때문이다.[26] 이렇게 건백서는 정치와 종교의 관계를 상호 독립적인 면이 있어 구분되어야 하는 점을 분명히 제시하고 있다. 여기에서 시마지가 종교에 대해 '마음을 제어'하는 것을 주 내용으로 한다는 것은 실제 근대의 종교관의 관점에서는 중요한 의미를 갖는다고 할 수 있다. 곧 종교가 인간 내면의 정신적인 문제를 다루는 것으로 정의되어 정치나 사회와는 다른 분명한 입장을 갖는 것임을 밝히기 때문이다. 이것은 당시 불교계가 직면하였던 불교의 사회적 역할에 대한 분명한 정의를 제시하였던 것으로, 여기에는 정치가 종교를 일방적으로 다루어서는 안 된다는 당시 정치적 힘의 논리에 좌지우지되던 사회적 형태에 대한 비판이 담겨있기도 하다. 이렇게 건백서는 정치와 종교의 분리에 대한 명확한 입장을 제시하는 한편 당시 정부의 이념적 근거로서 신도에 대한 비판을 전개한다.

곧 시마지는 종교는 기본적으로 인간 내면의 마음을 다스리는 문제인데, 앞서 교칙의 제1조에 나오는 경신(敬神)을 종교로 삼는 것은 보편적인 종교의 입장이 아니라고 다음과 같이 말하고 있다.

> 만약 그 천신(天神) 지기(地祇), 수화(水火) 초목(草木), 소위 수백만의 신[八百万神]을 숭배한다고 하면, 이것은 구주(歐州)의 아이들도 천하다고 웃는 바가 되는 것으로, 초황(草荒) 미개(未開)한 것이 이보다 더 심한 것은 없을 것입니다. … 구주 문명의 경계에서 그것을 천시하는 것은 아주 심합니다. 신(臣)은 본조를

---

26) 末木(2004) p.29.

위해 그것을 부끄러워 할 뿐, 감히 싫어하거나(忌諱) 두려워 그런 것은 아닙니다.[27]

곧 신도에서 신앙의 대상으로 삼는 다양한 신에 대한 숭배의 의식이 서구의 종교적 관점에서 보면 천하게 여겨지거나 부끄럽게 느껴지는 것으로, 여기에는 신도의 종교적 성향에 대한 비판이 나타나고 있다. 물론 서구 기독교의 종교적 입장으로서 일신교와는 다른 다신론의 입장에 대한 비판이 담겨있는 것은 물론이고 또 종교적 대상을 외부에 두는 입장에 대한 비판도 담겨있다. 시마지는 불교에 대해서는 통불교의 입장에 서서 불교의 입장을 다음과 같이 말하고 있다.

자심(自心)을 닦는 것 외에 존중하는 것은 없다고 말할 수 있습니다. 이 마음은 즉 법계의 이치입니다. 이치가 활동하는 것은 곧 마음입니다. 이것이 움직이고 멈추는[動靜] 불이의 묘용의 체를 미타라고 하며, 그 서방으로 귀향시키는 것은 교정(敎情)의 교용에 따르는 자입니다.[28]

시마지는 종교의 기본을 자기 마음[自心]을 닦는 것에 두고, 이 마음이야 말로 법계의 근본이치라고 말하고 있다. 이렇게 자기 마음을

---

27) 末木(2004) p.32.“若夫レ天神・地祇、水火・草木、所謂八百万神ヲ敬セシムトセハ、是歐州兒童モ 猶賤笑スル所ニシテ、草荒・未開、是ヨリ甚シキ者ハアラス。… 歐州文明ノ境之ヲ賤シム最モ甚シ。臣本朝ノ爲ニ之ヲ恥ツ。敢テ忌諱ヲ畏レサル所以也。”[島地全集第1卷(1973) p.18.]

28) 末木(2004) p.33.“自心ヲ修ムルノ外所尊ナシ、ト云ヘリ。此ノ心卽チ法界ノ理也。理ノ活動スル所卽チ心也。此動靜不二ノ妙用ノ体ヲ彌陀ト云、其ノ西方ニ歸向セシムルハ敎情ノ巧用ニ從フ者也。”[島地全集第1卷(1973) p.19.]

종교의 근본으로 삼는 입장에서 종교의 자유란 '자기 마음이란 성(城) 안에서의 자유'라고 하여 인간 내면의 세계에 대한 자각을 강조하고 있다. 시마지의 내면자유론이 종교의 근본으로서 보다 깊이 자각되기까지는 좀 더 시간이 필요로 되었던 것 같지만,[29] 이렇게 내면의 자각을 종교의 근본으로 두는 입장에서 신도는 종교의 영역을 벗어나 있는 것은 자명하였다. 이것에 대해 시마지는 신도에 대해 다른 글인 〈건언(建言)〉에서 다음과 같이 말하고 있다.

아마도 신도에 대해서는 신(臣)이 아직 그것을 상세히 알지는 못하더라도 결코 소위 종교인 것이 아닌 것을 압니다. 그런데 지금 새로이 그것을 종교라고 하는 것도 폐해를 안에 담고 밖으로 후회하는 것과 무엇이 다르겠습니까.[30]

이렇게 하여 시마지의 입장에서는 신도가 종교가 아니라고 하는 신도비종교론으로 귀착되는 결과를 가져오게 된다. 이 신도비종교론은 메이지 유신이후 천황제국가의 기본이념으로서 신도의 종교적 역할에 대한 비판을 드러낸 것으로, 이러한 종교성에 대한 비판은 후에 신도를 종교가 아니라 국가의 도덕, 윤리라고 하는 국가신도(國家神道)와 같은 입장을 취하게 되는 것이다. 곧 시마지의 신도비종교론은 후에 국가 신도의 이념과 그 입장을 같이 하게 되지만, 이 1872년 12월의 시점에

---

29) 末木(2004) p.34.
30) 末木(2004) p.35. "抑神道ノ事ニ於テハ、臣未タ之ヲ悉クスル能ハスト云ヘトモ、決シテ所謂宗教タル 者ニ非ルヲ知ル。然而方今新ニ之ヲ宗教ニセントスルモ、害ヲ内ニ畜テ侮ヲ外ニ取ルヤ甚し。"〈建言(教導職ノ治教宗教混同改正ニツキ)〉[島地全集第1卷(1973) p.65.]

서는 신도와 불교의 입장이 명확히 다르며 따라서 종교로서 내면의 자유를 중시하는 불교에 대한 신교(信教)의 자유를 주장한 것이다. 곧 시마지가 건의한 〈3조교칙비판건백서〉는 정교의 분리와 종교의 본질, 내지 신교의 자유를 주장한 점에서 근대 일본사회에 큰 충격을 주었다고 할 수 있다.

이렇게 중요한 건의를 한 것이 1872년 12월의 일이었지만, 시마지가 해외에서 귀국한 1873년 7월의 상황은 대교원이 신도와 불교의 혼합체로서의 국민 교화가 이루어지는 복잡한 모습을 띠고 있었다. 신불합동의 교화기관으로서 대교원이 정식 발족한 이래 대교원의 본당을 어디에 두는가의 문제로 논란이 생겨 1873년 6월 상량식과 개원식이 도쿄의 증상사에서 이루어지게 되었다. 하지만 개원식은 신도에서 받드는 신을 예배의 대상으로 삼아 치러지는 등 모든 의례가 신도식으로 거행되는 가운데 불교계가 어정쩡하게 참여하는 모습으로 대교원에서의 불교의 위상은 평등하고 공평한 것은 아니었다.[31] 이러한 애매하고 불평등한 입장의 연속이 당시 귀국한 시마지가 바라본 대교원이었다. 이러한 상황 속에 시마지는 자신이 속한 정토진종은 대교원에서 이탈해야 한다는 '대교원분리'의 운동을 일으키게 된다.

---

31) "또 증상사에서는 본당에서 본존 아미타불을 철거하고, 내진(內陣, 본존을 안치하는 곳)의 중앙에 아메노미나카누시노 카미(天御中主神)·다카미무스비노 카미(高皇産靈神)·카미무스비노 카미(神皇産靈神)·아마테라스오오미 카미(天照大神)를 제사하고, 신경(神鏡)을 두고 주련승을 늘어뜨렸으며, 주도(朱塗)의 산문앞에 흰나무의 오토리(大鳥居)를 세운 형태였다."[가시와하라(2008) pp.59-60.]

2. 대교원 방화사건

1874년 1월1일 오전 1시 도쿄의 증상사에 설립된 대교원 강당에서 화재가 발생해 신전(神殿)과 종루(鐘樓) 그리고 서류 일체가 소각되는 사건이 발생하였다. 이 사건이 일어난 1874년 1월은 전년 7월이후 시마지를 중심으로 한 불교계의 대교원 분리운동이 점차 가속화되는 시점이었다. 그리고 이 당시는 대교원의 기본원칙으로서 신불합동의 교화이념이 신도 중심의 편중된 모습이 노골적으로 나타나고 있어 불교계의 반발이 점차 고조되는 상황이기도 하였다. 이렇게 불교계의 반발과 분리운동의 격화 속에 일어난 대교원의 화재는 당연히 불교계의 불만에서 생긴 일로 추측되었지만 실제 화재를 일으킨 사람들은 사무라이들로 당시 신도와 불교의 알력에 불만을 가지고 신도의 순수성이 왜곡되고 있다고 생각한 사람들의 소행으로 밝혀졌다. 이 방화사건은 당시 종교적 상황에 대한 불만을 보여주는 상징적인 사건으로 대교원의 폐지를 부추기는 또 하나의 중요한 사건이기도 하였다. 이 사건의 발생상황과 그 결과를 살펴보면 다음과 같다.

이 방화사건은 1874년 1월1일 오전 1시 발생한 것으로, 불은 인근의 건물로 옮겨 붙어 신전과 종루 기록물서적 등이 모두 소각되었다. 중요한 위패 등은 다행히 화를 면해 다른 건물로 옮겨졌다. 화재가 발생하자 당시 증상사에서 숙직하던 관리들이 신전에 모셔놓은 중요한 물건을 옮기는 등 빠른 조치를 취했고 또 이들 숙직인들은 화재에 직접적인 관련이 없다고 하여 죄를 면하고 중요한 물건을 구한 댓가로

상금을 받기도 하였다.[32] 이후 6개월 이상에 걸친 조사 끝에 방화의 주범은 고치현(高知縣)의 사족(士族) 즉 사무라이인 미야자키 미사키(宮崎岬)와 치야 다카사토(千屋孝鄕) 그리고 니가카현(新潟縣)의 사족인 도다 큐시로(戶田九思郎)의 3명으로 밝혀지고 그 경위를 취조하고 재판에 넘겼다.[33] 이 재판의 결과 주범에 해당하는 미야자키와 센야는 사형에 처해지고, 다른 한 명인 도다는 방면되었다고 한다.

이들의 방화 경위에 대하여 취조의 내용을 살펴보면, 주범에 해당하는 미야자키는 도쿄에서 국가의 이념으로서 국체를 살피던 중 "야소교의 의식은 제일로 국가의 폐해가 된다."라는 의식을 갖게 되었고, 금교(禁敎)에도 불구하고 계속 포교가 이루어지던 기독교에 대해 '사종제방(邪宗除防)'을 위해 설립된 대교원도 제대로 기능을 못한다고 다음과 같이 말하고 있다.

신불이 뒤섞여 경신애국의 교화는 더욱 어려워지는 상황에 대교원의 의식은 덕천가(德川家) 보리사(菩提寺)의 모습으로 4주(四柱)의 신좌(神座) 등을 설치해야 할 장소는 아닌 것이다. 이것은 곧 경신애국의 뜻을 그르치고 도리어 신위(神位)를 더럽히는 것으로, 그 받드는 의식은 마침내 사교에 압도될 것이다.[34]

이렇게 하여 미야자키는 "교원은 오히려 없는 것만 못하다."라고 판단해 공범인 센야와 함께 방화했다고 한다. 공범인 센야도 자신의 범

---

32) 小川原(2004) P.186.
33) 小川原(2004) P.188.
34) 小川原(2004) P.188.

행에 대해 "근래 야소교가 성황리에 행해져 교원이 설치되었다 해도 실제 신불이 뒤섞여 경신애국의 교헌(敎憲)이 제대로 서지 못하여 일찍부터 친하게 교유하던 미야사키와 의논하여" 범행을 저질렀다고 말하고 있다.[35] 재판 결과 방면된 도다는 실제 대교원 방화에는 가담하지 않았지만 인근의 사찰을 불태울 계획을 가졌고, 그는 사찰이 "인민을 현혹하고 경신애국을 방해한다."는 생각을 가지고 있었다고 한다.[36]

이 방화의 계기를 살펴보면 신도의 순수성이 제대로 지켜지지 않아 그 불만에 의거해 방화에 이른 것을 알 수 있다. 곧 이것은 불교계의 불만과는 상관없이 오히려 신불합동의 대교원이 제 역할과 기능을 하지 못하고, 오히려 신도의 순수성이 발현되어야함에도 불교계에 의해 그 순수성이 짓밟힌다는 생각이 근본에 있다고 보인다. 이 사건의 경위에서 보이는 대교원에 대한 불만 등은 당시 일반인들도 가지고 있던 불만이라 생각되며, 아울러 신불합동에 의한 어정쩡한 성격으로서 대교원에 대한 질타라고도 생각된다. 이 대교원의 방화이후 대교원의 기능은 빠른 시간 안에 회복하였고 또 신도와 불교계 양측으로부터 건물 재건을 위한 헌금이 모였다. 그렇지만 실제 화재로 소실된 증상사의 본당을 재건하기 까지는 이후 30여 년의 세월이 걸렸다고 한다.[37]

---

35) 小川原(2004) P.189.
36) 小川原(2004) P.189.
37) 小川原(2004) P.198.

3. 대교원의 폐지

교부성 산하에 대교원이 설립된 이후 교부성은 계속하여 지방에 중교원과 소교원을 설립하여 국민의 교화에 임한다. 이 중교원과 소교원도 대교원의 모습과 같이 신도가 중심이 되고 불교계가 참여하는 방식으로 이루어져 불교의 사원이 지방의 교원으로서 간주된 경우 사원에 신도의 신을 모시거나 신도의 주련을 거는 등 종교적으로는 뒤섞인 모습을 보여줄 수밖에 없었다. 이렇게 신도와 불교가 뒤섞여 국민교화에 임하는 것이 대교원 교화의 실상으로서, 1873년 7월 해외시찰에서 귀국한 시마지의 눈에 비친 종교계의 모습이 가히 이와 같았다고 할 수 있다. 시마지는 그 전년 1872년 12월 이미 〈3조교칙비판건백서〉를 제출할 정도로 일본 국내의 사정에 민감하게 반응하고 있었으며, 또 그러한 예민한 반응은 귀국한 뒤에도 바로 나타난다. 이러한 국내 종교계 사정에 대한 시마지의 결의가 드러난 것이 바로 1873년 10월5일 제출한 〈대교원분리건백서(大敎院分離建白書)〉이다. 이 건백서에서 시마지는 먼저 다음과 같이 그 서두에서 말하고 있다.

> 방외(方外) 신(臣) 모쿠라이(黙雷) 두려워하며 삼가 말합니다. 조정에서는 전날 교부성을 설치하여, 각종 교리를 통제하고, 선포를 부지런히 하며, 서민으로 하여금 각각의 취향에 의혹이 없도록 하려는 은혜와 배려 감히 감명을 받지 않을 수 없었습니다. 그런데 지금 시바(芝) 증상사의 불전(佛殿)을 바꾸어 대교원으로 삼아 거기에 제사를 사신(四神)에게 지내고, 주련을 달고, 화표(華表)를 일으키며, 폐백(幣帛)을 올리고, 축사(祝詞)를 올리고, 2백

여 년 전등(傳燈)의 불찰을 갑자기 바꾸어 일대신사로 삼으니 어찌 경악하지 않겠습니까. 그런데 신관 승려라고 하는 자들은 주집(湊集) 출사(出仕)함에 모두 신식(神式)을 행하고 한결같이 신교(神敎)를 설하고 있습니다. 근래 그 설교가 조금 바뀌어 승려는 더욱 자신의 교리를 설해도 방해받지는 않는다 합니다. 여기에 아! 일장(一場)의 설, 신을 설하고 불을 설하고, 염불을 가르치고 다라니를 권합니다. 그리고 그 위의(威儀)는 더욱이 신례(神禮)를 사용하고, 그 교리의 귀의처는 신전(神典)에 근거합니다. 완연한 일대활계자(一大滑稽者)의 장으로, 조금도 포교의 장과 닮지 않으며, 그 장의 밖의 풍경도 가히 알 수 있을 것입니다.[38]

당시 대교원에서 이루어지는 신불합동의 교화의 모습에 대한 비판으로서 시마지는 가히 일대의 활계자(滑稽者, 익살꾼)들이 떠드는 모습으로 비유하고 있다. 이러한 대교원의 모습은 당연히 중교원, 소교원에서도 그대로 이어지고 있는 것을 시마지는 다음과 계속하여 다음과 같이 말하고 있다.

무릇 교법에는 구별이 있어 본래 함부러 혼합해서는 안됩니다. 그런데 그것을 같은 곳 같은 때에 말하도록 하여 의혹을 갖지 않은 백성도 의심을 품어 논의를 들으려하지 않습니다. 하물며 대중소는 한 물건의 근본 지류입니다. 대교원이 이미 사신(四神)을 제사하면 중교원도 또한 그와 같이 할 것입니다. 대중(大中)이 이

---

38) 島地全集第1卷(1973) p.34.[원문 부록 1.]

미 그러하면 소교원도 또한 그와 같이 할 것입니다.[39]

이와 같이 시마지는 당시 신불합동의 교화기관으로서 전국의 교원이 복잡하고 뒤섞인 교설을 설하면 모든 백성들이 혼동을 일으키고 민심도 각기 흐트러질 것을 강한 어조로 비판하고 있는 것이다. 그리고 시마지는 〈3조교칙〉을 교의로 오인하여 각종의 설을 하나로 동일하게 삼는 것은 "종교를 폐멸하는 자(宗敎ヲ廢滅スル者)"라 부르며, 신관 승려가 교도직에 임명되어 동일하게 신전에서 설교하는 것은 유신의 기본이념으로서 신불분리에 반하는 것이 아닌가라고 반문하고 있다.[40] 또한 건백서는 교부성의 관원이 투서를 통해 불교를 비판하거나 배불멸종을 언급하는 책을 공간하는 일에 대해 교부성이 방조하는 것은 "일점[조금이라도] 부휘[도움을 줌]의 뜻이 없는 것과 같다."고 하며 "어찌 여러 종교를 통괄하는 성의 본체라 할 수 있겠는가."라고 하여 교부성 자체에 대해서도 비판을 가하고 있다.[41]

시마지의 건백서는 불교계가 신불합동의 교화기관으로서 대교원으로부터 분리해야하는 당위성을 제공한 것으로 매우 중요한 역할을 하였다. 그렇지만 이 건백서는 분리운동의 서막을 연 것으로, 이것을 시작으로 시마지는 본격적으로 대교원분리운동에 참여한다. 그리고 시마지가 앞의 건백서와 같은 건의문을 정부에 전달하여 정부의 정책에 실질적인 영향력을 발휘했던 것에는 메이지 정부의 상당수 요직의 인사가 시마지와 동향인 관계도 있었다. 그 대표적인 인물이 기도 다카

---

39) 島地全集第1卷(1973) pp.34-35.[원문 부록 2.]
40) 島地全集第1卷(1973) pp.36.
41) 島地全集第1卷(1973) pp.39.

요시(木戸孝允), 이토 히로부미(伊藤博文)와 같은 동향의 인물로 실제 이러한 정부 요직과의 관계에서 시마지의 건백서는 더욱 힘을 받게 되는 것이다.[42) 이 〈대교원분리건백서〉 이후 시마지가 공개적으로 올린 건의문 내지 투고문과 그 시기를 정리하면 다음과 같다.[43)

① 〈상문(上聞) 교부성의 불체제(不體裁)에 대하여〉(〈대교원분리 건백서〉 전후시기)

② 〈법교개화론(法敎開化論)에 대하여〉(1873년 10월17일)

③ 〈교칙(敎則) 및 합사(合寺)를 논함〉

④ 〈진종분리에 대하여〉

⑤ 〈교부개정(敎部改正) 건의〉(1874년 5월24일)

⑥ 〈교부개정의 의(儀)에 대한 재응(再應) 건언〉(1874년 6월10일)

⑦ 〈건언 분리허가촉진에 대하여 1〉(1875년 1월)

⑧ 〈건언 분리허가촉진에 대하여 2〉(1875년 4월29일)

[대교원 해산(1875년 5월3일)]

이렇게 대교원의 해산에 이르는 과정에 시마지가 중요한 역할을 한 것은 말할 것도 없고, 이러한 과정에서 실제 시마지가 속한 정토진종도 종단 차원에서 분리운동에 가담한다. 1873년 10월 진종은 천태, 진언, 선, 정토, 일련, 시종의 각 종단에 대해 분리운동에 가담하기를

---

42) 小川原(2004) pp.212-219.
43) 小川原(2004) pp.156-167.

권고하고, 30일에는 진종관장 대리인 후지에다 사와에(藤枝澤衣)가 〈진종교원사무분리취급소별립부하(眞宗敎院事務分離取扱所別立付伺)〉를 교부성에 제출하였다.[44] 이렇게 진종이 대표가 되어 대교원분리의 당위성을 담은 서류가 이후에도 계속 제출되었다. 그리하여 이러한 주장이 받아들여져 불교계가 대교원으로부터 분리되는 것은 1875년 5월3일에 가서야 실현되며, 이 대교원의 분리 이후에도 시마지는 교부성 폐지의 당위성을 주장하는 글 〈교제건의(敎制建議)〉(1875년 5월31일)을 쓴다. 그의 주장이 받아들여지고 정부의 세제개혁에 따른 정부조직의 개편이 이루어져 1877년 1월 교부성은 폐지되고, 교부성의 업무는 새롭게 발족한 내무성(內務省) 사사국(社寺局)이 이어 받는다.

---

44) 小川原(2004) p.159.

V. 결어

1872년 3월 교부성의 출범은 메이지 유신 이후 추진되어온 신도 중심의 종교정책의 변화로서 중요한 의미를 담고 있다. 이 신도 중심의 종교정책은 천황제의 이념적 근거를 제공하는 것을 기본으로 한 신도국교화의 의미를 가지지만, 교부성의 출범과 함께 대국민적 교화정책은 신도만이 아니라 불교, 유교도 함께하는 것으로 바뀐 것이다. 물론 유교적인 시스템이 거의 없었던 당시 사회를 고려하면 불교가 신도와 함께 국민교화에 임한 것이 되지만, 그렇더라도 메이지 정부는 여전히 신도 우위의 종교정책을 고수하였다. 이 교부성의 출범과 함께 불교계에서 요구한 것이 대교원의 설립으로, 실질적으로 국민교화에 임하는 불교인의 양성기관 성격을 띈 것이다. 교부성의 설립 허가와 함께 그 활동이 시작된 대교원은 본래 상호 평등한 입장에서 신도가(神道家)와 불교가(佛敎家)가 합동으로 국민교화에 임하는 것이었지만, 실질적으로는 신도가가 우위에 있는 신주불종(神主佛從)의 형태로 대다수의 활동에서 불교는 신도에 종속적인 관계를 놓여 있었다. 이러한 대교원의 모습은 중교원, 소교원의 형태로서 일본 전역에서 나타난 것으로 이것을 시마지는 일대활계장(一大滑稽場)이라고 표현하였던 것이다. 정토진종의 개혁가로서 이름을 떨친 시마지 모쿠라이는 교부성이 설립되는데 큰 역할을 하여 불교가 신도와 평등한 종교적 입장을 갖는데 실질적인 기여를 하였지만, 대교원의 활동에서 나타나는 신도와 불교의 혼란스런 모습을 보고 불교계가 대교원으로부터 탈퇴해야한다는 분리운동을 전개한다. 실제 대교원의 설립은 불교계가 요청한 것이지만, 그 구체적인 활동이 신도 위주로 진행되는 상황에서 대교원으로부터 분리운동을 전개한 것이다. 시마지가 중심이 되고 종단적 차원에서 지원을 받은 대교원 분리운동은 그 성과를 거두어 분리가 실현됨은 물론 시마지의 열정적인 노력은 후에 종교담당 기관으로서 교부성 자체를 해체하는 데 이르렀다. 곧 교부성이 해체되는데 이르러 신도와 불교에 대한 종교행정은 내무성(內務省) 사사국(社寺局)에서 담당하게 되어, 불교계 역시 거의 국가적인 통제를 벗어나 독자적인 종교 활동이 가능한 상황을 맞이하게 되는 것이다.

대교원의 설립과 분리운동에는 거의 대부분 불교계의 요청과 주장이 반영되어 있는 것으로, 당시 불교계의 위상을 드러내는 중요한 모습을 보여준다. 곧 메이지 정부의 신도 우위 종교정책에 대한 불교계의 요구가 종교정책에 마찰을 일으켜 거듭 혼란스런 모습이 연속되는 상황이었다. 이것은 폐불훼석과 정부차원의 불교배척으로 인한 전사회적 분위기 속에 불교계가 감내해야 하는 상황이었지만, 그런 의미에서 교부성의 해체는 불교계가 국가의 통제로부터 자유로워진 것을 상징하는 중요한 의미를 갖는다. 곧 교부성의 해체로 불교계는 메이지 원년이후 계속된 탄압과 억압으로부터 비로소 자유로워 졌다고 말할 수 있다. 따라서 이 교부성의 해체에 크게 기여한 시마지는 메이지 초기 10여년에 걸쳐 불교계 위상을 회복하는데 가장 중요한 역할을 한 인물이라고 할 수 있다. 그리고 교부성의 설립, 대교원의 설립운동과 분리운동, 교부성의 해체에 이르는 메이지 5년(1872년)부터 메이지 10년(1877년)간의 시기는 불교계로서는 그 사회적 위상을 되찾기 위해 메이지 정부와 끊임없이 대결한 시기였다고 말할 수 있다.

凡教法ノ区別アル、固リ妄ニ混合スヘカラス。而之ヲ　所　時ニ会説セシムル、民不惑ハ疑ヲ懐ク、論ヲ待タサル也。況ヤ大中小ハ　物ノ本枝也、大教院已ー四神ヲ祭ラハ、中教院モ亦爾セサルコトヲ得ス。大中已ニ然レハ、小教院モ亦爾ラサルヲ得ス。

方外　臣黙雷恐懼謹言。朝廷蹶ニハ教部省ヲ置レ、衆教ヲ統理シ、宣布ニ黽勉セシメ、庶民ヲシテ各趣向ニ惑ナカラシメントスルノ恩慮　不堪感銘候。然ル処、方今芝増上寺仏殿ヲ改メテ大教院トシ、之ニ祭ルニ四神ヲ以テシ、注連ヲ飾リ、華表ヲ起シ、幣帛ヲ捧ケ、祝詞ヲ奏シ、一百余年伝灯ノ仏刹忽然変シテ　大神祠トナル、豈可不驚愕哉。然而神官僧侶ヲ云ハス湊集出仕、同ク神式ヲ行ヒ、専ラ神教ヲ説カシム。近頃説軌少ク変テ、僧侶ハ猶自教ヲ説クモ妨ナシトス。於是乎　場ノ説、神ヲ説キ仏ヲ説キ、念仏ヲ教ヘ陀羅尼ヲ勧ム。而其威儀ハ猶神礼ヲ用ヒ、其教帰ニ神典ニ本クト。宛然タル　大滑稽者場ニシテ、毫モ布教ノ場ニ似サルコト、其場ノ門外ノ景況ニテモ可知。

제4장

일본 근대 인도철학의 성립과 전개

I. 서언

일본 근대의 시작으로서 메이지 유신(1868년)은 일본사회 전체를 개조하여 새로운 시대로 나아가는 혁명이었다고 할 수 있다. 즉 메이지 유신은 260여 년 그 체제를 유지해 온 도쿠가와의 에도막부를 무너트리고 서양의 제국주의로부터 나라를 지키고자하는 새로운 정치개혁, 사회개혁이었다. 이러한 거대한 개혁의 흐름은 당연히 기존의 불교계에도 큰 영향을 끼쳤음은 말할 것도 없다. 하지만 메이지 시대의 시작은 불교계에게 있어선 사상초유의 불교박해를 몰고 올 가히 공포스러운 전조에 불과하였다. 이러한 불교박해를 지칭하는 폐불훼석(廢佛毀釋)의 폭풍우는 메이지의 시작과 함께 불어 닥치기 시작해 거의 10여 년에 걸쳐 불교계를 요동시켜 일본 사회 속에 불교의 위상을 에도막부와 비교해 180도 바꾸는 결과를 가져왔다. 물론 이 불교에 대한 탄압은 메이지 유신을 주도한 권력층의 정치, 사회 이념으로서 천황제 사회국가를 만들려는 신도국교주의(神道國敎主義)에 의거한 탄압이었지만, 이러한 탄압으로 일본의 불교계는 더 이상 국가적 보호를 기대할 수 없는 독자적인 위상을 갖추어야할 상황에 부딪친다. 따라서 불교탄압이라는 초유의 현상에 부딪혀 일본의 불교계는 새로운 위상을 구축하고자 많은 노력을 기울였고, 이러한 노력의 결과 불교계는 사회의 일원으로 그 인정을 받는 한편으로 도쿄대학에서 인도철학의 이름으로 불교학의 새로운 학문적 영역이 성립되기에 이른다.

본장은 메이지 유신 이후 도쿄대학에서 인도철학이라는 새로운 학문이 성립되는 역사적 계기와 그러한 계기를 만드는데 중요한 역할을 담당한 조동종의 학승 하라 탄잔(原 坦山, 1819-1892; 이하 명칭은 하라 탄잔 또는 탄잔으로 표기한다.)의 생애와 사상을 살펴보고자 하는 것이다. 일본에서 인도철학이란 말은 메이지 정부에 의해 설립된 도쿄대학에서 최초로 그 명칭이 사용되고 이후 실질적으로 오랜기간 그 명칭이 쓰였다. 그렇지만 메이지 유신에 성공한 신정부의 사상적 이념이 신도에 있었고 불교를 배척하는 풍조가 강한 사회적 흐름 속에서 실질적으로 불교학과 거의 대동소이하게 사용된 인도철학이 어떻게 국립대학에서 그 자리를 잡게 된 것일까? 그리고 그러한 학문의 정착은 실제 누구에 의해 어떻게 이루어지게 된 것일까? 이러한 의문을 해소시키고자하는 것이 본 장의 목적으로, 특히 인도철학이란 용어의 사용과 그 정착에 실질적으로 크게 역할을 담당한 하라 탄잔의 삶을 조명해 인도철학 성립의 구체적인 정황을 살펴보고자 한다.

II. 일본 근대 인도철학의 성립 배경

1. 메이지 유신과 불교계의 동향

일본의 근대를 알리는 메이지 유신은 불교계에 있어서는 악몽의 시작이었다. 곧 메이지 신정부는 국가의 정책의 방향을 천황을 중심으로 한 신도국교화의 입장을 취하여, 기존의 일본종교의 전통으로서 소위 신불습합(神佛習合)의 문화를 부정하고 신불분리(神佛分離)의 원칙에 근거해 종교정책을 시행하였다. 이 신불분리의 정책에 근거해 실시된 불교탄압의 운동이 일반적으로 폐불훼석의 운동으로, 이 폐불훼석의 불교탄압은 거의 전국적으로 확대되어 불교계는 큰 시련에 직면하게 된 것이다. 6세기 일본에 불교가 전래된 이래 에도막부에 이르기까지 큰 탄압을 받은 적이 없었고, 오히려 에도막부 때는 국교(國敎)의 지위까지 올랐던 불교가 메이지 유신을 기점으로 새로운 시련에 직면하게 되었던 것이다. 사찰과 신사가 공존하던 기존의 전통이 무너지고 사찰이 신사화되는 것은 물론 승려들은 환속을 하거나 신관(神官)으로 신분을 바꾸고, 또 사찰에 속한 물건들은 파괴되거나 소각되는 일이 빈번히 자행되었다. 그리고 신정부의 신불분리의 포고령은 각 지역의 종교정책과 맞물려 사찰을 합병하거나 파괴하는 일도 서슴치 않고 행해졌다. 일반적으로 널리 알려진 사찰통폐합의 시도로서 1870년 도야마번(富山藩)에서 실시한 일종일사령(一宗一寺令)은, 당시 번내에 있던 정토종 17개 절, 천태종 2개 절, 진언종 42개 절, 임제종 22개 절, 조동종 200개 절, 진종 1320여개 절, 일련종 32개 절 등 총 1630여개 절을 각 종단별로 하나씩 7개의 절로 합병시키고자 한 것이다.[1] 물론 이 시도는 불교계의 노력으로 무산되었지만, 이러한 극단적인 불교탄압은 각 지역적으로 차이는 있었다하더라도 거의 전국적으로 행해져 불교계는 실제 그 존폐가 의문시될 정도의 상황에 이르렀던 것이다.

하지만 이러한 불교탄압의 풍조 속에 불교계도 물론 좌시하고만 있지 않았다. 그리고 에도 시대 이후 장의불교(葬儀佛敎)의 전통 속에 조상의 위폐를 각 종단의 사찰에 모신 대다수의 불교신자들은 사찰의 통폐합과 파괴 등을 그냥 보고만 있지 않았고, 지역에 따라 불교신자인 단가(檀家)들과 사찰을 파괴 접수하려는 신도의 신관들이 대립하기도 하였다. 이러한 불교신자들의 대항과는 별도로 불교계 역시 신도국교화의 정치사회적 흐름에 대항하여, 에도 시대에는 상상할 수 없었던 새로운 불교연합체를 조직해 체계적인 대응을 시도하였다. 그것이 제종동덕회맹(諸宗同德會盟)이라는 협의체로, 메이지 초기 신불분리령이 내려지던 해에 뜻있는 불교가들에 의해 종단적 차원에서 결성된 조직체였다. 이 단체에는 종단별로 대표적인 불교가가 참여하였고, 특히 메이지 초기 불교계를 대표한 정토진종의 시마지 모쿠라이(島地默雷)와 후에 도쿄대학 최초의 불교학 강사이었던 탄잔도 이 회맹에 적극 참여해 불교의 존립을 위해 분투하였다. 제종동덕회맹은 이후 거의 5년정도 지속되면서 메이지 초기 폐불훼석의 광풍을 극복하는 중요한 역할을 담당하지만, 이 회맹은 단순히 불교탄압을 막는 것에 그치지 않고 불교의 새로운 방향성에 눈에 뜬 것에서 그 중요성을 갖는다고 할 수

---

1) 辻(1949) p.32 [가시와하라(2008) p.35에도 같은 도야마번의 사찰통폐합이 나타나지만 사찰 수에서는 차이가 있다.] 본서 〈제1장〉 각주(18) 참조.

있다. 다시 말해 이 회맹에서 논의된 중요한 8개의 과제 가운데는 당시의 불교탄압에 대응하는 논의가 당연 주제이었지만, 그것과 더불어 새롭게 학교를 만들어 운영하는 것이나, 각종단별로 인재를 등용해 키우는 것도 중요한 논의의 초점이 되었던 것이다.[2] 그리고 새로운 시대를 이끌 조직체나 인물을 양성하는 것을 전 불교종단이 공동의 목표로 정해 불교의 발전을 꾀하고자 하였다. 이러한 목표를 위해 종단 스스로 새로운 사회에 눈을 뜨기 위해 해외시찰을 통해 서구의 문물을 흡수하고자 하는 구체적인 행동도 나타나게 된 것이다.

종단 차원에서 해외의 문물에 눈을 떠 승려를 해외로 보낸 첫 케이스가 정토진종으로, 정토진종 서본원사파가 1872년 1월에 시마지 등을 서구에 파견하였고, 동본원사파는 그해 9월 서구의 종교사정을 알고자 사찰단을 보낸 것이다. 이 정토진종의 해외사찰단 파견은 당연 다른 종단들에게도 영향을 끼쳐 각 종단 차원에서 유능한 인재를 육성하는 하나의 계기가 되었다고 할 수 있다. 이렇게 종단 차원에서 육성된 인물로서 후에 불교학에 큰 족적을 남긴 대표적인 사람이 난조 분유(南條文雄)로서, 그는 1876년 가사하라 겐주(笠原研壽)와 함께 동본원사에서 영국에 파견되었다. 난조는 영국에서 산스크리트를 비롯해 서구의 새로운 불교학의 방법론을 배워 후에 도쿄대학에서 산스크리트를 가르친 최초의 인물로 간주된다. 이처럼 각각의 종단에서 파견되어 서구에 유학한 불교가들은 후에 새로운 교육령에 근거해 세워진 각 종

---

2) 제종동덕회맹의 8개의 과제는 ①王法佛法不離之論, ②邪教研窮毀斥之論, ③自宗教書研覈之論, ④ 三道鼎立練磨之論, ⑤ 自宗舊弊一洗之論, ⑥新規學校營繕之論, ⑦ 宗宗人才登庸之論, ⑧ 諸州民間教諭之論의 8가지이다. 8개과제와 관련해서는 본서 〈제2장〉 참조.

단의 종립대학 등에서 적극적으로 활약함으로써 일본의 불교학이 종학과 더불어 발전하는 기초를 닦았다. 불교 각 종단의 인재육성이 전종단적 차원으로 전개되는 과정에서 메이지 정부는 새로운 교육령에 근거해 1877년 최초의 관립대학으로서 도쿄대학을 설립하기에 이른다. 그럼 다음에서 이 도쿄대학 설립의 역사를 살펴보기로 한다.

2. 도쿄대학 설립의 전사(前史)

근대 일본 최초의 관립대학으로서 1877년 출범한 도쿄대학은 그 설립의 역사적 과정에서는 세 개의 학교가 하나로 통합된 것을 알 수 있다. 그것이 1868년 메이지 유신 이후 부흥하여 이름 붙여진 창평학교(昌平學校), 개성학교(開成學校), 의학교(醫學校)이다.[3] 이 창평학교는 에도막부 시기에 유학의 연구와 교육을 담당하였던 공식학문기관인 창평판학문소(昌平坂學問所)의 전통을 잇는 것으로, 에도막부 말기에 일시 폐쇄되었고 메이지 유신 이후 다시 부흥해 창평학교라 이름하였던 것이다. 이 창평학교는 메이지 유신 이후에도 유학의 교육을 담당하는 학교로서 역할을 하였지만, 밀려오는 서구문물을 받아들이고 이해하는데 거의 역할을 할 수 없는 상황에 처해 그 명칭이 대학교, 대학으로 바뀌는 가운데 1870년 폐지된다. 전통적인 한문에 의거하는 교육방식이 서양문물을 받아들이고 응용하는데 대응할 수 없음을 알고 새롭게 만든 기관이 개성학교의 전신이라고 할 수 있는 양학소(洋學所)이

---

3)   東京大學百年史(1986) p.412.

다. 이 양학소의 설립과 관련해 다치바나는 다음과 같이 말하고 있다.

> 서양의 군사기술을 도입하려는 욕구가 많았다는 점도 있어서 번
> 역수요가 급증하고, 이에 따라 전문기관을 설립하려는 움직임이
> 나타났다. 몇 가지 구상이 있었지만, 그것을 단순한 번역기관으
> 로 만들지 말고 그곳을 중심으로 널리 외국정보를 수집하고 연
> 구하고, 수집한 정보를 학습하고 어학을 가르쳐서 통역관이나 번
> 역관도 활발히 양성하자는 구상이 제시되었다. 그래서 생긴 것이
> 1855년(安政2)의 양학소이다.[4]

물론 이 양학소는 에도막부 말기에 서양의 문물을 수집하고 연구
하고 이해할 수 있는 총체적인 기관으로서 만들어진 것으로, 실제 외
국에 대항할 수 있는 능력을 키우기 위해 만들고자 하였던 것이다. 그
렇지만 이 양학소는 1857년 개교에 임해 번서조소(蕃書調所)로 명칭
이 바뀐다. 그리고 이 번서조소의 구체적인 조직을 기획하고 실행한 사
람이 당시 에도막부의 하급무사이었던 가츠 가이슈(勝海舟)로, 실제로
이 가츠는 후의 도쿄대학 기초를 닦은 인물로 간주된다.[5] 일본에서 최
초로 철학의 용어를 만든 니시 아마네(西周)나 후에 도쿄대학에서 〈불
서강의〉을 개설하는데 직접적이고 중요한 역할을 한 총장 가토 히로유
키(加藤弘之)도 이 번서조소에 입학한 학생이었다.[6] 이 번서조소가 후
에 양서조서(洋書調所, 1862), 개성소(開成所, 1863), 개성학교(1868),

---

4) 다치바나(2008) p.47.
5) 상동 p.51.
6) 상동 p.51.

(대학교분국[1869]), 대학남교(1869, 12월), 남교(1871년), 제1대학구제1
번중학(1872), (제1대학구)개성학교(1873), 도쿄개성학교(1874)로 이름
을 바꾸며[7], 후에 도쿄대학으로 통합된다. 이 도쿄대학의 설립에는 개
성학교의 전통을 잇는 대학남교에 대해 대학동교(大學東敎)의 명칭으
로 알려진 의학담당기구로서 도쿄의학교가 합쳐져 그 출범을 이루는
것이다. 이 도쿄의학교도 서양의 의술을 체계적으로 배우고자하는 목
적에서 설립된 에도 시대의 서양의학소(1861)의 전통을 잇는 것으로
이 서양의학소가 의학소, 의학교, 대학동교, 도쿄의학교로 그 명칭이
바뀌고,[8] 1877년 도쿄개성학교와 함께 도쿄대학으로 통합되는 것이다.

　　이렇듯 도쿄개성학교와 도쿄의학교의 통합으로 설립되는 도쿄대
학은 실제 개교이전에 어떠한 형태로 대학의 체제를 만들지에 대해 많
은 논의가 이루어졌던 것 같다. 1870년 2월에 제정된 대학규칙에 따르
면 대학의 학과는 교과(敎科)·법과(法科)·이과(理科)·의과(醫科)·문
과(文科)의 다섯 개로 나누는 구상이 이루어지고 있다.[9] 이 다섯의 학
과체계는 서양대학의 일반적인 학과체계로서 신(神)·법(法)·의(醫)·철
(哲)의 4학부를 받아들인 것이지만, 신학부를 교과로, 철학부를 문과,
이과로 나누어 5개의 학과로 삼은 것이라고 전해진다. 그리고 교과에
는 국학(國學)과 유학(儒學), 문과에서는 국사, 국문, 중국사, 한문을 가
리키는 것으로 정했다고 알려진다.[10] 여기에서 교과로서 국학과 유학
을 둔 것은 메이지 초기 신도국교화의 방침에 따른 정부의 종교적 이

---

7)　　상동 p.42.
8)　　상동 p.42.
9)　　東京大學百年史(1986) p.412.
10)　　상동 p.412.

념을 담당하는 학과로서 국학과 함께 유학을 개설하고자 했던 것으로 생각된다. 물론 이러한 5개학과의 구상 중 교과는 실제로 폐지되고, 도쿄대학의 설립 개교의 시점에서는 법과·이과·문과·의과의 4개학부가 출범하였다. 이 도쿄대학은 1886년 3월 제국대학, 1897년 6월 도쿄제국대학, 1947년 10월 도쿄대학[舊制], 1949년 5월 도쿄대학[新制]로 그 명칭이 바뀐다.[11] 그러면 인도철학의 학문이 언제 어떻게 도쿄대학 안에 정착하는지 다음에서 살펴보기로 한다.

3. 도쿄대학의 인도철학 강좌 개설

1877년 메이지 정부의 교육령에 의해 최초로 설립된 관립대학인 도쿄대학은 설립당시 법과(法科)·이과(理科)·문과(文科)·의과(醫科)의 4개학부의 조직으로 출범하였다. 이중 문학부에 해당하는 문과의 조직은 개교 당시 제1과에는 사학·철학·정치학이 포함되었고 제2과에는 화한문학과(和漢文學科)가 포함되어 있었다. 이 개교 당시의 조직은 거의 격년으로 그 조직이 바뀌고 있음을 볼 수 있다. 1885년까지 문과의 조직 변화를 보면 다음과 같다.[12]

> 1877년(개교 당시, 明治10) - 제1과 : 사학·철학·정치학; 제2과 :
>   화한문학과

---

11) 다치바나(2008) p.40.
12) 도쿄대학 조직변화의 대강은 앞의 책 東京大學百年史(1986) 참조.

1879년(明治12) 9월 - 제1과 : 철학정치학 및 이재학과(理財學
科); 제2과 : 화한문학과

1881년(明治14) 9월 - 제1과 : 철학; 제2과 : 정치학 및 이재학과;
제3과 : 화한문학과 [철학의 교과목에 〈인도 및 지나철학〉
의 교과목이 신설됨]

1882년(明治15) - 제1과 철학이 서양철학으로 개칭되고 인도철
학, 중국철학, 동양철학의 교과목이 개설 각각 담당교수가
선임됨.

1885년(明治18) 12월 - 제2과를 법정학부로 옮김. 문학부는 철학
과·화문학과·한문학과의 3개학과로 구성됨.

이와 같이 초기의 도쿄대학은 그 조직체계가 온전히 정비될 때까
지 빈번하게 조직의 변화가 이루어지지만, 이러한 변화 속에 불교학 강
좌가 개설되기에 이른 것이다. 불교학 강좌는 〈불서강의〉라는 이름으
로 1879년 조직개편 당시 문과의 제2과 화한문학과에 개설되었다. 이
〈불서강의〉의 강좌를 담당한 사람이 바로 조동종의 승려였던 하라 탄
잔으로, 그는 당시 대학의 총장이었던 가토 히로유키(加藤弘之)의 요
청을 수락해 〈불서강의〉를 담당하게 된 것이다.

당시의 대학총장이었던 가토는 그의 〈경력담〉에 의거하면, 서구
의 학문 문화를 적극적으로 도입하는 한편으로 '화한의 역사 문학 제
도 등을 가르칠 수 있는 교원이 부족하게 되는 것을' 우려하여 전통적
학문의 교육에도 힘을 쏟을 필요가 있었다고 생각해 불교의 교과목을

개설하고 여기에 하라 탄잔을 강사로 초빙하였던 것이다.[13] 이렇게 가토의 요청으로 탄잔의 〈불서강의〉가 이루어짐에 따라 도쿄대학에서는 최초로 불교강의가 이루어지고 이 때 처음 강의교재로 사용된 것은 《대승기신론》으로 주2회가 강의가 진행되었다고 한다.[14]

이 화한문학과의 〈불서강의〉 개설이 도쿄대학에서 불교학에 대한 강의가 시작되는 계기가 되고 그리고 이 불교학의 강좌는 1881년의 조직 개편 속에 철학과의 과목 중 인도철학의 이름으로 그 강좌가 이어지게 된다. 곧 1881년의 조직 개편으로 철학과의 과목 속에 〈인도및 지나철학〉의 교과목이 신설되고, 이때 신설된 교과목의 교재로 《유마경》과 《보교편》이 사용되었다. 그리고 1882년 철학과의 학과 개편에 임해, 철학을 서양철학과 인도철학, 중국철학을 포함한 동양철학으로 구분하게 된다. 따라서 동양철학은 이노우에 테츠지로(井上哲次郞), 중국철학은 나카무라 마사나오(中村正直), 인도철학은 하라 탄잔이 담당하고, 인도철학은 새롭게 강사로 임명된 요시타니 가쿠쥬(吉谷覺壽)가 탄잔과 함께 격년으로 담당하게 된다. 이렇게 인도철학은 철학과의 한 분야를 담당해 가며, 탄잔은 1888년 강사직에서 물러나고 1889년에는 요시타니가 물러난다. 그리고 1890년에 무라카미 센쇼(村上專精)가 강사직을 잇고 1899년에는 마에다 에운(前田慧雲)이 다시 강사직에 임명된다. 그리고 1904년에는 인도철학은 철학과 속에 전수학과(專修學科)로서 간주되어 학과로서 독립할 수 있는 기틀이 만들어진다.[15]

---

13) 木村(2002) p. 9.

14) 上同[뒤의 주(13)에서 알 수 있듯 1881년 교과과정개편에 있어 하라가 사용한 교재는 《유마경》과 《보교편》인 것을 알 수 있다.] [부록 2, 부록 3 참조.]

15) 인도철학이 철학과 속에 하나의 전수학과가 된 것은 1904년으로 나타난다.[東京大學百年史(1986), p.525; p.528(여기에서는 하나의 학과 〈一學科〉로 표기). 그렇지만 현재

이와 같이 도쿄대학에서의 불교학의 출발은 인도철학의 이름으로 시작되며, 초기의 인도철학은 조동종의 승려 하라 탄잔이 담당한 〈불서강의〉가 그 연원을 이루고 있다. 이 탄잔이 담당한 〈불서강의〉가 인도철학이란 이름으로 바뀌어 철학과의 과목 속에 들어가 이후 인도철학의 이름으로 지속되는 것이다. 그렇다면 하라 탄잔은 어떤 인물이기에 초대 관립학교인 도쿄대학에 〈불서강의〉를 담당하고 인도철학 성립의 주역인물로서 간주되었던 것일까. 그의 생애를 다음에서 살펴보기로 한다.

동경대학 공식 웹사이트에서는 1910년에 전수학과가 되어 하나의 독립된 학과가 된 것으로 나타나고 있다. http://www.l.u-tokyo.ac.jp/schema/history.html?page=1 공식 웹사이트에 의거하면 1910년 철학과에 전수학과로 인도철학이 분립되고, 문학과에는 범문학과가 전수학과로 분립되고 있다.

Ⅲ. 하라 탄잔의 생애와 역할

1. 하라 탄잔의 생애[16]

하라 탄잔

하라 탄잔은 1819년(文政 2년) 동북지방인 반성국(磐城國, 이와키노쿠니) 평촌(平村, 현재 福島縣 平市)에서 번사(藩士) 아라이 유스케(新井勇輔)의 장남으로 태어났다. 그의 집안은 비교적 유복하여 10세 전후에 에도로 나와 한학을 배웠다. 15세 전후에는 유시마(湯島)의 창평횡(昌平黌)에 입학하여 유학을 배웠으며, 1836년(일설 1840년)에는 의사가 되기 위해 다키 안슈쿠(多紀安叔)의 문하에 들어가 한방의 의학과 의술을 배웠다고 한다. 젊은 탄잔에게 정신적 충격을 받는 계기가 찾아온 것이 1840년경으로, 당시 그는 조동종대학림인 전단료(栴檀寮)에서 유교의 경서를 강의하고 있었다. 이때 탄잔은 학승인 다이쮸 교산(大中京璨)과 유불(儒彿)의 우열에 관한 논쟁을 벌여, 그에게 패하고 그것을 계기로 출가하게 된다. 이후 그는 여러 스승을 찾아다니며 공부를 계속한 뒤 에도로 나아가 그에게 출가의 계기를 만들어준 교산(京璨)의 법을 잇는다. 그리고 1856년 천황가와 관련있는 이조가(二條家)의 기원 절인 산성국(山城國) 백천(白川)에 있는 심성사(心性寺)의 주지가 되고, 이후 그의 이

---

16) 탄잔의 생애는 기본적으로 木村(2002)를 참조.

름이 점차 알려지게 된다. 그리고 서양의사인 고모리 소지(小森宗二)와 논전을 펼친 후 불교의 실증적인 면이 약함을 통감하고 서양의학을 공부하게 되는데 그 성과의 일단이 1859년 정리한 그의 저술 《심식론(心識論)》으로, 여기에서 그는 불교의 식(識) 개념들과 각(覺)과 불각(不覺)의 상태를 뇌와 척수 등의 작용과 관련시켜 서술하고 있다.

이후 1863년경에는 그가 주지로 있던 심성사와 관련이 있던 이조공(二條公)과의 논의 중 생긴 불미스런 일로 그는 한때 병원에 유폐되기도 하였지만, 후에 다시 에도의 장덕원(長德院)의 주지가 되었다. 1868년 메이지 유신이 일어나게 되었을 때 그는 불교계의 중진으로 폐불훼석에 대응해 활동하였고, 여러 종파가 합동으로 설립한 협의체인 제종동덕회맹에도 적극 참여하였다. 그리고 당시 불교의 여러 종파들이 합동으로 설립한 불교전수학교인 총횡(總黌)에도 강사의 일원으로 참여하였다. 총횡이 설립되던 전년 1869년에는 그간 자신의 저술을 합쳐서 《시득초(時得抄)》(이 책은 이미 간행된 《무명론》, 《원판심식론(原板心識論)》, 《재교심식론(再校心識論)》, 《노파신설(老婆新說)》, 그리고 새롭게 저술한 《뇌척이체론(腦脊異體論)》, 《혹병동원론(惑病同源論)》의 합본)라는 이름으로 출간하고, 당시 여러 인사들에게 그 증정본을 보냈다. 1872년 메이지 정부는 교부성(敎部省)을 설치하여 불교각 종단에 교도직(敎導職)을 10명씩 임명하도록 하는 포고를 내렸는데, 탄잔은 이때 조동종단에서 임명한 10명 중의 1인으로서 교도직을 담당하였다. 그렇지만 교도직의 대강의(大講義)에 임명된 뒤에 뜻하지 않은 실수가 원인이 되어 그는 교도직을 물러나게 된 것은 물론 조동종의 승적도 박탈되는 상황에 이르게 되었다.[17] 이후 그는 1880년 조동종의 승적을 회복하기까지 역술인(易術人)의 신분으로 지냈고, 이 승적이 없던 시기에 도쿄대학의 〈불서강의〉의 강사로 임용된다. 그리고 1873년에는 자신이 쓴 《불법실험록》을 《심성실험록》이라 이름을 바꾸어 출간하는데 이 책은 후년 그의 대표적인 저술로 간주된다. 그는 이 책에서 내외의 의학서와 후쿠자와 유키치의 《서양사정》을 거론하고, 지각, 감각, 의식, 운동 등을 뇌, 신경, 척수 등과 관련된 서양의학의 신체론·정신론을 불교의 3심[不覺心·和合心·淨覺心] 및 5식설과 비교해 비평을 가하고 있다.[18]

　　1877년 도쿄대학이 설립된 후 2년 뒤 1879년 새로운 학과조직 개편에 임해 당시 총장이었던 가토 히로유키(加藤弘之)는 새롭게 〈불서강의〉 교과목을 개설토록 하고 그 강사의 역할을 탄잔에게 요청하였다. 탄잔은 이 요청을 받아들여 도쿄대학의 화한문학과 강사가 되었고, 그는 《대승기신론》을 강의 교재로 사용하였다. 그리고 2년 뒤 1881년 대학조직의 개편으로 철학과가 제1과로서 독립하고 〈인도 및 지나철학〉이라는 이름의 교과목이 개설되었을 때, 탄잔은 강의교재로서 《유마경》과 《보교편》을 사용하였고, 이때 이미 〈불서강의〉의 이름을 인도철학이란 말로 바꾸어 사용하였다.[부록 2, 부록 3 참조] 1882년 학과조직의 개편에 따라 철학과가 서양철학으로 개칭되고, 또 동양철학이 증설되면서 처음으로 인도철학은 지나철학과 함께 정규의 교과목으로

---

17)　1873년 후반 당시 교부성의 가장 중요한 일인 '3조교칙'의 업무에 대해, 탄잔에게 종단의 '3조교칙' 관련 출판물 신고의 실수에 대해 출판 관련 법령의 위반죄가 물어졌다. 이것은 탄잔이 종단의 업무에 약간 소홀했던 것으로 비춰지며, 이 법령위반으로 인해 교도직은 물론 승적 박탈까지 이루어지게 되었다.[オリオン(2012) p.60.]

18)　木村(2002) p.8.

독립하게 된다. 이때 탄잔과 더불어 새롭게 인도철학의 강사로 임명된 사람이 요시타니 가쿠쥬(吉谷覺壽)로, 그와 함께 격년으로 과목을 담당하게 된다.

1883년에는 조동종의 영평사(永平寺) 관수(貫首)를 뽑는 선거가 치뤄지는데 탄잔도 그 후보자 1인이 되고 투표결과 득표수는 제7위에 올랐다. 1884년 일본 철학계에 최초의 학회조직인 〈철학회〉가 결성되고, 초대회장으로서는 도쿄대학 총장인 가토가 선출되고, 다음해 잡지 〈철학회잡지〉가 발간되었다. 이 철학회의 활동에도 탄잔은 적극 참여하였다. 1885년 영국에 유학하고 돌아온 뒤 정토진종 대곡교교(大谷敎校)의 교수가 된 난조 분유(南條文雄)를 강사로 초빙해 도쿄대학에서 최초로 범어학 강의가 시작된다. 강사가 된 난조는 이 때 67세가 된 탄잔에게 자작의 시를 보냈고 이에 대해 탄잔은 그 시에 대한 평을 하는 대신 다음과 같은 시를 보냈다고 한다.[19]

英雄古今有家風 영웅고금유가풍
獨把梵書立宇中 독파범서입우중
君是後生可畏者 군시후생가외자
何須老朽贊成功 하수노후찬성공

영웅, 예나 지금이나 가풍을 가지는데,
홀로 범서를 독파해 우주에 섰네.
그대는 실로 후생가외자이니,

---

19) 木村(2002) p.10.

어찌 모름지기 늙었다고 성공을 기리지 않겠는가

탄잔은 이 해 10월 추천을 받아 학사원(學士院) 회원이 되고, 이후 학사원에서도 여러 차례에 걸쳐 강연을 한다. 1888년 탄잔은 도쿄대학 강사직을 사임한다. 그리고 이 해에는 일찍이 간행된 자신의 주저서인 《심성실험록(心性實驗錄)》에 대해 후쿠다 교카이(福田行誡)가 비판한 글에 대해 《심성실험록비판최후비(心性實驗錄批判最後屁)》라는 비판의 글을 발표하였다. 1891년에 탄잔은 조동종대학림의 총감에 부임하고 1892년에는 '조동종관장사무취급'의 역을 담당하였다. 재임 1개월만에 사임하고, 이해 7월 27일 죽음에 임해 자신의 제자들에게 '즉각임종'의 뜻이 담긴 사망 통지서를 쓰게 했다고 한다. 죽음에 임해서는 임석한 제자에게 "사후지사부하위(死後之事復何爲)"라는 말을 쓰게 하고 눈을 감았다고 한다.

2. 인도철학 성립에 있어 하라 탄잔의 역할

도쿄대학이 설립된 후 2년 뒤인 1879년 대학조직 개편에 의해 〈불서강의〉가 이루어져 하라 탄잔이 그 강의를 담당한 것이 실제 근대일본의 인도철학 출발의 기원이라 할 수 있다. 이 〈불서강의〉의 개설에는 당시 초대 총장인 가토 히로유키의 확고한 철학과 의지에 의한 것임을 알 수 있다. 당시 법학박사와 철학박사의 학위를 가지고 있던 총장 가토는 철학에 대한 신뢰를 가지고 당시 불교의 가르침을 철학적으로 이해한 사람으로서 탄잔을 대학의 강사로 요청하였던 것이다. 탄잔은 〈불서강의〉의 요청을 수락해 강의에 임하였고, 그가 최초로 선택한 교재는 《대승기신론》이었다. 그리고 1881년 학과의 개편에 따라 〈인도및지나철학〉의 학과목이 개설됨에 있어 탄잔은 교과목으로 《유마경》과 《보교편》을 선택하여 강의하였음을 알 수 있다.[부록1, 부록2 참조]

　　이 교과목 변경과 관련한 개정의 취지문을 보면, 이미 〈불서강의〉의 교과목 명칭을 인도철학으로 바꾸고 있는 것을 알 수 있지만, 여기에는 뒤에서 보듯 인도철학의 이름으로 불교학 내지 불교철학을 지칭하고자하는 의도가 담겨있었던 것으로 생각된다. 그리고 새로운 교과목으로 체택한 《유마경》과 《보교편(輔敎編)》 가운데 《보교편》은 송나라 계숭(契崇)이 유불의 조화를 위해 쓴 책이지만,[20] 이 《보교편》은 당시 학생들이 너무 쉽게 이해한 듯하며, 따라서 탄잔은 그것을 《대승기신론》으로 바꾸고, 이후 1885년에는 《원각경》과 《대승기신론》으로 교재를 삼았다. 이렇게 초창기의 인도철학이라는 이름이 불교학을 지칭한 것에 대해서는 탄잔이 1884년(明治17) 도쿄대학철학회에서 〈인도철학의 제학과 그 차이(印度哲學の諸學と徑庭ある說)〉[부록3 참조]라는 강연의 글에서 "인도철학(즉 불교)의 대략은 교·리·행·과의 4종으로 나뉘며, 제1의 교는…."[21]이라고 하여 인도철학은 불교를 지칭한 것에서도 확인할 수 있다. 그리고 탄잔은 불교를 실험적이고 철학적인 관점에서 중시하여 심성실험 또는 심성철학이란 말로 표현하고 있다. 곧 그가 남긴 〈인도철학의 요령(印度哲學の要領)〉(1887년)[부록4 참조]이라는 글에서 그는 다음과 같이 말하고 있다.

---

20) 《보교편》은 송나라 계숭이 쓴 책으로[가마다(1985) p.190외], 解說事典(1977)에 의하면 《보교편》은 전 10권으로 송의 明敎가 찬한 것으로 나타나고 있다.(p.453.)
21) 全集(1985) p.29.

인도는 상고(上古)로 문화의 면에서 들을 것이 많은 나라로, 지금 유행하는 종교 가운데 불교 유태교 등이 가장 상고에 속한다. 지금 불교의 성질을 살펴보면 석가씨는 자성의 실리를 발명하여 불교를 만들어, 심성의 실험을 보리·열반·진여·불성이라고 이름하고 각종으로 교화하였다. 그런데 석가의 출세는 상고 아직 미개한 시대로 사람들 모두 기괴불사의한 것을 받들고, 마침내 그것을 서로 뒤섞게 한 것으로, 진여·보리 등은 기괴불사의한 것이 아니고, 후세 학과분립에 이르러서는 모두 실험을 기초로 하는 것으로부터 대체로 종교로서 받아들이게 되지만, 그렇더라도 불교는 다른 종교와 같이 유명항망(幽冥荒茫)한 믿음을 목적으로 하는 것이 아니고, 올고트씨가 말하는 "'레리지옹(종교)'이라는 것을 불교에 쓰는 것은 타당치 않고, 불교는 오히려 도의철학으로 칭해야만 하는 것"이지만 나는 바로 심성철학이라는 것이 적당하다고 생각하며, 본교에서 인도철학이라고 개칭하는 것은 지극히 당연하다고 생각하며, …. [22]

이렇게 탄잔은 불교를 심성의 실험적이고 철학적인 측면에서 파악하며, 그런 의미에서 불교를 인도철학으로 명명하는 것에 대해 지극히 당연한 입장을 취하고 있다. 이와 같이 탄잔이 불교를 철학적인 관점에서 파악하고 따라서 인도철학이란 말로서 이해하며 아울러 불교가 인간의 마음에 대한 철학적 고찰을 행하는 지적(智的)인 종교라는 말도 곳곳에서 사용하고 있다. 그는 인도철학이라는 학문과 관련해 불

---

[22]   全集(1985) pp.54-55.

교에 대해 1885년의 글 〈학교의 이동 불교제교의 이동(學敎の異同佛敎諸敎の異同)〉(부록 5)에서 다음과 같이 말하기도 한다.

> 학문이란 실험·사적[사색]·비교의 3법을 정밀하게 사용해 사물의 진리를 규명하는 것을 말하며, 학문의 목적은 지(智)에 있고 교법의 목적은 신(信)에 머문다고 하는데, 이것은 아마도 서양의 제교가 모두 천주상제(天主上帝)를 귀의처로 하는데 인간의 견문각지가 미치지 않는 바라면 신에 머무는 것에 해당하지만, 그렇더라도 불교도 그와 동일하게 신에 머문다고 하긴 어려운 일이다. 왜냐하면 불교나 불도(佛道)나 불학(佛學)이라는 것은 모두 고래로 통칭해온 바, … 불씨(佛氏)의 경론에 신해행증(信解行證)의 차서가 있어 신을 초급이라 하고 증을 마지막이라 하며, (信을 가명 또는 명자라해도 참된 불자라고는 하기 어렵고) … 서양제교에서 견문각지(見聞覺知)외에 천주상제를 구하는 것과 같은 것은 아니며 …, 불학이나 불교 모두 해당하며, 하물며 불씨의 최상 결과를 구경각(究竟覺)이라 하며 무상지(無上智)라 하여, 결코 견문각지 외에 있는 것은 아니며. …[23]

곧 여기에서는 불교를 불도 또는 불학이라 표현하며, 불교의 본질은 신해행증의 증의 경계에 도달하는 것으로, 이것은 믿음의 경계와는 다르고, 그와 더불어 믿음을 강조하는 서양의 제교와도 다르다는 입

---

23) 全集(1985) pp.51-52. オリオン(2012) pp.68-69.(〈第1章〈日本佛敎〉以前; 原坦山と佛敎の普遍化〉).

장을 취하고 있는 것이다. 이와 같이 불교가 믿음의 경계 이상으로 인간 마음의 지력(智力)을 중시하는 종교라는 의미는 이후 도쿄대학에서 탄잔의 강의를 들은 여러 제자들에 의해 불교의 특징으로 간주되어, 메이지 시대 위축된 불교의 위상을 되살리는 하나의 계기를 만들기에 이른다. 곧 탄잔 이후 지력의 불교를 주장하여 메이지 불교계에 중요한 역할을 담당했던 이노우에 엔료(井上圓了) 또한 탄잔의 강의를 듣고 그로부터 영향을 받았을 가능성도 제기되고 있다.[24] 곧 탄잔은 불교의 철학적 성격에 대한 탐구를 통해 서양의 과학적 방법론에도 맞설 수 있는 확실한 교학적 체계를 조직하고자 애를 썼으며, 이러한 노력은 메이지의 초기 불교학자로서 그 위상을 확실히 구축하였다고 할 수 있을 것이다.

이렇게 불교를 인도철학으로 표현하면서 불교를 인간 내면의 심성에 대한 철학적 이해로 간주한 것은 하라 탄잔에게서 볼 수 있는 하나의 특색이라고 할 수 있다. 하지만 이렇게 불교를 인도철학이라고 표현한 것에는 당시 서구의 문물이 들어오면서 새롭게 일본의 종교계를 압박한 기독교계의 신교 자유론과도 관계가 있었다고 하는 견해도 제기되고 있다. 이것은 메이지 유신 전까지 공식적으로 신앙상 금지되어 있던 기독교가 메이지 유신 이후 서양의 여러 나라들과의 관계에서 종교 신앙의 자유에 대한 요구와 관련이 있다고 하는 입장이다. 이것에 대해 일본불교계를 대표하는 학자로 간주되는 우이 하쿠주는 다음과 같이 말하고 있다.

---

24) オリオン(2012) p.70.

그러나 '불교철학'이라는 말을 쓰게 되면 당시는 기독교와의 관계상 곤란하게 되었던 것으로, 그래서 불교는 인도의 철학인 까닭에 마침내 인도철학이라는 이름이 발명된 것이다. 따라서 당시 인도철학이라는 이름은 실로 불교철학을 의미하며, 후에 이것이 강좌의 이름으로 되었던 것이다.[25]

여기에서도 초기의 인도철학은 불교철학을 지칭하는 말이었음을 알 수 있고, 또 그런 의미에서 인도철학의 교과목으로 불교의 경론이 채택된 것도 당연한 일이었다고 생각된다. 이와 같이 불교철학을 대신하는 의미로서 도쿄대학의 개교초기부터 사용되던 인도철학의 이름은 철학과 속에서 독립된 교과목으로서 철학과 학생들이 배우는 과목으로 자리 잡아 강의가 이루어졌다. 곧 인도철학이란 말은 불교학 내지 불교철학의 의미를 가지며, 이것이 학문적으로 뿌리를 내리는 데 하라탄잔의 역할은 지극히 컸고, 그에 의해 인도철학의 용어는 더욱 학문적으로 전개되는 계기가 마련되었다고 할 수 있다.

---

25) 宇井(1976) p.500.

Ⅳ. 도쿄대학 인도철학·범어학의 전개

앞에서 살펴본 대로 도쿄대학의 인도철학은 하라 탄잔의 〈불서강의〉에서 출발하여, 인도철학으로서 독자적인 강좌를 갖는 오랜 역사를 가지고 있다. 이러한 역사 속에 인도철학이 본격적으로 학과의 개념을 갖는 것은 1904년(明治37) 전수학과가 됨으로서 가능해지고, 또 당시 범어학(梵語學)강좌를 담당하고 있던 다카쿠스 준지로가 1906년 9월 '인도철학종교사'의 교과목을 개설함으로써 독자적인 인도철학 강좌의 효시(嚆矢)를 이루게 되었다.[26]

　　도쿄대학의 범어학은 1885년(明治18) 개설되는데, 최초의 강사로서는 1884년 8년간의 영국유학을 마치고 돌아온 난조 분유(南條文雄)가 담당하였다. 난조는 정토진종 대곡파의 승려로서 영국 옥스퍼드에 유학한 근대 최초의 서양 유학생 중 한 사람으로 근대일본에서 범어를 강의한 최초의 인물로 간주된다. 난조는 1891년까지 도쿄대학에서 범어를 가르친다. 난조 이후 범어학은 일본인 담당자 없이 독일인 플로렌츠(Karl Adolf Florenz, 1865-1939)가 담당하고, 다시 일본인교수가 담당하게 된 것은 다카쿠스 준지로가 유럽 유학에서 돌아온 1897년으로 6년 만에 일본인 교수가 담당하게 된다.[27] 다카쿠스는 1899년 10월 박언학과(博言學科) 교수가 되고, 1901년에 범어학 강좌가 개설되는데 초대교수가 된다. 범어학은 1904년 도쿄대학의 조직 개편중 문학과의

---

26)　東京大學百年史(1986), p.528.
27)　상동 pp.544-545.

범문학(梵文學)으로 바뀌며, 1910년에는 문학과의 전수학과로 간주되고, 1918년(大正7)에는 범문학강좌가 범어학범문학강좌로 개칭된다.

일본에서 인도철학의 실질적인 효시로서 간주되는 다카쿠스의 '인도철학종교사'는 1912년 기무라 타이켄(木村泰賢, 1881-1930)이 강의를 이어받아 일본의 인도철학 연구를 한 차원 높이는 중요한 역할을 담당한다. 기무라는 다카쿠스의 제자로서 다카쿠스와 공저인《인도철학종교사》를 출간하고(1914년10월), 1915년 5월에는《인도육파철학》을 출간한다. 이《인도육파철학》은 그 다음해인 1916년 제국 학사원으로부터 은사상(恩賜賞)을 받아 그때까지 출간된 인도철학 불교학 분야의 최고의 책으로 인정받았다. 기무라는 1930년 도쿄대학 재직시 타계하고, 그 뒤를 이어 우이 하쿠주(宇井伯壽, 1882-1963)가 도쿄대학 교수로 그 직을 이었다. 이렇게 인도철학의 강좌가 철학과 내의 독립적 의미를 갖는 전수학과의 강좌로 진행되었지만, 인도철학의 강좌가 독자적으로 학과차원으로 독립되어 강좌가 개설되는 것은 외부의 기부에 의해 이루어진다. 그 최초가 1917년(大正6년) 실업가인 야스다 젠지로(安田善次郎)의 기부에 의해 인도철학강좌가 개설되고 초대교수에는 무라카미 센쇼가 취임하게 된다.[28] 이어서 1921년에는 일본불교계의 거목으로 선승(禪僧)인 샤쿠 소엔(釋宗演)의 기부에 의해 인도철학 제2강좌가 개설되고, 1926년(昭和1)에는 국비에 의한 인도철학 제3강좌가 개설되기에 이른다.

이렇게 3개의 강좌를 갖는 인도철학과는 1932년 범문학과와 합

---

28) 스에키는 도쿄대학의 불교학 전개를 3기로 나누는데 제1기의 끝을 1917년 기부강좌에 의한 독립학과 개설까지, 제2기의 끝은 태평양 전쟁 패전, 제3기는 패전이후로 나누고 있다.[스에키(2009) pp.204-223.]

쳐져 인도철학범문학과로 명명되었고, 1946년에는 인도철학은 철학과로, 범문학은 문학과로 귀속되었다 1949년 다시 인도철학범문학과로 편성되고 또 이 인도철학범문학과는 1963년 인도철학·인도문학 전수과정으로 개칭되기에 이른다. 그리고 인도철학의 제3강좌는 1954년 종교학종교사의 제2강좌로 옮겨가게 되지만, 1971년 인도철학 내부에 일본불교사강좌가 증설됨에 따라 사라진 인도철학 제3강좌가 부활한 의미를 갖기에 이른다.[29]

---

29) 東京大學百年史(1986), p.526.

V. 결어

일본 근대 인도철학의 이름으로 출발한 불교학은 도쿄대학에서 하라 탄잔이 〈불서강의〉를 담당하는 것으로부터 시작되었다. 1877년 설립된 도쿄대학은 2년 뒤인 1879년 학제개편에 따른 학과개편에서 〈불서강의〉라는 이름으로 강좌가 개설되었고 여기에 하라 탄잔이 강사로 취임하였던 것이다. 하라 탄잔은 이미 젊은 시절부터 서양학문이나 의학에 관심을 가지고 연구하였으며, 거기에 보이는 실험이나 관찰 등의 방법을 불교사상의 이해에도 접목시켰다. 그러한 태도에 의거해 그는 불교 속에 철학적인 체계가 있음을 확인하였고 동일한 종교라 하더라도 믿음을 강조하는 기독교와 분명한 차이를 인식하고 있었다. 탄잔의 이러한 철학적 탐색의 자세가 아마도 초대 도쿄대학의 총장이었던 가토 히로유키에게도 영향을 주어 탄잔을 도쿄대학 강사로 초빙하는 계기를 만들었다고 생각된다. 이렇게 탄잔에게 보이는 불교의 과학적이고 철학적 측면을 중시하는 입장이 도쿄대학의 철학과에서 인도철학이란 이름으로 정착되고, 그것이 후에 학과의 명칭으로 독립하게 되는 것이다. 인도철학과라는 이름으로 학과가 독립하는 중요한 계기는 1904년 철학과내에 전수학과가 되어 그 기초가 형성된 뒤에 1917년 외부의 기부금으로 인해 정식 학과가 출범하는데 연유한다. 곧 개인에 의한 두 차례 기부금에 의한 강좌와 국가에 의한 강좌개설의 전체 3개의 강좌를 갖는 인도철학과가 본격적으로 출범하게 되는 것이다.

이상에서 보았듯이 일본에서 초창기의 인도철학은 불교학 내지 불교철학의 이름으로 강좌가 개설되고 진행된 것으로, 이렇게 불교학으로서 인도철학의 전개에 절대적인 역할을 한 사람이 바로 하라 탄잔이었다. 최초로 불교강좌를 담당한 이래 인도철학이란 이름으로서 학문적 지속이 이루어진 것에는 탄잔의 불교에 대한 열정이 있어 가능했다고 생각된다. 그는 조동종의 승려로서 메이지 초기의 폐불훼석의 시련 속에서도 불교를 위한 열정을 불태우고, 도쿄대학에 최초로 불교학 강사가 된 뒤에도 불교학과 인도철학의 정착을 위해 많은 노력을 기울였다. 그는 도쿄대학에서 거의 생애의 마지막까지 강의를 담당하고, 대학의 강의를 그만둔 뒤에도 조동종의 승려로서 그 역할을 다하였다. 그와 같은 탄잔의 불교에 대한 정열과 열정이 있었기에 일본 근대 폐불훼석의 불교탄압 분위기 속에서도 불교가 새롭게 인식되어 서양의 종교와 우열을 논할 수 있는 수준으로 불교의 위상이 높아졌다고 생각된다. 이렇게 탄잔에 의해 정착된 인도철학은 이후 불교학의 색체를 벗어나 독자적인 인도철학의 전개로 이어진다. 이러한 독자적인 인도철학의 전개로서는 1906년 다카쿠스에 의한 '인도철학종교사'강좌의 개설이 꼽히며, 이 강좌의 개설이 실제 일본에서 본격적인 의미의 인도철학의 출범이라고 간주되는 것이다.

동경대학인도철학과업서개정취지

明治14년(1881) 10월 불교를 인도철학이라 칭하고, 본학과의 정규과목으로 추가하는 것에 있어 교과서에 대해 의논한 결과 13부를 골라 그중 소생이 담당한 교과서는

《유마경》,《보교편》

이 2부로 정해, 격년으로 그것을 강의해온 바, 16년(1883) 9월《보교편》을 강의하는데 있어 생도의 요구에《보교편》은 평이하여 힘든 바 없어 좀 더 고상한 책을 강의하길 바라는 바,《대승기신론》으로 그것을 바꾸니, 이에 생각건대 본학과의 생도는 다른 학문에 대한 여력을 가지고 그 진보가 신속한 것을 생각해, 총체적으로 불교는 사람의 근기에 응하는 까닭에, 당학기부터

《대방광원각경(32면)》,《대승기신론(24면)》

이 2책으로 개정하고, 종전의《유마경》과《보교편》은 폐지한다. 대체로 불교의 장점은 일심을 연마연구하여 그 묘처에 도달하는데 있고, 그 단점은 황당만연으로 인간상의 실리에 위배되는데 있어, 대체로 그 단점은 전기 역술의 제씨가 그 교를 장식하는 것으로부터 일어나며, 그 장점은 그것을 수득하는 자가 적어, 그리하여 위의 2부경론은 일심상의

정리 실예를 넘어 황당한 설이 없어, 이에 소생 본학과의 부담의 분을 2책으로 개정하는 뜻 여기에서 밝히는 바이다. - 명치18년(1885) 8월 (교학논집) -

[부록 2]

○東京大學印度哲學科業書改正旨趣

明治十四年十月佛敎を以て印度哲學と號し,本學正科に加ふべきに付敎科書の儀御議談の節,十三部を撰出し其中小生受持敎科書、

維摩經　　輔敎編

右二部と定め隔年學期に之を講授し來り候處,十六年九月輔敎編を開演するに當り,生徒の請求に輔敎編は平易にして講授を勞するに及ばず,更に高尙の書を講授せられたしと乃ち大乘起信論を以て之に換ふ,是に於て察するに,本學の生徒は他學の餘力あるを以て其進步の迅速なるを覺ふ,總て佛敎は人機の智度に應ずるが故に當學期より

大方廣圓覺經三十　　大乘起信論二十

右二部に改正し,從前の維摩經輔敎編を廢止仕度,大凡佛敎の長所は一心を鍊磨研究し,其妙處に達するに在り,其短所は荒唐濫漫,人間上の實理に乖違するに在り、蓋し其短所は傳記譯述の諸氏,其敎を裝飾するに過るより起り,其長所は之を修得するもの少なく,而して右二部の經論は一心上精理實詣絕へて荒唐の說なし,是によりて小生本學負擔の分右二部に改正仕度,此段上申仕候也、

明治十八年八月（敎學論集）

（二）印度哲學の要領

印度は上古に文化の聞へある國にて、當今に流行する所の宗教中、佛教猶太教等最も上古に屬す、今佛教の性質を察するに、釋迦氏自性の實理を發明して佛教を設け、心性の實體を菩提涅槃眞如佛性と名づけて種々に敎化せられたり、而して釋迦の出世は上古草味なるが故に人皆奇恠不思議を奉崇し遂に之を混淆附會したる者にして、眞如菩提等は決して奇恠不思議なる者に非ず後世學科分立するに及んて、皆實驗を基礎とするより、概して宗教として閣置せらるゝに至れり、然とも佛教は他の宗教の如く幽冥荒茫信を目的とするにあらず、ヲルコット氏曰く「レリジョン」(宗教)と云語は佛教に用ゆると妥當ならず佛教は寧ろ道義哲學と稱すべきなりと、余は直ちに心性哲學といふを適當とす、而して今其要領を説かんと欲するに、人類對機の大略を説かざるを得ず先づこれを大別して五種とす、曰く人間天上聲聞緣覺・

（五）印度哲學の諸學と徑庭ある説（明治十七年三月二十日東京大學哲學會の演説）

印度哲學即ち佛教の大略に、敎・理・行・果の四種を分つ、第一敎。とは釋迦氏の自證覺智を以て施設する所其主眼は人々本具の最上智德を發明せしめ極妙樂地に安住せしむるに在り。

（九）學教の異同佛教諸教の異同（九月廿一日東京大學哲學會講演）

近來學教の異同を論辨するの説あり（學藝志林第九十四冊記載加藤博士の所論）

實に當今一大家の論辨學問教法の針鑷點眼といふも過賛にあらざるべし、然れども佛教の爲めに一二辨ぜざる可らざるものあり、其説に曰く、學問の目的は智にあり、教法の三法を精密にし、事物の眞理を究明するを學問と云ふ學問の目的は智にあり、教法の目的は信に止まると、是れ蓋し西洋諸教皆天主上帝を歸所となし、人間の見聞覺知の及ばざる所となせば信に止まるといふこと當れり、然れども佛教も之と同じく信に止まるとは云がたし、何となれば佛教といひ佛道といひ皆古來通稱し來れり、而して共に釋迦氏を教祖とす（當今十三宗）且佛氏の經論に信解行證の次序あり信を初級となし證を終位となす（信を假名と云名字と云未だ眞の佛者と云がたし故に能入の門と云道の源と云初中後皆一心を出でず西洋諸教の見聞覺知の外に天主上帝を求むるが如きにあらず、且佛教と云皆當れり、况んや佛氏の最上結果を究竟の四法あり然らば則ち佛學と云佛教と云教理行果の三學あり教理行果覺と云、無上智と云佛智見と云決して見聞覺知の外に在る者にあらず然れども後

제5장
일본 최초의 〈인도철학사〉 강의록에 대한 일고찰

Ⅰ. 서언

본서 제4장에서 일본 근대기의 불교학의 전개로서 인도철학의 성립과 전개에 대해 살펴보았다. 이러한 고찰을 통해보면 일본의 불교학은 인도철학이라는 이름으로 성립 전개되어 일본 근대사상계에 중요한 역할을 하였음을 알 수 있다. 이렇게 불교학의 학문이 인도철학의 이름으로 전개하는 데는 근대 초기의 폐불훼석(廢佛毀釋)으로부터 전개되는 메이지 초기의 정치와 종교의 복잡한 관계가 담겨져 있지만, 또한 그것은 근대기의 불교탄압을 극복하고 불교가 일본 사회에 정착을 알리는 중요한 의미도 가진다고 할 수 있다. 하지만 오늘날 일반적으로 인도철학이라는 명칭을 사용할 때는 그 학문적 성격이 불교에만 국한되지 않고 인도의 다양한 철학사상에 대한 학문을 지칭하는 것이 일반적이다. 그렇다면 일본 근대기에 있어 이러한 인도철학의 용어가 불교학을 의미하지 않고 순수한 인도의 철학이란 의미로 사용된 것은 언제부터라고 할 수 있을까? 이것에 대해서는 본서 제4장에서 밝혔듯[1], 1906년 다카쿠스 준지로(高楠順次郎)가 도쿄대학 내에 '인도철학종교사'강좌를 개설한 것에 연유하는 것이 지금까지의 일반적인 인식이었다고 할 수 있다.

다카쿠스 준지로는 실제 일본 근대기에 불교학과 차별되는 순수한 인도철학의 학문을 출범시키는데 중요한 역할을 담당하였다. 그는 인도철학의 이름으로 불교학의 전개가 이루어지고 있는 가운데 1901

---

1) 본서 pp.94-95.

년 도쿄대학 문과대학 내에 범어학(梵語學)강좌를 개설하여 담당한다. 1904년에는 인도철학이 철학과 내에서도 일종의 전공과목에 해당하는 전수학과(專修學科)로 지정되어 그 중요성의 의미가 더해지며, 마침내 1906년 인도철학의 교과목으로 '인도철학종교사'의 강좌가 개설되어 다카쿠스가 담당하게 된다. 이 강좌는 1912년 기무라 타이켄(木村泰賢)이 이어받고, 그 강좌의 결과물로서 《인도철학종교사(印度哲學宗教史)》(1914년 10월)가 다카쿠스·기무라의 공저로 출간된다. 이 책은 인도문명의 시발로서 그 토대가 되는 베다와 우파니샤드의 철학 정신을 원전해석을 통해 분석 정리한 것으로, 이후 일본 인도철학연구의 기초적인 토대자료가 되었음은 물론이다. 그리고 인도철학의 연구는 계속 이어져 기무라는 1915(大正4)년 역사적인 결과물로서 《인도 육파철학(印度六派哲學)》(1915년 5월)을 출간하게 된다. 이 책은 1916년 6월 제국학사원(帝國學士院)으로부터 은사상(恩賜賞)을 받은 일본 근대기의 인도철학 불교학 관계의 저술 중에 가장 큰 영광을 얻은 책으로 간주되고 있다.[2] 1879년 도쿄대학에 불교강좌가 개설되고 1881년 인도철학의 이름으로 불교학이 전개된 이래 가장 훌륭한 연구의 결과물로 인정받은 것이다.

　　이와 같이 일본 근대기에 있어 인도철학은 오랫동안 불교학의 다른 이름으로 사용되고 마침내 인도철학 고유의 학문에 대한 연구로 정착하게 되는 것을 알 수 있다. 이렇게 일반적으로 다카쿠스 준지로에 의한 '인도철학종교사'강좌가 순수인도철학의 출발로 간주되는 것이 지금까지의 일반적 이해였지만, 이미 그 이전에 순수인도철학에 대한

---

2)　　木村(1968) p.513.

연구와 강의가 이루어졌다는 사실이 새롭게 알려지고 있다. 그것은 이마니시 준기치(今西順吉)가 3편에 걸친 논문에서 밝히고 있는 것으로[3], 이 논문에 의거하면 다카쿠스의 강좌가 이루어지기 14, 5년전에 도쿄대학 최초의 일본인 철학과 교수인 이노우에 테츠지로(井上哲次郎)에 의해 인도철학의 강좌가 이루어졌던 것을 알 수 있다. 이노우에 테츠지로는 도쿄대학 개교와 함께 입학하고 제1기 졸업생으로서 독일유학을 거쳐 최초로 도쿄대학 철학과 교수가 되었지만, 그에 대한 평가는 상당히 부정적이고 또한 학문적인 성과에 대해서도 크게 주목을 끌지는 못한 듯하다. 하지만 이마니시가 밝히고 있는 논문에 의거하면 특히 그의 독일 유학은 새로운 학문으로서 인도철학을 연구하는 시기이며, 따라서 귀국 후 도쿄대학에서도 인도철학을 강의하고 인도철학의 이해증진에 크게 공헌한 사실이 밝혀진다. 본장은 이마니시의 논문에 대한 소개를 기본으로 하여 일본에서 최초로 강의된 인도철학에 대한 일면을 고찰하고자 하는 것이다. 이를 통해 다카쿠스 이전에 일본에서 인도철학이 강의된 역사적 사실을 분명히 하고, 그 구체적인 내용에 대한 일단을 살펴보고자 한다.

---

3) 今西(1990), 今西(1991), 今西(1993).[이마니시 선생의 3편의 논문은 필자가 2013년도부터 2015년까지 매년 1월-2월, 3차례에 걸쳐 개인 연수를 수행한 일본 교토의 국제일본문화연구센터에서 발견한 자료이다. 이렇게 개인연수가 가능했던 것은 전적으로 국제일본문화연구센터의 교수였던 스에키 후미히코(末木文美士)선생의 덕택으로, 늦었지만 감사의 마음을 전하고 싶다. 스에키 선생은 2015년 3월 국제일본문화센터를 정년퇴임하셨다.]

II. 이노우에 테츠지로의 생애와 위상

1. 생애[4]

이노우에 테츠지로는 일본 근대기에 국
가의 정책적 이념이 담긴 교육칙어(教育
勅語)의 해설서인 《칙어연의(勅語衍義)》
를 저술하고, 그 정책적 이념을 근거로 기
독교와의 논쟁을 일으켜 소위 '교육과 종
교의 충돌'의 선구자적 역할을 한 인물로
알려져 있다. 이러한 국가정책의 이념가
로서 그의 역할은 후대 호불호(好不好)
의 분명한 평가를 받아 오늘날에도 그에

이노우에 테츠지로

대한 평가는 그다지 긍정적이지 않게 보인다. 이렇게 그가 국가정책의
일선에서 활동하게 된 것은 바로 메이지 정부가 세운 관립 도쿄대학의
첫 번째의 철학과 교수로서 그에게 지워진 숙명과도 같은 길이었다고
생각된다. 그는 1877년 도쿄대학의 개교와 함께 철학과에 입학하고 첫
졸업생으로서 일본인 최초로 철학과 교수로 재직하게 된다.

이노우에는 1855년 치쿠젠(筑前; 현재 福岡縣의 주요지역) 다자
이후(太宰府)의 의사집안의 아들로 태어났고, 본래 성은 토미다(富田)

---

4) 생애에 대해서는 기본적으로 今西(1993)을 바탕으로 宮本(1975), 末木(2004) 등에
    의거하였다.

이었고 후에 양자가 되어 이노우에란 성을 갖게 된다. 어려서부터 한학을 배우고 1868년 13세 때 하카다로 나와 영어를 배우고 이어서 나가사키의 광운관(廣運館)에 입학해 미국인으로부터 서양학문을 배운다. 1875년 도쿄대학의 전신인 도쿄개성학교(東京開成學校)에 입학하고, 1877년 새로운 제도에 의거 도쿄대학이 설립되자 입학해 철학과 정치학을 전공해 1880년 제1기생으로 졸업한다. 대학 재학 중에는 서양철학을 가르친 미국인 페놀로사로부터 독일철학, 진화론 등을 배우고 또한 1879년 개설된 〈불서강의〉도 수강해 하라 탄잔의 강의도 들었다. 이노우에는 하라 탄잔의 강의에 대해 그의 《자전》에서 "어쨌든 폐불기석(廢佛棄釋)의 뒤를 이어 불교의 형세가 몹시 위축되어 있던 시대에 대학에서 불전(佛典)을 강의한 것은 역사상 주목해야 할 것이다. 자신이 처음으로 대승불교의 철학에 흥미를 느낀 것은 이때이지만, 달리 자신과 동일하게 영향을 받은 사람이 적지 않았으리라 추측된다."라고 말하고 있어[5], 대학 재학 시에 불교에 대한 관심도 상당히 가졌음을 알수 있다.

그는 대학 졸업 후 당시 총리(총장)인 가토 히로유키(加藤弘之)의 추천으로 문무성(文部省)의 편집국에 들어가 동양철학사의 편찬을 담당하였다. 1882년 3월 도쿄대학 문학부 조교수로 임명되고 1884년 2월 독일로 유학을 떠나기 까지 강의를 담당한다. 1882년은 철학과의 학과개편에 의해 서양철학과 함께 동양철학, 중국철학, 인도철학의 교과목이 개설되고 이때 동양철학을 이노우에가 담당한다. 이노우에의 동

---

5) 今西(1993) p.36. 여기의 《자전》은 정확히는 《井上哲次郎自傳》(冨山房, 昭和48年 [1973] 12月)을 의미한다.[宮本(1975) p.155.]

양철학에 대한 열정은 이후 독일 유학기간에도 계속 이어진다. 1884년 2월 독일 유학에 올라 1890년 10월 귀국하고, 귀국한 뒤에는 도쿄제국대학 문과대학 교수로 승진하여 독일철학은 물론 비교종교, 동양철학 등을 강의하였다. 그의 동양철학에 대한 열정은 후에 그의 저술로서 《일본양명학파지철학(日本陽明學派之哲學)》(1900년[明治33]), 《일본고학파지철학(日本古學派之哲學)》(1902년[明治35]), 《일본주자학파지철학(日本朱子學派之哲學)》(1905년[明治38])의 3부작으로 정리되어 출간된다.

귀국 후 이노우에가 철학과 정교수로서 서양철학을 가리킨 것과 관련해 그의 서양철학 이해에 대한 평가는 상당히 부정적인 면이 있어, 독일 유학 6년이 과연 어떠했던가의 논쟁도 끊이지 않았던 것 같다. 그러나 그는 귀국 후 서양철학을 가르치는 한편으로 동양철학으로서 인도철학을 7년에 걸쳐 강의했다고 스스로 밝히고 있다.[6] 이렇게 인도철학을 강의하게 된 계기 역시 독일 유학 중에 있었던 것으로, 그는 독일 유학 중에 당시 유럽의 최신 학문으로서 인도학의 성과를 몸으로 느끼며 실제 산스크리트 등을 배웠던 것으로 생각된다. 그렇지만 이노우에가 강의한 인도철학에 대한 강의 기억은 강의를 들었던 사람들에 의해 전해졌을 뿐 실제 그 구체적인 내용은 후대 거의 전해지지 않았던 것 같다. 그 중 남아있는 일부를 앞서 말했듯 이마니시씨가 논문으로 정리하여 발표한 것으로, 이것을 통해 보면 그가 독일 유학 중에 인도철학에 대해 적극적인 관심과 연구를 기울였음을 알 수 있다.

---

6) 今西(1993) p.2 : 《井上哲次郎自傳》에 의하면, 메이지 23년 10월 독일유학으로부터 돌아와 바로 그는 도쿄대학 문과대학교수에 임명되어 칸트, 쇼펜하우어의 철학을 강의했지만 '한편으로 동양철학으로서 인도철학을 강의했다'고 말하고 있다."

2. 교육과 종교의 충돌

이노우에가 독일에서 귀국하여 도쿄대학의 정교수가 된 것은 1890년
으로[7], 그 전년 1889년에 일본에서는 대일본제국헌법이 공포되었다.
이 헌법의 공포에 이어 1890년 10월에 일본근대 천황제국가의 국민교
육 이념을 담은 〈교육칙어〉가 발표되었다. 메이지 정부는 이 〈교육칙
어〉를 국민교화에 활용하고자 대대적인 캠페인을 벌였고, 이러한 캠페
인 속에 이노우에는 이 〈교육칙어〉에 대한 해설서인 《칙어연의》를 저
술하였다. 이렇게 이노우에는 관립 제국대학의 교수로서 국가이념을
높이는 선봉장과 같은 역할을 할 수 밖에 없었고, 이러한 입장에서 그
의 위상이 명확히 드러난 것이 '교육과 종교의 충돌'이라 불리는 사건
이었다. 이것은 1891년 제일고등중학교 교원인 기독교도 우치무라 간
조(內村鑑三)에 의한 불경사건(不敬事件)으로, 이것에 대해 이노우에
는 그 다음해 1892년 《교육시론(敎育時論)》지의 인터뷰에서 기독교에
대한 비판을 전개한 것이다. 이 비판은 1893년에 걸쳐 전 언론계가 서
로 얽혀져 '교육과 종교의 충돌'이라는 대논쟁으로 발전하며, 이것을
계기로 기독교는 큰 타격을 받게 된 것은 물론 일본사회는 국가주도의
도덕에 적극적으로 순응하는 입장이 명확해진다. 이와 같이 이노우에
는 '교육과 종교의 충돌'의 논쟁에서 적극적으로 국가적 입장을 취해
국가 쪽의 선봉장 역할을 하였던 것이다.

---

7) 이노우에가 정교수가 된 1890년의 도쿄대학의 이름은 정확히는 제국대학이다. 도쿄
    대학의 명칭 변화는 다음과 같다. 1877년(明治10) 4월 도쿄대학→1886년(明治19)
    3월 제국대학→1897년(明治30) 6월→도쿄제국대학→1947년(昭和20) 10월
    도쿄대학(舊制)→1949년(昭和24) 5월 도쿄대학(新制) 다치바나(2008) p.40 참조.
    그렇지만 본장에서는 특별히 대학명칭을 구분하지 않고 도쿄대학으로 통일한다.

이 '교육과 종교의 충돌'을 가져온 이노우에의 입장은 기독교가 반국가적 입장을 취한다고 하는 것으로 그것의 이유로서 다음의 네 가지 문제를 들고 있다.[8] 첫째로 기독교는 국가를 우선으로 하지 않는다는 것, 둘째로 충효(忠孝)를 중시하지 않는다는 것, 셋째로 출세간에 의미를 두고 세간을 경시하는 것, 넷째로 기독교의 박애가 묵자(墨子)의 겸애(兼愛)와 같이 무차별적 사랑이라는 것의 넷이다. 이러한 네 가지 문제점의 지적이 《교육시론》 인터뷰에서부터 등장하고 있는 것으로, 다시 말해 기독교가 국가중심의 교육에 배치된다고 하는 것을 강하게 주장하였다. 이노우에는 다음과 같이 말하고 있다.

앞서 교육에 관한 칙어가 나오자 그것에 반항한 것은 불자도 아니고, 유자도 아니고, 신도자도 아니며, 오직 예수교도만이 그것에 반항하여, 혹은 말하기를 예수교도는 칙어 그 자체에 반항하는 것이 아니라 칙어를 숭배하는 것에 반항하는 것이라고. 그렇지만 그것은 오직 표면상의 구실에 지나지 않고 실제로는 칙어의 주의를 좋아하지 않는 것이다. 예수교도는 모두 충효로서 동양고대의 도덕으로 삼는 것을 극히 싫어하고 참지 못한다. ... 예수교는 본래 우리나라에 적합지 않은 교이다.[9]

이러한 이노우에의 입장은 도쿄대학의 교수로서 국가의 입장을 대변하는 측에 서서 국가의 이념을 전파하는 역할을 담당한 것으로, 이

---

8) 末木(2004) p.65.
9) 末木(2004) pp.65-66.

것을 계기로 국가적 입장과 기독교계의 논전이 공개적으로 펼쳐지게
되었다. 물론 당시 일본 사회의 분위기 속에서 이러한 논쟁은 객관적
정당성을 갖기에는 한계가 있었고, 이러한 논전 속에 이노우에는 개인
적인 양심을 전제하는 학자가 아니라 국가를 대변하는 이념가 내지 선
봉장으로서 낙인이 찍혀 후대에도 그에 대해서는 객관적인 평가가 적
극적으로 이루어지지 않았다고 생각된다. 그렇지만 그는 강단철학의
대표자로서 윤리학, 미학, 언어학 등의 학문적 용어를 상당수 조어(造
語)하는 외에 서구의 철학을 일본에 정착시키는데 크게 공헌하였다.[10]
그리고 그의 철학적 입장은 일반적으로 '현상즉실재론(現象卽實在
論)'으로 정의되어 3단계의 절차에 의해 합일되는 과정을 거친다고 한
다.[11] 즉 제1단계는 현상 그 자체를 실재로 간주하는 것, 두 번째 단계는
현상과 실재를 분할하여 현상은 표면적인 것 실재는 내면적인 것으로,
실재를 현상의 피안에 있는 것으로 간주하는 입장, 그리고 세 번째 단
계는 현상과 실재는 실제로 공간적으로 분리된 것이 아니라 융합되어
있는 하나로서, 진실일원론에 입각해 있다고 하는 것이다. 이러한 '현
상즉실재론'은 기독교와의 논쟁에서도 국민도덕이라는 현상 속에 세
계의 보편적인 도덕이라는 인도(人道)의 실재가 일체가 되어 실현된다
는 논리로 나타나 전개되었다.[12]

---

10) 宮本(1975) p.158.
11) 末木(2004) p.72.
12) 日本思想史辭典(2001) pp.33-34.(井上哲次郎項)

3. 위상

이노우에가 일본인으로서 최초의 도쿄대학 철학과 정교수이었던 점에 비추어보면 그의 사회적 활약상은 가히 상상할 수 없을 정도이지만, 그에 대한 평판이 나쁜 것은 역시 그가 관학의 중심지인 도쿄대학의 교수로서 국가적 이념의 홍포에 앞장 선 것에 연유한다고 생각된다. 그리고 그의 철학적 입장과 관련하여 특히 서양철학에 대한 이해의 관점에서 이노우에에 대한 비판은 매우 신랄한 듯하다. 이노우에의 서양철학에 대한 이해에 격렬한 비판을 던지고 있는 오오시마(大島)는 이노우에의 서양철학에 대한 이해를 비춰보면 그의 독일에서의 6년간의 체재는 거의 황무지나 다름없는 '불모(不毛)의 유학 6년'이라고까지 칭하기도 한다.[13] 이런 오오시마의 비판을 검토한 이마니시는 이노우에에 대한 비판의 근거를 다음과 같이 말하고 있다.

> 결국 오오시마씨의 비판근거는 이노우에 테츠지로가 '당시 서양철학의 제1인자'이면서, 그 사회적 발언에는 서양철학적 사색의 방증이 결여되어 있고, 또 주저인 유교연구에도 서양철학의 사고방식을 받아들여 새롭게 고찰하고자 하는 점이 없다는 점에 있다고 말할 수 있다. 비판의 초점은 이노우에에게 서양철학의 소양이 반영되어 있지 않다는 점에 있고 그것이 '불모의 유학 6년'이

---

13) 今西(1993) p.19. 이마니시씨가 거론하는 오오시마씨의 논문은 다음의 것이다. 大島康正〈井上哲次郎 −知識と思索の分離−〉《日本の思想家》中 [《朝日選書》中, 1975年]에 수록).

라는 평가로 단적으로 표명되고 있다.[14]

이렇게 이노우에의 독일유학에 대한 이해가 서양철학의 관점에서 이루어져 비판이 이루어지고 있는 것과 대조적으로는 이노우에는 독일유학 중에도 자신이 집필한 〈동양철학사〉 원고를 가지고 다녔을 정도로 동양철학에 대한 애정은 대단했던 것으로 나타나고 있다. 동양철학에 대한 정리는 이미 독일유학에 오르기 전부터 그가 문부성 편집국에서 실제 담당했던 일이었고 또 도쿄대학에서도 강의를 하였던 내용이었기에 그의 입장은 이해가 된다. 하지만 독일유학 중에는 당연히 서구의 학문과 사상을 연찬하였을 것으로 생각되지만, 이마니시는 이때 이노우에가 직접적으로 연구에 열정을 쏟은 것은 인도철학이라고 말하며 다음과 같이 말하고 있다.

더욱이 메이지 30년 가을부터 일본의 유학사상에 대하여 강의를 개시하여 그것이 그의 주요한 저작인 3부작이 되었다. 그렇지만 실제로 그것과 병행하여 메이지 25년부터 30년까지 〈인도철학사〉를 강의했으며, 그 사실이 지금까지 완전히 시야 밖에 놓여 있었다. 그 준비는 언제 어디에서 이뤄진 것일까. 오오시마씨는 '불모의 독일유학'이라고 단정하지만, 그것은 잘못이다. 이노우에 테츠지로는 국비유학생으로서 3년간의 유학기간이 끝난 뒤에도 베를린의 동양어학교에 머물러 있었다. 만약 3년간의 유학기간이 종료되어 동시에 귀국했더라도 곧바로 도쿄대학에 지위를 얻었

<hr>

14) 今西(1993) p.22.

을 것이다. 그러나 그는 그 후에도 동양어학교의 일본이교사로서 생활비를 벌며 베를린에 머물렀다. 그 목적은 무엇이었을까. 뒤에 소개하듯이 달리 발견된 자료에 의하면 그것은 〈인도철학사〉의 준비를 위한 것이었다고 생각된다.[15]

이러한 의견을 고려하면 이노우에가 '교육과 종교의 충돌'이 일어나던 1892년부터 1897년에 걸쳐 〈인도철학사〉를 강의한 것이 된다. 또 그가 독일에서 귀국한 1890년의 시점에서 보면 그가 독일에서 귀국하여 그간 간직하였던 〈동양철학사〉의 한 결실로서 《일본양명학파지철학》(1900년[明治33])을 출간하는 것은 거의 10년 이상의 시간이 경과한 것으로, 따라서 그는 독일에서 귀국한 후 거의 7-8년간은 거의 〈인도철학사〉의 강의에 매진하였던 것으로 보여진다. 이러한 강의 열정의 배경에는 당시 유럽에서의 인도학 내지 인도철학에 대한 최신의 연구경향을 접하고 귀국하여 실제 일본에서 최초로 〈인도철학사〉를 강의하는 사명감과 열정이 동시에 나타났기 때문이 아닐까 생각된다. 그렇다면 그의 〈인도철학사〉에 대한 이해의 일단을 다음에서 살펴보기로 한다.

---

15) 今西(1993) p.32.

Ⅲ. 일본 최초의 〈인도철학사〉 강의

1. 〈인도철학사〉 강의록 출간 경위

이노우에 테츠지로의 〈인도철학사〉 강의록의 일부는 앞에서 말한 바와 같이 이마니시 준기치에 의해 논문 형태로 출간되었다. 이 논문은 전3편으로 구성된 상당히 길고 당시의 상황을 매우 상세하게 밝히고 있는 귀중한 논문이라 생각된다. 이 논문에 실린 〈인도철학사〉 강의록의 실제 초고(草稿)는 현재(1991년시점) 도쿄도(東京都) 중앙도서관 이노우에문고에 소장되어 있다. 이마니시는 이노우에 테츠지로가 〈인도철학사〉를 강의하였다는 사실을 여러 경로로 듣고 그것의 초고 원본을 찾아내어 논문화시켰던 것이다. 그렇지만 이 이마니시의 논문이 나오기 전까지는 이노우에의 〈인도철학사〉에 대한 강의 자체가 알려지지 않았고 인도철학에 대한 이노우에의 기여에 대한 기록도 전혀 남아 있지 않았던 것 같다. 이마니시가 이노우에의 〈인도철학사〉 강의록에 대해 관심을 갖게 된 구체적인 계기는 확실히 알 수는 없지만 그의 논문에서 인용된 이노우에의 《자전》의 내용은 이마니시가 이 〈인도철학사〉에 관심을 가졌던 계기가 아닐까 생각된다. 곧 이노우에의 〈인도철학사〉 강의의 일부에 해당한 불전(佛傳)의 내용이 후에 《석가모니전》으로 출간되었는데 실제 이 《석가모니전》은 호평을 받아 거듭 중판되었지만 정작 〈인도철학사〉 강의는 전혀 알려지지 않은 것에 대해 이노우에가 《자전》에서 아쉬워했다는 것을 이마니시는 다음과 같이 말하고 있다.

본서(《석가모니전》)는 호평을 받아 판을 거듭했다. 그렇지만 〈인도철학사〉 강의 속에서 이 부분만이 따로 떨어진 것으로, 다른 부분은 본인이 기재하는 것 말고는, 니시다 기타로(西田幾多郎), 나츠메 소세키(夏目漱石), 아네자키 마사하루(姉崎正治) 등에 의한 약간의 예외적인 언급을 제외하고는 완전히 망각되어졌다. 그리고 이미 생전의 이노우에 테츠지로 자신이 그것을 통감하여 만년에 집필한 《자전》에서 "인도철학을 처음으로 일본의 대학에서 강의한 것은 자신이 효시이다. 어쨌든 이것만은 사실이다."라고 역설하는 상황이 되었다.[16]

이마니시는 앞서 인용한 내용에 나오는 니시다 기타로, 나츠메 소세키, 아네자키 마사하루가 이노우에에 대해 언급하는 부분들에 대한 상세한 조사를 통해 구체적으로 이노우에의 〈인도철학사〉의 내용을 확인하고 있다. 이러한 조사에 의하면 적어도 이노우에의 〈인도철학사〉는 그가 독일에서 귀국하여 서양철학을 가르치는 외에 동양철학으로서 인도철학을 가르친 것으로 이때 가르친 인도철학은 불교학으로서의 범주가 아닌 순수인도철학의 관점에서 그 철학사상을 가르쳤던 것이다. 이러한 이노우에의 〈인도철학사〉의 강의는 후에 도쿄대학의 종교학 담당교수가 되는 앞서 언급한 아네자키에게도 영향을 주어 그가 이노우에에게 논문으로 〈바가범가의 철학 및 종교(薄伽梵歌の

---

16)　今西(1993) p.11.

哲學及宗教)〉를 제출하였다고 한다.[17] 또한 그러한 후학들에 대한 영향은 이 강의가 이루어지던 당시 그 강의를 들은 학생들의 인도철학에 대한 논문에서도 확인할 수 있다. 당시 알려진 인도철학의 논문으로는 다음과 같은 것들이 있다.[18]

　　狩野亨吉, 〈數論派哲學大意〉(明治25年執筆, 27年 11月《東洋哲學》第1卷9-10號).
　　松本亦太郎, 〈印度哲學僧佉論〉(明治26年 11月《六合雜誌》155, 156號).
　　管虎雄, 〈印度古代の宗敎の發達〉(明治25年3月《佛敎》40, 46號).
　　高山林太郎(樗牛), 〈吠陀以前の信仰及其歷史的發達〉(明治29年2月《六合雜誌》, 182號).

　　이러한 인도철학의 논문들은 당시 불교학으로 인도철학이 아니라 순수인도철학의 내용으로 이것은 이노우에 테츠지로의 〈인도철학사〉 강의에 절대적인 영향을 받았던 것으로 생각된다. 앞에서 살펴본 바와 같이 기무라에 의해 정통인도철학의 저술로서《인도육파철학》이 출간된 1906년의 시점에서 비추어 보면 거의 14, 5년전의 일이지만, 이미 순수인도철학에 대한 관심의 증폭이 이노우에에 의해 형성되어 있었음을 알 수 있다.

─────────────

17)　今西(1993) p.10.
18)　今西(1993) p.10.

현재 남아있는 이노우에의 〈인도철학사〉 강의록 원본은 양면으로 접은 형태의 화지(和紙)에 모필(毛筆)로 쓰여져 있는 형태로 도쿄도 중앙도서관에 남아있는 것으로, 그 남아있는 강의록의 내용에 대하여 이마니시는 〈인도철학사〉 강의록 〈서언〉에서 다음과 같이 말하고 있다.

여기에 소개하는 것은 제국대학 문과대학 철학제1강좌교수 이노우에 테츠지로가 메이지 27년까지 담당한 강의 인도철학사의 초고이다. 초고는 전부 7책이었다고 추정되지만, 현존하는 것은 그 중 제4와 제7의 2책뿐이다. 제4는 제8장 〈니야야학파〉와 제9장 〈위세사파 즉 승론파〉, 제7은 제14장 〈각종의 철학파〉와 제15장 〈인도철학의 총평〉으로, 각각 2장씩 취급하고 있다.[19]

이렇게 현존하는 것은 전체 4장에 불과하지만, 그 서술 내용은 상당히 세밀하고 도식적이며 불교적 자료도 상당히 인용하고 있음을 볼 수 있다. 물론 산스크리트어의 기본적인 구사는 당연한 것이기 때문에, 이노우에가 독일에서 산스크리트어의 공부에도 많은 열성을 기울였으리라 생각된다. 비록 현존의 자료가 4장이라 해도 그 기술의 전체적인 내용은 상당한 양에 이르며, 거기에 사용된 일본어는 한자와 가타카나의 혼용형태로 오늘날의 현대문과는 다른 필체로 되어 있다.

---

19) 今西(1990) p.2.

2. 〈인도철학사〉 강의록 개관

1) 전반적 개관

이노우에의 〈인도철학사〉 강의록은 앞에서 살펴본 대로 전체 7책, 15장으로 되어 있지만, 현존하는 것은 2책, 4장이다. 이 〈인도철학사〉의 강의의 일환으로 이루어진 뒤 따로 독립하여 출간된 《석가모니전》이이 강의록에 실제 포함되었던 것인지는 불분명한 상태이다. 현존하는 내용의 각장이 니야야학파와 바이쉐시카학파의 설명에 대한 것을 고려하면, 〈인도철학사〉는 육파철학에 대한 강의가 기본 토대를 이루며 불교 등에 대한 강의가 이루어졌음을 추측할 수 있다. 그리고 각 장의 설명에서 산스크리트어의 사용이 빈번한 것을 보면 이 산스크리트어에 대한 습득은 이노우에가 독일 유학중에 많은 공을 들인 것으로 생각된다. 주지하다시피 일본에서 산스크리트어에 대한 강의는 난조 분유가 영국에서 귀국해 1885년 도쿄대학에서 강의한 것이 처음인 까닭에, 이 당시 이노우에가 독일에 체재하고 있었던 것을 고려하면 이노우에는 그곳에서 새롭게 인도철학에 눈을 떠 독자적으로 산스크리트어를 공부하였던 것으로 생각된다. 그리고 이노우에는 강의록 전반에서 전체적인 내용을 알기 쉽게 하기 위해 도식(圖式)을 다수 사용하고 있음도 확인할 수 있다. 전반적으로는 상당히 다양하고 깊이 있는 논술들이 이루어지고 또 곳곳에 불전(佛典)에서의 인용도 상당수 눈에 띈다. 현존하는 내용은 그 양에 있어서도 상당하지만, 그 중에서 간략한 몇몇의 설명을 살펴보도록 한다. 먼저 제8장 〈니야야 학파〉의 내용은 전체 10절로 이루어져 있고, 그 가운데 제1절의 내용을 보면 다음과 같다.

제1절 니야야는 위세사와 밀착한 관계를 갖고, 거의 하나의 학파를 이루고 있다. 위세사는 실로 니야야로부터 파생한 한 학파에 지나지 않고, 고로 학자들은 왕왕 이 두 학파를 함께 칭하여 한 학파와 같이 서술한다. 그렇지만 그것과 이것은 스스로 그 차별이 없는 것은 아니다. 니야야는 논법을 분명히 하는 것을 주로 하는 까닭에 하나의 철학조직이라기보다는 오히려 제학에 필요한 방법론이며, 그런데 위세사는 일종의 물리적 세계관으로 스스로 철학 조직을 이루고 있다. 니야야는 고타마씨가 창창(創唱)한 것이며, 16제[9구인, 14과류]를 설명하는 것을 주로 하고, 위세사는 카나다씨가 창창한 것으로, 10구를 해석하는 것을 주로하여, 그런 까닭에 이 양학파는 서로 나누어 그것을 서술하는 것이 가능하더라도 그것과 이것은 대조 참관해야할 필요가 있는 것이다.

니야야와 위세사의 시대에 대하여 이론이 없는 것은 아니며, 베베르씨는 혹시 베단타경중에 오직 위세사[만을 논박하며 니야야에 대해서는 조금도 말하지 않는 것을 보면, 니야야는 위세사]보다 후가 되어야만 한다고 하지만, 이것도 베베르씨도 단언하는 것은 아니며, 논지발달의 순서로부터 보면 위세사는 니야야에 근거해 일어났고, 더욱이 일파를 이룬 것이라는 것, 모니엘, 윌리엄즈, 데이비스 제씨들도 모두 니야야를 앞으로 하고 위세사를 뒤에 두고 있다.[20]

이 제1절은 니야야와 바이쉐시카 학파의 선후에 대한 논의를 주

---

20) 今西(1990) p.4.[부록 1 참조.]

로 말하는 것으로, 여기에서 거론되는 베베르, 모니엘 윌리엄즈, 데이비스 등의 견해는 당시 유럽에서 인도학을 이끌고 있던 학자들의 견해라고 생각된다. 이렇게 니야야와 바이쉐쉬카의 선후 관계를 논한 뒤 제2절 이하에서 니야야학파에 대해 본격적인 고찰이 이루어진다. 하지만 전체 10절로 이루어진 내용은 일본 최초의 본격적인 니야야에 대한 고찰이라고 하기에는 상당히 세밀하고 치밀한 내용으로 정리되어 있다.

다음의 제9장 〈위세사학파 즉 승론파〉의 부분은 그 양이 더욱 방대해지고 전체 17절로 확대되어 설명이 이루어진다. 비교적 그 설명이 짧다고 생각되는 제3절의 내용을 보기로 한다. 여기에는 6구의(句義)에 대한 설명이 다음과 같이 서술되어 있다.

제3절 위세사파의 비조 카나다씨는 6구 즉 6제(諦)로서 범주로 하여 제1을 실, 즉 실체이며, 제2를 덕이라 하여 즉 성질이며, 제3을 업이라 하여 즉 발동 혹은 작용을 말하며, 이상의 3제는 불가의 체상용에 해당한다. 제4는 대유성이라하여 곧 보편성이며, 제5를 동이성 즉 특수성이며, 제6을 화합성이라 하여 곧 부착성을 말한다. 카나다씨는 이 6구로서 철학조직을 건립한 것으로,

6구	①	실(實) dravya, Substanz … 陀羅驃(主諦)[혹은 또 所依諦라고 함]
	②	덕(德) guṇa, quality … 求那(依諦)
	③	업(業) Karman, action … 羯摩(作諦)
	④	대유성(大有性) Sāmānya, generality … 三摩若(惣相諦)
	⑤	동이성(同異性) Viśesha, particurality … 毗尸沙(別相諦)
	⑥	화합성(和合性) Samavāya, inhesion … 三摩婆夜(無障碍諦)

그런데 뒷사람이 그것에 덧붙여 제7구의 무설 즉 존재부정을 세우고, 제7구는 후인이 덧붙인 바에 따르면, 자야야 나라야나씨가 위세사경[제1권 제1장] 제4장[절]의 주에 In this place therw is also mention of six categories spoken of as existing, but in reality non-existence is also imphied by the sage sa another category 라고 하고 있는 것으로부터 그것을 알 수 있다. 인명대소(因明大疏) 권3(第30葉 右)에 혜월(惠月)이 나와 6구에 이(異), 유능(有能), 무능(無能), 무설(無說)의 4구를 덧붙여 10구로하여 그래도 이 설과 맞지 않는다. 단지 무설의 1구는 이미 가우브씨의 역의 위세사경의 주에도 보이는 까닭에 누군가 혜월에 앞서 먼저 덧붙인 것이 의심할 여지가 없다[무설의 1구는 Annambhaṭṭa 라는 자가 그것을 덧붙였다고 한다(佛教小史 46항을 보라)] 혜월은 유능 무능의 2구를 덧붙이고, 동이(同異)를 나누어 이(異)와 구분(俱分)으로 하고, 구분은 곧 카나다씨의 동이가 된다. 그렇다면 혜월이 진정으로 덧붙인 것은 3구에 지나지 않는 것과 같다.[21]

이곳의 설명은 바이쉐시카파의 6구의 내지 7구의 나아가 10구의 의 범주에 대한 일반적인 설명으로 1890년대의 시점에서 보면 상당히 세밀한 논설이라고 생각된다. 이 제9장의 내용은 전체적으로 상당히 방대하며, 다수의 도식이 사용되고 있다.

그리고 마지막의 제7책에 해당하는 부분에서는 제14장 〈각종의 철학파〉와 제15장 〈인도철학의 총평〉이 실려 있다. 이 제14장의 〈각종

---

21)   今西(1990) pp.31-32.[부록 2 참조.]

의 철학파〉의 서술은 상당수 불교경론에 의거하고 있음을 알 수 있다. 곧 〈제1 : 96파라고 하는 설〉에서의 전거로서는 《화엄경(華嚴經)》《십회향품》, 《대지도론(大智度論)》권21, 《수행본기경(修行本起經)》권상, 《태자서응경(太子瑞應經)》권하, 《보요경(普曜經)》권5, 《잡비유경(雜譬喩經)》권16등이 인용되고 있다. 이 14장 전체에 걸쳐 상당수의 한역 불교경론이 전거로 인용되고 있어, 이노우에의 강의는 기본적으로 한문불전에 대한 확실한 이해를 기초로 이루어지고 있었다고 생각된다. 이하 14장의 전체적인 구성은 각각 개별학파의 차이에 대한 전거를 밝히고, 이어서 21개의 학파에 대한 설명이 이루어지고 있다. 그 내용은 다음과 같다.

제14장 각종의 철학파

제1항 서론[철학파의 분류]

제1 96파라는 설, 제2 95파라는 설, 제3 6파라 하는 설, 제4 30파라고 하는 설, 제5 16파라고 하는 설, 제6 13파라고 하는 설, 제7 20파라고 하는 설, 제8 4파라고 하는 설 제9 : 6파라고 하는 설, 제10 : 18파라고 하는 설, 제11 10파라고 하는 설, 제12 : 62파라고 하는 설

제2항 각철학파의 주의

제1 : 지론사파(地論師派), 제2 : 복수론사파(服水論師派) 제3 : 화론사파(火論師派), 제4 : 풍선론사파(風仙論師派) 제5 : 구력론사파(口力論師派), 제6 : 시론사파(時論師派), 제7 : 방론사파(方論師派), 제8 : 무인론사파(無因論師派) 제9 : 본생안다론사파(本生安茶論師派), 제10 : 작바가파(斫婆迦派) 제11 : 약제자

파(若提子派) 제12 : 파니니파(波儞尼派) 제13 : 비[바이]습노[나바]파(毗[婆伊]濕奴[那婆]派) 제14 : 람마노암파(藍摩奴闇派) 제15 : 부루나반야파(富樓那般若派) 제16 쇄바파(晒婆派) 제17 : 파룬발다파(波輪鉢多派) 제18 : 파리벌라작가파(波利伐羅勺迦派) 제19 : 파라저야비사나파(波羅底耶毗闍那派) 제20 : 라사습벌라파(羅斯濕伐羅派) 제21 : 바가바타파(婆伽婆多派)

그리고 마지막 15장 〈인도철학의 총평〉에서는 전체 인도의 철학파들에서 볼 수 있는 공통적인 성질을 여덟 항목에 걸쳐 논하고 있다. 그 여덟 항목은 다음과 같다.

제1 : 베다경의 존신, 제2 : 염세관, 제3 : 인과응보, 제4 : 정신불멸, 제5 : 물질불멸, 제6 : 윤회, 제7 : 해탈, 제8 : 열반

2) 이노우에의 인도철학에 대한 평가

이노우에의 〈인도철학사〉 강의록은 현존하는 내용의 것만으로도 상당히 방대하고 상세한 내용으로 이루어져 있음을 알 수 있다. 그리고 이노우에는 인도철학에 대한 평가를 하는 입장에서 상당히 서양의 그리스 철학과의 대조를 자주 시도하고 있는 것이 눈에 띈다.

아마도 이것은 서양에 유학하여 인도철학을 연구하면서 당시 서양학자들의 인도철학에 대한 선입관을 의식하고 인도철학의 정당성과 그 연구의 가치를 분명히 하고자 하는 의도가 있었던 것으로 보여진다. 이노우에는 제15장 〈인도철학의 총평〉의 첫 부분에서 다음과 같이 말하고 있다.

우리들은 우파니샤드 이래 인도에서 일어난 철학파의 기원, 주의 및 연혁 등을 연구하였다. 지금 그 중요한 학파의 수를 헤아리면 스물여덟, 혹시 건립정론(建立淨論), 불건립무쟁론(不建立無淨論), 유출론(流出論) 등과 같이 약술된 것 그리고 각 학파의 분파를 함께 더하여 헤아리면 100수십파에 이른다. 그 관념상 박잡한 것, 사상이 풍부한 것 그것을 희랍철학과 비교하더라도 결코 손색이 없다. 복수론사는 탈레스와 유사하고, 화론사는 헤라클레이토스와, 풍선론사는 아낙시메네스 그리고 디오게네스와 유사한 것은 이미 14장에서 서술하였다. 혹은 또 불교가 처음 지나(支那)에 들어간 것은 기원후 65년인 까닭에, 지나역의 불서(佛書)에 이것들 각종의 철학파의 내용이 실려 있더라도 반드시 희랍과 같이 기원전 수백년에 일어났다고는 할 수 없고, 오히려 불서가 지나에 들어갈 무렵의 학파로 간주하는 것이 타당할 것이다.[22)]

이렇게 인도철학의 평가에 있어 상당수 히랍철학과의 대비를 의식하여 논술하고 있으며, 이러한 대비적 관점은 위의 인용문에 이어지는 다음의 내용에서도 명확하게 알 수 있다.

인도의 철학은 희랍의 철학과 대비하여 조금도 손색이 없다. 에르드만 체레르, 유베르 웨히씨들과 같은 독일의 철학사가는 단지 희랍의 철학만을 가지고 순수한 지식적 탐구를 주로 한 것이라고 특히 그것을 존중하고, 동양의 철학은 일반적으로 종교적인 관념

---

22) 今西(1991) p.65.[부록 3 참조.]

을 혼동한 것이라 하여 따갑게 그것을 경멸하는 경향을 가졌지만, 그것은 그들이 인도철학에 대한 지식이 몹시 박약한 것에 연유하는 것이다. 그리고 우리들이 니야야파, 승거파, 위세사파, 작바가파등의 철학조직이 어떠한가를 고찰하면, 어떠한 종교적 관념도 혼동하고 있는 것은 없고, 모두 순수한 지식적 탐구라고 간주할 수 있다. 만약 또 그것과 동시에 희랍의 철학도 반드시 [다소의] 종교적 관념을 혼동하고 있다고 한다면, 그들의 단정이 확실한 근거를 갖지 않는다는 것을 충분히 알 수 있다. 다음에 우리들의 주의를 끄는 것은 희랍철학에 비교할 대상이 없는 인도의 철학파 즉 인도에 특이한 철학파가 다음의 것들이다. 곧 지론사파, 구력론사파, 시론사파, 방론사파, 무인론사파, 성현론사파, 성생론사파 등과 같은 것은 오직 인도에만 있고, 다른 나라에 그와 유사한 것이 있다는 것을 듣지 못했다. 이와 같이 인도에 특이한 철학파가 있는 이상, 더욱 인도철학을 연구해야 할 충분한 가치가 있다는 증거로서 충분한다.[23]

이처럼 다양한 학파들이 전개되는 인도철학의 학문은 희랍철학과 비교해도 손색이 없을 정도의 그 학문적 위상을 가지고 있음을 분명히 한 뒤, 이노우에는 이 강의록의 마지막 부분에서 인도철학이 지나철학과 서양철학과 다른 점 내지 인도철학 내에서의 특징 등에 대해 다음과 같이 서술하고 있다.

---

23) 今西(1991) p.67.[부록 4 참조.]

인도철학의 특질은 지나 및 서양의 철학과 동일하지 않다. 지나 철학은 주로 우리들이 어떻게 행동해야 하는가를 심념(尋念)하고, 서양철학은 주로 우리들 및 우리들이 사는 이 세계가 어떠한가를 탐구하는데 대하여, 인도철학은 주로 우리들은 어떻게 이 세계의 고통을 벗어날 수 있는가를 고찰한다. 인도철학 중에서도 오로지 지식적 고찰을 하는 파도 있지만, 대다수는 종교의 성질을 띠고 있는 것은 어떠한 사람도 그것을 부정하지 않는다. 그 종교의 성질을 띠고 있는 파는 지식을 단순히 종교상의 목적에 도달하는 방편으로 삼는다. 철학은 지식으로부터 생기고, 종교는 의지로부터 일어나며 환언하면 철학은 사물에 대하여 순수한 지식적 탐구를 하는 것이며, 종교는 우리 정신을 미래에 구하고자하는 욕망을 충족시키는 것이다. 이 양자는 실제로 엄중히 구별하여 절대로 서로 관계하지 않는 것이란 아무래도 불가능한 것이지만, 또한 그 구역을 달리하며 서로 병행하는 것도 불가능한 것은 아니다. 서양에서는 실제 이와 같은 예가 있고, 그런데 인도철학에서 그것을 보면, 바라문교나 불교나 자이나교와 같은 것은 모두 철학과 종교가 합쳐져 존재하는 것이다. 단지 서양의 철학만으로서 일체 철학의 표준으로 삼아 인도철학의 대다수가 종교의 성질을 띠고 있는 것을 비난하여 그 철학 상의 가치를 말살하는 듯이 논하는 것도 이것은 실로 깊이 고찰하지 않은 것으로부터 생긴 잘못된 견해이다. 인도철학 가운데 종교의 성질을 띠고 있는 것은 몹시 흥미롭다. 철학은 지식적 탐구를 주로 하더라도 그 지식적 탐구는 왜 하는 것이며, 이것 외에는 없는 우리들 스스로의 정신이 어떠한 것인가를 의심하고, 우리들이 사는 이 세계가 어떠한 것인가를 의심하고, 또 어떠한 실재가 있어 일체현상의 근저를 이루는가를 의심하고, 백반의 의심은 우리들로 하여금 지식적 탐구를 하게 한다. 만약 우리들이 무엇인가 만족할만한 해석을 얻지 못하면 우리들은 어떻게 하면 안심입명의 경지를 얻을 수 있을까 하여 엄숙한 사상가로서 다시 한번 백반의 의심을 일으키는 이상은 진리를 규명하고, 미망을 타파하며, 안심입명(安心立命)의 경계를 얻지 않고는 끝나지 않는다. 고로 어떠한 철학도 단순히 지식적 탐구로 끝나는 것은 없고, 지식적 탐구는 필경 안심입명으로서 종국의 목적으로 삼는다. 고로 안심입명의 경계를 얻는 것을 종교의 성질이라고 하면 바라문교나 불교와 같이 철학과 종교를 함께 지니며, 철학을 기초로 하여 그 주의를 종교상에 응용하는 것은 몹시 편리하지 않겠는가. 그렇더라도 안심입명의 경계를 구하는 것은 본래 철학의 범위 내에서의 일로서 얻어야하고 반드시 종교상의 성질로서 철학으로부터 분리하는 이유는 되지 못한다. 단지 신괴불가사의(神怪不可思議) 및 각종의 의식 등은 종교상의 성질로서 철학으로부터 분리해야 할 것이다.[24)]

이노우에는 이처럼 인도철학이 중국철학, 서양철학의 특성과는 달리 삶의 고통에서 벗어나는 길을 제시하는 철학이라고 말하며, 그 제시하는 각각의 학파는 철학적 경향과 종교적 경향을 갖는 다양한 학파가 존재한다고 말하고 있다. 그리고 여기에서 서양의 철학적 관점만을 중시하는 서양철학자의 입장에 대해 다양한 종교적 관점이 실제로 인

---

24) 今西(1991) pp.71-72.[부록 5 참조.]

간에게 안심입명을 주는 중요한 의미를 가지고 있음을 강조하고 있다.

3) 이노우에 강의록에 대한 소감

이노우에의 〈인도철학사〉 강의록은 앞에서 살펴본 대로 그가 독일에서 귀국한 이후 1892년부터 1897년 사이에 행한 인도철학에 대한 강의의 기록이라고 할 수 있다. 이 강의록에서 볼 수 있는 인도의 철학파들에 대한 본격적인 기술과 자료는 당시 인도철학의 이름으로 거행되던 불교학과는 분명한 차이를 보이는 것이라 할 수 있다. 그리고 이러한 인도철학에 대한 본격적인 기술에 나타나는 다양한 학파의 용어들은 최초의 강의를 담당하던 시점에서는 거의 대다수 새롭게 만들어 내야 하는 작업이었기에 실제 그 강의를 위한 수고는 대단하지 않았을까 생각된다. 그리고 이노우에는 그의 강의록 제14장의 철학파를 논하는 입장에서 다수의 불교경론을 인용하고 있는 점에서도 그가 불교적 이해의 상당한 토대 위에 인도철학의 연구를 전개하고 있었다고 할 수 있다.

아울러 그의 강의록에 나타나는 상당수의 용어는 실제 후대에 큰 영향을 주었을 것으로 생각되며, 후대 본격적인 인도철학의 선구자로서 다카쿠스 준지로나 기무라 타이켄에게도 영향을 주었다고 생각된다. 그 사례로서 이노우에는 마다바(Mādhava)의 《전철학강요(全哲學綱要, Sarvadarśana-saṃgraha)》에 나타나는 각 학파의 명칭과 그에 대한 간략한 설명을 시도하고 있는데, 그 용어의 상당한 부분이 기무라 타이켄의 《인도육파철학》에서도 유사하게 나타나고 있다. 이노우에와 기무라 그리고 《전철학강요》의 역주를 낸 나카무라 하지메(中村元)의 용어

를 비교하여 보면 다음과 같다.[25] [한글부분은 일본어 가타가나 표기]

순서	범어 원어	이노우에	간략한 설명	기무라	나카무라
1	Cārvāka-darśana	斫婆迦派	順世外道	順世派	唯物論者
2	Bauddha-dar.	保達派	佛教派	佛教	佛教
3	Ārhata-dar.	阿羅漢派	闍伊那派	耆那派	자이나教
4	Rāmānuja-dar.	藍摩奴闍派	蘿摩奴闍라고도함	라마누자派	라마누자
5	Pūrṇaprajna-dar.	富樓那般若派	冨樓那般若(즉 滿智)	滿智派	마드바
6	Nakulīśa-pāśupata-dar.	波輪鉢多派	濕婆崇拜의 일파, 塗灰外道	나쿨리샤獸主派	나쿨리샤의 파슈파타派
7	Śaiva-dar.	晒婆派	濕婆崇拜派	濕婆派	쉬바教
8	Pratyabhijnā-dar.	波羅底耶毗屠那派	[復]認識派	悟證派	再認識派
9	Raseśvara-dar.	羅斯濕伐羅派	水銀派	水銀派	水銀派
10	Aulūkya-dar.	溫露迦派	論勝派	吠世師迦派	바이쉐쉬카學派
11	Akṣapāda-dar.	阿差波陀派	尼夜耶派	尼夜耶派	니야야學派
12	Jaimini-dar.	闍伊弭尼派	弭曼薩派	미맘사派	미맘사學派
13	Pāṇini-dar.	波儞尼派	聲論派	파니니派	文法學派
14	Sāṅkhya-dar.	僧佉派	數論派	僧佉耶派	상키야學派
15	PātaNjala-dar.	波騰闍羅派	瑜伽派	瑜伽派	요가學派
16	Śaṅkara-dar.	吠檀達派	吠陀派	샹카라派	샹카라學派

이렇게 최초의 인도철학 강의에 임해 새로운 용어의 번역과 적용은 실로 각고의 노고가 드는 작업이라고 생각되지만, 그러한 일을 이노우에는 전 인도철학에 걸쳐 시도하고 그 결과를 남겼던 것이다. 그리고 마지막 제15장에서 볼 수 있듯 이노우에는 인도철학이 학문적으로 지

---

25) 今西(1991) pp.12-13; 木村(1969) pp.36-37; 中村(1994)(1995).

니는 가치를 서양의 희랍철학과 상세하게 대비해 결코 손색이 없고, 그리고 더 나아가 중국철학이나 서양철학에 비해서도 인도철학은 결코 뒤떨어지지 않는 철학적 전통을 가지고 있음을 분명히 하고 있다. 이것은 당연히 유럽에 유학하여 새로운 학문을 수입하는 상황에서 당시 인도철학의 연구가 성했던 유럽철학의 전통 속에서 인도철학의 가치를 분명히 해야 할 상황에 있었던 이노우에로서는 당연한 시도였다고 생각된다. 이러한 인도철학의 가치에 대한 분명한 위상 정립은 전통종교로서 불교의 위상을 조망하는 것은 물론 도쿄대학에서 그 위상을 공고히 할 필요가 있었던 불교학의 새로운 조망을 위해서도 중요한 작업이었을 것이다. 더욱이 이노우에가 인도철학의 전통에서 여러 학파들이 철학적인 면과 종교적인 면을 함께 갖는 것의 중요성을 강조하고 있는 것도 불교철학은 물론 전통종교로서 불교의 사회적 위상을 분명히 하려는 의도도 있었다고 생각된다. 이러한 이노우에의 주장은 메이지 유신과 함께 시작된 폐불훼석의 불교탄압을 극복한 불교계에 불교의 철학적 내지 종교적 위상을 공고하게 하는 중요한 계기가 되었을 것은 분명하다.

Ⅳ. 결어

본장은 이마니시 준기치에 의해 발굴된 일본 근대 최초의 〈인도철학사〉 강의록에 대한 고찰을 시도한 것이다. 이 강의록을 남긴 이노우에 테츠지로에 대해서는 인도철학의 입장과는 전혀 별개로 서양철학 내지 중국철학의 입장에서 그에 대한 평가가 이루어져 왔다. 특히 도쿄대학 철학과의 일본인 최초의 교수로서 관학을 대표하는 입장에서 특히 그가 독일에서 귀국한 직후 거행된 '교육과 종교의 충돌'에 있어 국가의 대변자 역할을 한 것은 그의 철학에 대한 평가에 절대적인 영향을 끼쳤다. 그렇기에 그에 대한 평가는 상당히 부정적이고 특히 서양철학의 입장에서에서는 극단적인 평가절하도 이루어졌다고 생각된다.

　　이러한 극단적으로 부정적인 평가는 당연히 그의 인도철학에 대한 강의기록 조차 제대로 이뤄지지 않은 이유가 되었다고 생각된다. 하지만 그의 〈인도철학사〉 강의록에 나타나듯 일본 근대의 신학문으로서 인도철학에 대한 연구와 기록은 이후 많은 연구자들에게 큰 영향을 끼쳤을 것은 분명하다. 상당히 다양하고 복잡한 인도철학의 용어를 새롭게 조어하고 체계화하는 작업은 분명 엄청나고 상상하기 힘든 작업이라고 생각되지만, 그러한 작업들을 이노우에는 독일 유학기간 중에 준비하고 연구하였다고 생각된다. 그리고 이러한 유럽의 최신 인도철학 연구에 대한 이해를 위해서는 산스크리트어에 대한 이해가 전제되어 있었음은 말할 필요도 없을 것이다.

　　이노우에에 대한 일본 사회의 지금까지의 일반적 평가와 달리 그의 인도철학에 대한 기여는 향후 평가되어야 할 것이라 생각된다. 이러한 새로운 평가가 이루어질 수 있는 계기가 된 논문을 발표한 이마니시의 연구는 더욱더 그 의미가 크다고 생각된다.

第八章　尼夜耶学派

第　節　尼夜耶ハ衛世師ト密著ノ関係ヲ有シ、殆ド　学派ヲ成セリ、衛世師ハ実ニ尼夜耶ヨリ派生セル　学派ニ過ギ
ズ、故ニ学者往々此両学派ヲ並称シ、　学派ノ如ク叙述セリ、然レドモ彼レト比シ、尼夜耶ハ自ラ差別ノ存スルヤニカニラ
ナリ、尼夜耶ハ論法ヲ明カニスルヲ主トスルガ故ニ一個ノ哲学組織ヲ云フヨリ寧ロ諸学ニ必要ナル方法論 methodology
ナリ、然ルニ衛世師ハ一種ノ物理的世界観ニシテ自ラ哲学組織ヲ成セリ、尼夜耶ハゴタマ氏ノ創唱ニ係リ、十六題
（九句因、十四過類）ヲ説明スルヲ主トシ、衛世師ハカナーダ氏ノ創唱ニ係ルヲ以テ、是故ニ此
両学派ヲ分チテ叙述スルモ可ナレド又彼レト比ハハ對照參観スルヲ要スルモノアルナリ、
尼夜耶ト衛世師ノ時代ニ就イテ異論ナキニアラズ然レド衛世師ヲ以テ之ヲ見レバ、尼夜耶ハ衛世師
驥テ遂モ尼夜耶ノ論旨ヲ以テ言ハザルヲ得ザルナラント、然レドヴェーベル
氏ハ比事ヲ断言センニハアラズ、論旨発達ノ順序ヨリ云ヘバ衛世師ハ本イチ起シ、更ニ
ン、モニエル、ウヰルリヤムス、デヴヰース諸氏皆尼夜耶ヲ先トシ、衛世師ヲ後トセリ、

第二節　衛世師派ノ鼻祖カナーダ氏ハ六句即チ六諦ヲ以テ範疇 Padārthas トス、第一ハ実 dravya トス、
ナリ、第一ハ徳 guna ト云フ、即チ性質ナリ、第三ヲ業 karman ト云フ、即チ発動若クハ作用ヲ謂フナリ、
論ハ佛家ノ躰相用ニ当ルモノナリ、第四ヲ大有性 Sāmānya ト云フ、即チ普通性ナリ、第五ヲ同異性 Viśe-
ナリ、即チ特殊性ナリ、〔十句論ニテハ〕（倶不分ト云フ）第六ヲ和合性 Samavāya ト云フ、即チ附著性ヲ謂フナリ、カナーダ氏
ヲ以テ哲学組織ヲ建立セリ、

(一)	実 dravya, Substanz	…	陀羅驃（主諦）	【又名説】
(二)	徳 guna, quality	…	求那（依諦）	【依諦】
(三)	業 Karman, action	…	羯摩（作諦）	
(四)	大有性 Sāmānya, generality	…	三摩若（總相諦）	
(五)	同異性 Viśeṣa, particularity	…	毘尸沙（別相諦）	
(六)	和合性 Samavāya, inhesion	…	三摩婆夜（無障碍諦）	

六句

然ルニ後人之レニ一加フル第七句ノ無説 abhava ヲ以テス、即チ存在否定ノ義ナリ、第七句ハ後人ノ加フル
「ハジヤヤ、ナーラーヤナ氏ガ衛世師経（第　巻第　章）第四（節）ノ注ニ In this place there is also
of six categories spoken of as existing, but in reality non-existence is also implied by the sage a
category トアルニヨリテ之レヲ知ル、因明大疏巻三
〔三巻右〕ニ恵月出ヅ、六句ヲ異、有能、無能、無説ニ見
テ十句トセリトス、然ドモ此説妥ナラズ、独リ無説ノ一句ハ已ニガウフ氏ノ訳ニ係ル衛世師経ノ注ニ見ル
何人カ恵月ヲ先ヂテ加ヘタルコ疑ナシ〔無説〕一句ハ Annambhatta ナルモノノレハ加フト云フ、（佛教小ニ
ヲ見ヨ）恵月ハ有能、無能ノ一句ヲ加ヘ、一間異ヲ分チテ異ト倶分ト見ル、倶分ハ即チカナーダ氏ノ同異ト
レバ恵月ノ真ニ加ヘタル二句ハ過ギザルガ如シ、

希顯、哲学ト對立シテ活モ遜色アルモノニアラズ、エルドマン、チャレル、ユーベルウェヒ諸氏ノ如キ独逸ノ哲学史家ハ猶ホ希臘ノ哲学モ亦必ズ一ヲ昆同セズト云フヲ得ザルモ、彼等ノ断定ヲ確実ナル根柢ヲ有セザルヲ知ル(見)而シテ吾人ガ如何ホド宗教的観念ヲ昆同スルモ、是シ彼等ガ印度哲学ニ於ケル智識ノ某ノ薄識ニ因由セズ琱間セルモノトシテ痛タシク軽佻ナル傾向アリトモ、是シ被等ガ印度哲学ノ價ノ分離セルモノニアラズ、然ルニ吾人ガ尼夜耶派、僧佉派、衛世師派、斫盬遮羅等ノ哲学組織ノ如何ヲ考察セバ何等ノ宗教ノ脱却ヲ見做スニ足ズ、諸以テ純粋ナル智識的探究ヲ得ベキモノナリ(マ×ルヲ知ル)若シ又タレト同時ニ希顯哲学モ亦必ズ(多少)宗教ノ観念ヲ昆同メズト云フヲ得ザルハ、彼等ノ断定モ確実ナリ足ラン、次ギニ吾人ノ哲学ノ比較ヲ試ムハ、印度ノ哲学派、即チ印度論師派、方論師派、無因論師派、声顯論師派、即チ印度論師派、口力論師派、時論師派等ノ如キ吾人ハ琱似スルモノアルヲ開カズ、此ノ如ク印度ニ特異ナル哲学派アル以上ハ、益ミ印度哲学ノ研究スベキ充分ノ價ノアルヲ証スルニ足ル也。

印度ノ哲学ハ

吾人ハ優婆尼沙土以来印度ニ起ル各哲学派ノ起原主義及ビ沿革等ヲ研究セリ、今其重要ナル学派ノ数ヲ挙グレバ十有八、若シ建立無學論、不建立無學論、流出論等ヲ加ヘ、畧述セルモノ、及ビ各学派ノ於々テ之レヲ算フルハ八百ニ下ラズ、其観念敏精ナル、思想ノ曼羅ナル、之レヲ希臘ニ比スルモ次ニシテ遜色アリトセズ、膩水百論師ノ「ターレス」氏ニ似タル、火論師ノ「ヘラクライトス」氏ニ似タル、風仙論師ノ「アナキシメネス」及ビ「ピ子ゴラス」氏ニ似タルモノ、已ニ第十四章ニ之レヲ叙述セリ、或ハ云フ、仏教ヲ始メテ支那ニ入リタル(紀元後六十五年ナルガ故ニ、支那ニ入リタル)学派ヲ見敬スヘシ妥當ナラント、然レモ支那ニ傅ヘタル仏書ハ盡クヲ其傳ヘタル頃ニ成リシモ希臘ノ如ク起原數百年亦タ薄識ナルニ似タルノ哲学上ノ價ノ分レタルヲメニ消(唐)滅スル所ノ仏書ニ入リタル、學派ノ見敬スヘシ妥當ナラント、然レモ支那ニ傅ヘタル仏書ハ盡クヲ其傳ヘタル頃ニ成リシモ

印度哲学

ノ特質、支那ト及ビ西洋ト同ジカラズ、支那哲学ハ主トシテ吾人ノ如何様ニ行動スベキカヲ尋念セリ、西洋哲学ハ主トシテ吾人及ビ吾人ノ住スル世界ハ何物ナルヤヲ探究シ、然ルニ印度哲学ハ主トシテ吾人此世界ノ苦痛ヲ脱却シ得ベキカヲ考察セリ、印度哲学中専ラ智識的撥究ヲナスモノナキニアラズ、最大部分ハ宗教ノ性質ヲ帶ビ居ルニ得、如何ナル人モヲ否定スルカヲ得ズ、其宗教ノ性質ヲ帶ビ居ルモノハ智識ヲ以テ早ニ宗教ノ目的ニ到達スルノ方便ナルコトヲ知リ、宗教ノ意志ヲリテ起リ、哲学ハ智識ヲリテ起ルナルコトヲ知リ、宗教ノ意志ヲリテ起リ、哲学ハ智識ヲリテ起ル、我精神ハ未来得ベキニアラザルモ、現在得ベシ、此両者ハ於々テ厳重ナル区別ニ一經ニ相互ニ交錯セラシムルコトヲ得タ、然ルニ印度哲学ニ就キテハ純粋ナル智識的探究ヲ多少ノ哲学ノ性質ヲ帶ビ居リ、惟々西洋ノ哲学(ノ一)ヲリテ、切現象ノ根底ヲ探ルベカラ、カルザルニアラズ、宗教ノ帶ビ居ルモノハ哲学ヲ帶ビ居ルモノハ哲学ヲ標準トシテ仏教ノ如キ開伊那派ノ如キ哲学ト實在アリテ如何ニ論ズレ氏、是レ實ニ深ク考察セラレザルベシ、其智識的探究ヲ標準トシテ仏教ノ如キ開伊那派ノ如キ哲学ト實在アリテ如何ニ論ズレ、吾人ノ住スル此世界ノ何物ナルヤヲ疑ハ、吾人ノ智識的撥究ヲ標準トシテ、若シ吾人ガ如何ヲ疑ヲ得ベキカ、嚴密ナル思想家ニシテ、タビ百般ノ疑ヲ起シタルニ以上、真理ヲ窮明シ、智識ノ探究ニ依リテ哲学ヲ単ニ智識ノ撥究ニ依リ、故ニ安心立命ヲ地平ルケヲ以テ宗教ヲ性質ヲ帶ブ、是レ宗教ト及ビ哲学ト相異ナル所ナリ、又如何ナル実在アリテ、又如何ナル宗教ヲ性質解釈ヲ與ヘタル仏書ハ、安心立命終局ノ目的ヲ待テ有シ、哲学ヲ以テ基礎トシ、其主義ヲ宗教上ニ応用スルハ、亦誠ダ便利ナラズヤ、然レモ仏教ノ哲学ヲ以テ終局ノ目的トナスモノニアラズ、彼蕚安心立命ヲ最ト要有ニ、哲学ヲ以テ基礎トシ、其主義ヲ宗教上ニ応用スルハ、亦誠ダ便利ナラズヤ、然レモ仏教ノ地ヲ求メルヲ已ムザルニシリ、故ニ安心立命ヲ地平ルケヲ得ルヲ以ル「一圓ヨリ哲学ノ範囲内ノ事トスルヲ得ベク、必ズシモ宗教上ノ性質トシテ哲学ヨリ分離スル安心立命ノ地ヲ求メルヲ「一圓ヨリ哲学ノ範囲内ノ事トスルヲ得ベク、必ズシモ宗教上ノ性質トシテ哲学ヨリ分離スル命、地平ルケヲ得ルヲ、嚴密ナル思想家ニシテ、猶ホ種怪不思議及ビ各種ノ儀式等ノ宗教上ノ性質トシテ哲学ヨリ分離スルノ理由ナルニアラズ、猶ホ種怪不思議及ビ各種ノ儀式等ノ宗教上ノ性質トシテ哲学ヨリ分離スベキモノナリ。

제6장
일본 근대의 불교가 이노우에 엔료의 활불교철학
-《불교활론서론》의 활불교를 중심으로 -

Ⅰ. 서언

일본 근대의 불교는 주지하는 바와 같이 폐불훼석(廢佛毀釋)의 불교
탄압으로 전개된다. 이러한 불교탄압은 도쿠가와 막부의 에도 시대에
불교가 국교의 지위에 있었던 것을 감안하면 천양지차(天壤之差)의
변화를 의미한다. 곧 국교의 지위에 있던 불교가 하루아침에 그 지위
를 잃은 것은 물론 일종의 사회악(社會惡)으로 치부되는 상황에 직면
하게 된 것이다. 이러한 상황변화는 메이지 유신에 의한 신정부가 신도
의 이념에 근거해 천황중심의 정치체제를 만들고자하는 근본적인 입
장 변화에 근거하기도 하지만, 오랫동안 막부의 입장을 대변하는 국가
기관 성격의 불교가 가졌던 종교적 생명력 저하도 원인이라 생각된다.
곧 에도막부 기간 동안 불교는 본말사(本末寺) 제도의 확립과 단가(檀
家) 제도의 정착으로 사회적 위상도 높고 경제적 안정을 누렸지만, 종
교적인 활력은 상당히 저하되었던 것이다. 이러한 종교적 활력의 저하
는 당연히 불교에 비판적인 신도가(神道家)나 국학자(國學者)들에게
불교에 적대적인 의식을 갖게 하였고 또한 많은 사람들에게도 불교를
멸시하는 풍조를 갖게 하였다. 이러한 비판적 입장이 불교에 대한 탄압
과 폭력적 파괴로 강하게 분출된 것이 메이지 초기 신불분리령(神佛分
離令)에 의한 폐불훼석으로, 이 폐불훼석의 탄압 속에 불교계는 가히
풍전등화(風前燈火)와 같은 위기상황을 맞이하였다. 그렇지만 이러한
근대 초기의 폐불훼석은 불교계의 반성과 자숙, 새로운 자각을 가지고
오는 계기가 되어 적어도 교부성(敎部省)이 설치되는 1872년 이후부터
는 불교계도 사회적인 역할을 국가로부터 인정받는다. 이와 같이 불교

계의 지속적인 노력 속에 불교는 사회적인 역할을 담당하는 한편 사회 속에 중요한 전통종교로 간주된다.

필자는 근년 이러한 일본 근대의 불교계 동향에 대해 관심을 가지고 연구를 시도하였다.[1] 이러한 연구에 있어서 필자가 주안점으로 삼은 것은 메이지 초기의 폐불훼석을 극복하고 이후 불교학이 높은 수준의 학문적 성과를 낼 수 있는 체제로 바뀐 원인에 대한 탐구라 할 수 있다. 다시 말해 어려운 종교적 상황 속에서도 불교계가 새롭게 거듭나고 일본의 불교학이 전 세계 불교학의 메카로 자리 잡은 이유를 심도 있게 탐구하려고 한 것이다. 따라서 필자는 이러한 불교계의 노력이 구체적으로 어떻게 이루어져 국가적인 탄압을 극복하고 실질적으로 불교의 정신이 새롭게 이해되는지를 좀 더 분명하게 알고자 하였다. 이러한 연구의 과정에서 만난 사람으로, 실제 불교의 정신을 서구의 종교나 철학과 비교해 재해석하고 기존의 전통불교에 큰 활력소를 불어넣어 불교가 새롭게 사회적인 주목을 받고 아울러 불교학의 정립이 이루어지는데 중요한 역할을 한 대표적인 사람이 본장에 다루고자 하는 이노우에 엔료(井上円了, 1858-1919)이다.

메이지 초기 국가로부터의 탄압 속에서도 불교의 위상을 세우는 데 역할을 한 사람들은 상당히 많지만, 이노우에 엔료(이하 엔료라고 표기함)만큼 실질적이고 큰 성과를 낸 사람도 드물다고 생각된다. 수많은 저술과 강연을 통해 불교의 정신을 전하고 현재의 도요대학(東洋大學)에 해당하는 철학관(哲學館)을 세워 실제 불교의 이념을 사회에 전파한 인물로서 엔료는 불교의 위상을 높인 것은 물론 사회 속에 불교

---

1) 본서 <참고문헌> 참조.

가 어떻게 전개되어야하는가를 보여준 대표적인 인물이라 할 수 있다. 엔료에 대해서는 우리 한국에서도 최근 그 연구가 나오고 있어 앞으로도 그 정신이나 철학 등의 더욱 규명되리라 생각된다.[2] 본장은 이러한 일본 근대기에 중요한 역할을 한 엔료의 사상적 근거로서 그의 활불교(活佛敎)의 개념을 살펴보고자 한다. 그는 많은 저술 속에는 '활'이란 개념을 사용하고 있지만, 특히 불교의 사회적 위상에 대해 '활불교'라는 말로 대변해 불교의 가치와 역할을 강조하고 있다. 따라서 그의 많은 저술 가운데 초기의 저술 중 가장 중요하게 간주되는 《불교활론서론(佛敎活論序論)》에서의 활불교의 개념이 어떠한 의미를 가지며, 어떠한 배경을 가지고 있는지를 고찰하고자 한다.[3] 이 책은 엔료의 사상적 입장이 잘 드러나고 있는 것은 물론 폐불훼석으로 인한 불교탄압과 불교에 대한 사회적 무시에서 실제 불교의 사회적 위상을 세운 대표적인 저술로 간주된다. 이 저술 속에 나타난 '활불교'의 개념을 통해 그가 지향하고 의도했던 것이 구체적으로 무엇인가를 살펴보고, 아울러 당시 불교탄압의 상황 속에서 그가 행한 역할의 의의를 함께 살펴보고자 한다.

---

2) 원영상(2011), 송현주(2014), 김호성(2015) 등. 원영상(2011)은 서양사상을 적극적으로 수용하던 근대기의 불교에 있어 엔료의 역할을 고찰하며, 불교통일론 시도, 서양사상의 정리, 요괴학에 대한 체계적 연구 등에 대한 상세한 기술되어 있다. 송현주(2014)는 엔료의 근대일본에서의 위상을 심도있게 다룬 논문으로, 엔료를 이해하는데 중요한 역할을 할 수 있는 논문이라 생각된다. 김호성(2015)는 엔료의 후기저술 《분투철학》에 대한 연구로서 '활' 개념에 대한 다양한 응용이 나타난다.

3) 《불교활론서론》은 최근 일본에서도 현대어번역본이 출간되었다. 佐藤(2012). 그리고 이 책의 원문은 일본근대디지털라이브러리에서 인터넷으로 열람이 가능하다. http://kindai.ndl.go.jp/pid/817128.
그리고 필자는 佐藤(2012)의 일부를 필자의 저서 <후기>에 인용한 바 있다.이태승(2014b). 이것은 실제 필자에게 있어 엔료에 대해 관심을 갖게 된 직접적인 계기가 된 것이기도 하다.

II. 이노우에 엔료의 생애와 저술

1. 생애

엔료가 활동했던 시기는 일본불교의 역사상
일찍이 경험하지 못했던 불교탄압의 시기에
해당한다. 그것은 메이지 유신으로 새로운
국가질서가 만들어진 상황 속에서, 천황제중
심의 국가 실현을 위해 신도(神道)의 사상이
념이 중시되던 시기였다. 이러한 신도의 사
상적 중시가 실제 현실로 드러난 것이 신불

이노우에 엔료

분리령으로, 이것은 오랫동안 일본의 전통으로 간주된 신불습합의 전
통을 깨뜨린 중요한 사건이었다. 이 신불분리령으로 인해 나타난 사회
현상이 폐불훼석의 불교탄압으로, 실로 불교계는 유례가 없는 불교탄
압을 직면하게 된 것이다. 이러한 불교탄압은 사원의 파괴, 승려의 환
속, 사원의 통폐합과 같은 극단적인 사건으로 이어져 가히 불교계는 불
교절멸의 위기감조차 가지게 되었다. 이러한 탄압 속에 불교계도 대응
하여, 제종동덕회맹과 같은 종단의 연합, 각종 건백서의 제출, 불교이
념의 제시 등과 같은 다양한 방법으로 위기를 극복하고자 노력하였다.
이러한 불교계의 불교를 지키고자하는 호법운동은 대체적으로 3기로
나눌 수 있다. 제1기는 1868년에서 1872년경으로 신불분리 폐불훼석에
대항하는 시기, 제2기는 1873년부터 1877년 교부성 폐지까지의 시기,
제3기는 1878년에서 1890년경의 시기로서, 실제 이노우에 엔료는 이

제3기를 대표하는 인물로 간주되고 있다.[4]

엔료는 1858년(安政5) 에치고(越後; 현재의 新潟縣)의 진종대곡파의 사원에서 태어나, 그 지역에서 한학을 배우고, 17세에 나가오카(長岡) 양학교(洋學校)에 들어가 상경하여 도쿄대학(東京大學)예비문(豫備門)을 거쳐 1881년 24세로 도쿄대학 철학과에 입학해 1885년 졸업한다. 도쿄대학 철학과에 들어가기까지 그의 생애를 좀 더 세밀하게 살펴보면 다음과 같다.

1858년 3월 ~	생가 眞宗大谷派 慈光寺 후계자로서 부친으로부터 진종의 교육을 받음
1868년(明治元) 3월 ~ 1869년4월	蘭方醫 石黑忠悳의 私塾에서 漢籍의 독해와 수학의 초보를 배움
1869년(明治2) 8월~ 1872년 12월	舊長岡藩 儒者 木村鈍叟로부터 한학을 배움
1871년(明治4) 4월2일	東本願寺에서 得度
1873년(明治6) 5월 ~ 8월	高山樂群社에서 영어의 초보를 배움
1874년(明治7) 5월 ~ 1877년 7월	구(舊) 나가오카 양학교에서 양학과 수학을 배우고, 졸업 후 수학과 한학의 조수가 됨
1877년(明治10) 9월 ~ 1878년 3월	京都의 동본원사의 敎師敎校 英學科에서 배움
1878년(明治11) 9월 ~ 1881년 7월	東京大學 豫備門에서 배움
1881년(明治14) 9월 ~ 1885년 7월	東京大學 文學部 哲學科에서 배움[5]

이와 같이 엔료는 정토진종 대곡파의 절에서 태어나 한학, 수학, 양학 등 다양하게 수학한 뒤 1881년 도쿄대학 철학과에 들어간다. 도쿄

---

4) 불교의 호법운동을 3기로 나누는 것은 山崎正一의 《近代日本思想通史》(靑木書店, 1957)에 의한다. 末木(2004) p.43 참조.
5) 三浦(2004) p.72.

대학은 1877년 설립된 일본 최초의 국립대학으로, 1879년에는 〈불서강의〉라는 이름으로 처음으로 불교학에 대한 강의가 개설되어 하라 탄잔이 담당하였다. 엔료가 입학하던 1881년 당시에는 학과조직의 개편으로 철학과 내에 〈인도및지나철학〉이 개설되어 이 교과목의 교재로서 〈유마경〉과 〈보교편〉이 사용되고 있었다. 이 〈인도및지나철학〉은 다음해 1882년에는 동양철학, 중국철학, 인도철학으로 나뉘어지고, 인도철학은 하라 탄잔과 새롭게 강사로 임명된 요시타니 카쿠주가 격년으로 담당하였다.[6] 따라서 엔료는 당시 인도철학으로 이름되던 불교학의 강의를 들었던 것은 물론 서양의 철학에도 많은 관심을 가지고 활동을 하였다. 그는 1882년 2학년 당시 친구들과 철학연구회를 만들어 매월 모임을 가져 칸트 헤겔 콩트의 원전을 공부하였으며, 1884년에는 은사와 선배 동료들의 협조를 얻어 〈철학회〉를 창립, 1886년에는 〈철학잡지〉를 간행하였다. 그는 철학을 "사상의 법칙 사물의 원리를 규명하는 학문"으로 규정하며, 자연, 사회 인문의 "제학의 존재근거"를 기초하는 총괄적 학문으로 규정해 철학연구에 매진하였다.[7] 그는 서양철학에 연구매진 하는 한편 동양문화의 중요성에도 눈떠, "서양인이 아직 연구하지 않은 '고유의 철학'이 있다"고 하여 동양문화 사상의 연구에도 그 중요성을 두고 연구하였다.[8] 이러한 동서철학의 연구결과가 졸업 후 쓰여진 그의 저술 속에 나타나는 것으로, 그 대표적인 것으로 《진리금침(眞理金針)》, 《불교활론(佛敎活論)》 등을 들 수 있다. 그는 졸업 당

---

6) 도쿄대학에서 인도철학을 담당한 하라 탄잔 내지 당시 교과목 등에 대해서는 본서 〈제4장〉 참조.
7) 宮本(1975) p.229.
8) 상동.

시 대학에서의 인도철학연구, 관료로의 진출 등의 권유가 있었지만, 재야의 사상가 저술가로서 매진하고자 뜻을 세웠다고 한다. 졸업 후 그의 노력은 1887년 철학관(哲學館)의 창설, 1888년 '철학서원'설립 등으로, 교육, 출판활동에 힘쓰며, 정교사(政教社)에서 발행하는 《일본인》의 발행에 관여하는 등 언론인으로서도 적극적으로 활동하였다. 그는 생애 127책에 달하는 단행본 내지 강의록과 638편에 이르는 한시 취의서 보고서 등을 남기고, 1919년(大正8) 61세로 중국 대련에서 강연 도중 쓰러져 서거했다.

2. 저술

엔료의 저술은 상당히 방대하지만, 저술의 시기나 구체적인 내용에 대해서는 상세하게 규명되어 있다. 그리고 방대한 그의 저술활동은 대체로 다음과 같이 네 시기로 구분할 수 있다.[9] 먼저 제1기는 도쿄대학 졸업전후로, 《삼학론(三學論)》《불교신론》《철학신론》《철학일석화(哲學一夕話)》 등의 철학을 주제로 저술이 이루어지는 시기, 제2기는 1887년 전후로 《진리금침》을 중심으로 파사현정의 입장을 명확히 하는 시기, 제3기는 메이지 20년대 전반의 《불교활론》《순정철학신론》《일본정교론》 등 철학과 불교의 체계를 확립하는 시기, 제4기는 메이지 30년대 심리학과 요괴(妖怪) 현상에 관해 저술하던 시기의 넷으로

---

9) 여기에서 4기로 구분하는 것은 池田英俊의 《明治の佛教-その行動と思想》(評論社, 1978)에 의거한다. 末木(2004) p.45 참조.

나누어진다. 이러한 시기구분을 감안하면 엔료의 저술활동은 제1기에서 제3기의 1886년부터 1889년경 사이, 그의 나이로는 20대 후반에서 30대 초반에 걸쳐 불과 4년 정도의 기간에 상당히 많은 저술이 이루어지고 있다. 특히 이 시기는 일본 불교계에서도 특별한 활동이 눈에 띄지 않던 시기였던 까닭에, 엔료가 불교 사상가 내지 저술가로서 크게 부각될 수 있었다고 한다.[10] 이렇게 엔료의 저술은 철학, 종교(불교), 윤리, 심리, 요괴학, 여행기, 수필 등 그 집필 분야가 다양하며, 또한 철학과 불교, 철학과 종교, 종교와 교육 등 학문상의 관계에서 저술된 것도 적지 않다.

이러한 저술 가운데 엔료의 저작으로 그의 불교사상이 잘 나타나는 저술들을 살펴보기로 한다. 먼저 그의 저술가운데 서양의 기독교를 비판하고 불교의 정체성을 드러내려는 책들이 크게 눈에 띄는데 그 대표적인 것으로《파사신론(破邪新論)》(明敎社, 明治18年 11월),《야소교의 난점(耶蘇敎の難目)》(無外書房, 明治18年),《진리금침(眞理金針) 초편(初編)》(山本留吉, 明治19年 3월),《同 속편(續編)》(同, 明治19年 11월),《同 속속편(續續編)》(長沼淸忠, 明治20年 1월),《불교활론서론(佛敎活論序論)》(哲學書院, 明治20年2월),《파사활론(破邪活論)》(同上, 明治20年11월),《현정활론(顯正活論)》(同上 明治23年 9月) 등을 들 수 있다.[11] 이 활론의 시리즈 중 가장 마지막에 출간된 것이《호법활론(護法活論)》(또는 活佛敎라고도 칭함, 丙午出版社, 明治45年)이지만, 저술 연대는 앞의 세 책과 상당히 차이가 난다.

---

10) 末木(2004) p.45 참조.
11) 芹川(1989) p.37 참조.

또 마찬가지로 초기의 저술로서 철학과 사상을 드러내는 책으로
《철학신론(哲學新論)》(明治18年),《철학일석화(哲學一夕話)》全3編
(哲學書院, 明治19-20年),《철학요령(哲學要領)》前·後編(同上, 明治
19-20年),《심리학강의》(同上, 明治20年),《심리적요(心理摘要)》(同
上, 明治20年),《요괴현담(妖怪玄談)》(同上, 明治20年),《철학도중기
(哲學道中記)》(同上, 明治20年),《윤리통론(倫理通論)》상·하(普及社,
明治20年),《실제적종교학(實際的宗敎學)》(明治20年),《종교신론(宗
敎新論)》(哲學書院 明治21年),《순정철학신론(純正哲學新論)》(哲學
書院, 明治21年) 등을 들 수 있다.[12]

이렇듯 초기의 엔료 저술을 살펴보면 대체로 그 저술의 내용은
서양철학을 순수하게 밝히는 것 (이것을 엔료는 순정철학이라 부르고
있다) 과 기독교를 비판하며 동시에 불교의 정신을 확립하는 것의 두
가지 방향으로 나타나고 있음을 볼 수 있다. 이러한 두 가지 방향이 각
각 개별적으로 논의되고 있는 것이《진리금침》의 3편이며, 이 3편의
《진리금침》에서 다루어진 내용이 하나의 저술로서 정리되어 나타난
것이《불교활론서론》이다. 이 책은 초기의 저술 가운데서도 가장 널리
읽혔고 많은 영향력을 가졌던 책으로 알려져 엔료의 책 중에서도 가장
중요한 책으로 간주된다.[13] 다음절에서 이 책에 나타나는 활불교의 입
장을 살펴보기로 한다.

---

12) 芹川(1989) p.37 참조.

13) "엔료의 저작 가운데 가장 영향력이 큰 것은《진리금침》과《불교활론》이다. 후자는
《불교활론서론》,《파사활론》,《현정활론》,《호법활론》으로 이뤄졌으며, 특히《서론》은
서구주의에 눌려있던 불교가 다시 소생할 수 있다는 생각을 갖게 한 책이다."
川崎(1964) p.348. 송현주(2014) pp.302-303에서도《불교활론서론》의 당시 영향 등이
비교적 상세히 기술되어 있다. 참조.

Ⅲ.《불교활론서론》에 나타나는 활불교철학

1.《불교활론서론》의 내용 및 저술 배경

《불교활론서론》(이하에서는《서론》으로 略記함)은 1887년 2월 철학서 원에서 간행되었다. 이 책이 출간되기 전의 엔료의 책으로서는 앞서 거 론하였듯 최초의 책인《파사신론》을 비롯해 철학관련 책들(《철학일석 화》제1, 2편,《철학요령》전편)과《진리금침》이 간행되었다. 이렇게 보 면 이《서론》은 불교의 명칭이 붙은 책으로서 최초의 책이자 '활'의 용 어가 들어간 것으로서도 최초의 책이라 할 수 있다. 이《서론》은 최근 현대어역이 출간되어 그 내용을 상세히 알 수 있지만, 본래는 전체적 인 장절의 구분이 없고 가타가나의 일본어로 쓰여 있다.[14] 이 책이 본 래 의도하고자 하는 것은 〈서언(緒言)〉에 잘 나타나고 있는데, 〈서언〉 의 제일 첫머리에서 엔료는 다음과 같이 말하고 있다.

> 나는 일찍부터 불교가 세간에서 성행하지 않는 것을 한탄하고, 그 재흥을 자신의 임무로 삼아, 독력으로 연구를 거듭해 이미 십 수년이 지났다. 최근에 이르러 비로소 불교가 서양의 과학과 철 학의 원리와 일치하는 것을 발견하고, 이것을 세상에 드러내는 것을 목적으로 하여 여기에 일대논문을 저술키로 했다. 그 이름 을《불교활론》이라 한다. 먼저 첫 번째로 그 단서를 설하여 진리

---

14)   일본어 원서는 일본근대디지털라이브러리 : http://kindai.ndl.go.jp/info:ndljp/pid/817128

의 성질과 불교의 조직을 간단히 설명한다. 이것을 《불교활론서론》이라 제목을 붙인다. 본론에 들어가지 전의 준비단계라는 의미이다. 본론은 《파사활론》, 《현정활론》, 《호법활론》의 3부로 나누고, 지금부터 3개월에 걸쳐 원고를 쓰고 그 후 세간에 보여 세간 사람들이 어떻게 생각하는지 시험해 보고 싶다.[15]

이 엔료의 말에서 엔료가 이 《서론》을 쓰는 이유가 불교의 재흥(再興)에 있는 것을 알 수 있다. 즉 불교의 교리가 서양의 철학적 이념과도 부합하는 진리인 것을 세상에 드러내고자 하는 의도를 가지고 있는 것을 보여준다. 이렇게 불교의 교리가 서양의 철학적 이념에도 합치하는 뜻을 밝히고자 이 《서론》을 포함해 《불교활론》의 〈본론〉을 쓰고자 하는 뜻을 밝히고 있다. 그리고 이어서 엔료는 불교의 진리성에 대해 서양의 기독교와 대비해 〈서언〉에서 윗글에 바로 이어 다음과 같이 말하고 있다.

내가 불교를 논하는 스타일은 철학상에서 공평무사한 판단을 내리는 것으로, 세간상 승려들의 이해와는 다르다. 또 기독교인이 보는 것과도 크게 다를 것이다. 본래 내가 불교를 돕고 기독교를 배제하는 것은 석가 그 사람을 사랑해서가 아니라 그리스도 그 사람을 미워해서가 아니다. 단지 내가 사랑하는 것은 진리이며, 내가 미워하는 것은 비진리이다. 지금 기독교의 가르침에는 진리로서 채용할 수 없는 부분이 있고, 불교의 가르침에는 비진리로

---

15) 佐藤(2012) p.14.

서 버려서는 안되는 요소가 있다. 이것이 내가 기독교를 배제하고 불교를 돕는 이유이다.[16]

이렇게 엔료는 불교의 교리가 재활되어야하는 이유를 기독교의 가르침과 대비해서 불교의 가르침이 진리에 부합한다는 뜻을 분명히 밝히고 그 이유를 《서론》의 본론에서 다루고 있다. 이렇게 기독교와의 대비에서 불교의 진리성을 논하는 것은 당시 일본은 사회상과도 밀접한 관련을 갖는 것이다. 즉 일본은 에도 막부의 성립과 함께 기독교의 포교금지가 이루어졌고 그러한 정책은 메이지 유신 이후에도 일정기간 지속되었다. 그렇지만 메이지 유신이 서구의 정책이나 문물이 본격적으로 유입되는 것을 전제로 이루어진 혁명이었기 때문에, 서구제국과의 외교적 관계에서 기독교의 금지정책은 늘 지적되는 문제이기도 하였다. 그러한 기독교 신앙금지의 정책이 1873년 풀리고 이것을 계기로 서양의 선교사가 다수 일본사회에 들어오게 되었다.[17] 이러한 사회적 양상 속에서 일본 정부는 폐불훼석의 논리적 근거 내지는 천황제의 이념적 근거를 신도의 이념에 크게 의존하였지만, 신도 자체의 교리로서는 그러한 사회적 양상을 대응할 수가 없었다. 이러한 상황에서 기독교의 해금과 함께 기독교의 대항하는 이념적 근거를 제시한 것이 불교이며, 그러한 대항은 기독교의 종교철학에 대한 비판은 물론 후에는 서구제국에 대한 일본의 종교전통의 과시로서도 작용하게 된다. 이러한 기독교에 대한 비판 논리에 누구보다도 앞장 선 사람이 엔료이지만, 아

---

16) 상동.
17) 도히(1991) p.39.

직 당시는 불교의 부흥이 온전히 이루어졌다고는 할 수 없는 상태로서 엔료의 비판은 불교계로도 향하고 있음을 알 수 있다. 엔료는 불교계에 대해 이《서론》의 〈서언〉에서 다음과 같이 말하고 있다.

> 지금 불교는 무지한 민중 사이에 유행하지만, 무학의 승려들에 의해 전해지는 까닭에 악습이 대단히 많고, 외견상 야만적인 가르침이 되어 있다. 그로 인해 불교가 나날이 쇠퇴하고 있는 상황이다. 이것이 내가 크게 개탄하는 것으로, 진리를 위해 어디까지나 이 가르침을 호지하고, 국가를 위해 어디까지나 그 폐해를 개량하려고 생각하는 바이다. 하지만 그 호지나 개량의 방식은 지금 승려들과 함께하려고 해도 헛된 것이다. 그들의 과반수는 학식도 기력도 없기 때문이다. 그런 까닭에 가령 함께 하려고 해도 뜻을 이룰 수 없는 것이 필지(必至)의 결과이다. 그 때문에 나는 세간의 학자, 재자(才子 : 지혜자) 가운데 만약 진리를 사랑하고 국가를 지키려는 뜻을 갖는 자가 있으면, 그들과 함께 그 뜻을 다할 것을 결의하며, 함께 세간의 학자 재자들에게 승려들 세계의 밖에서 불교의 진리를 구하기를 바라는 것이다.[18]

이 글을 통해 엔료가 당시 불교계의 상황에 대해 비판의식을 가지고 불교의 부흥을 위한 새로운 제안을 사회일반에 하고 있음을 볼 수 있다. 엔료는 본래 진종대곡파의 절의 아들로 절에서 자라고 자신이 원하면 언제든 절을 이어받을 수 있을 정도로 불교계에 대한 정세에

---

18) 佐藤(2012) p.15.

능통해 있었다. 어려서부터 불교계에 몸담고 자란 상황이어서 불교에 대한 부정적, 비판적 입장도 상당히 컸던 것을 알 수 있다. 하지만 도쿄 대학에서 공부하고 연구한 결과 불교의 가르침이 진리에 부합한다는 확신을 바탕으로 새롭게 눈을 뜨고 그러한 입장에서 기존의 불교계를 바라보며 그와 같이 불교계를 질타하고 있는 것이다.

이와 같이 《서론》의 〈서언〉에 나타나는 내용을 살펴보면 이 《서론》은 불교의 진리성에 대한 확신을 분명히 하고자 하는 의도를 가지고 있음을 알 수 있다. 즉 그 진리성에 대한 부합을 ① 서양철학과의 비교대조 ② 기독교의 교리와 비교대조 ③ 불교 진리성의 성격규명이라는 세 가지 관점에서 제시하고 있는 것을 볼 수 있다. 이렇게 보면 이 《서론》은 그 이전에 출간된 《진리금침》의 내용과 밀접한 관련을 갖는 것으로, 《진리금침》을 새롭게 요약, 정리한 것이라고도 할 수 있다. 왜 냐하면 《진리금침》은 초편, 속편, 속속편의 3편이 출간되지만, 각각의 부제가 초편에는 "예수교를 배척하는데 이론은 있는가(耶蘇教を排するは理論にあるか)", 속편은 "예수교를 배척하는 일은 실제 있는가(耶蘇教を排するは実際にあるか)", 속속편은 "불교는 지력정감 양쪽이 완전한 종교인 이유를 밝힘(佛教の智力情感兩全の宗教なる所以を論す)"이라고 붙어 있고,[19] 그리고 이러한 내용은 《서론》의 내용 속에서도 거의 그대로 다시 정리, 논의되고 있기 때문이다. 따라서 《서론》은 불교의 진리성에 대한 규명을 통해 불교가 서양철학, 기독교의 정신에 뒤지지 않는 철학정신을 가지고 있음을 밝히고 그것을 통해 불교인의

---

19) 《초편》: http://kindai.ndl.go.jp/info:ndljp/pid/816763 , 《속편》: http://kindai.ndl.go.jp/info:ndljp/pid/816764 , 《속속편》: http://kindai.ndl.go.jp/info:ndljp/pid/816765.

자각과 분발을 촉구하기 위해 지어진 것을 알 수 있다. 이러한 내용을 《서론》의 본론에서 좀 더 상세하게 살펴보기로 한다.

2. 활불교의 의미

먼저 《서론》의 본론에 들어가면 엔료의 사상을 드러내는 특징적인 말로 호국(護國)과 애리(愛理)의 개념이 전개되어 이 양자는 일체라고 말하고 있다. 그리고 엔료 자신은 오랫동안 진리를 구해온 내력을 말하며, 진리에 대해 "본래의 진리(眞理)의 이(理)란 고금만세(古今萬世)를 통하며, 천지육합(天地六合, 모든 方角)을 꿰뚫는 것이다. 실로 처음도 끝도 없는 진리이다. 끝도 없고 다함도 없는 진리이다"[20]라고 말하며, 진리는 사물이나 정신 일체에 변재하는 한정될 수 없는 것임을 밝히고 있다. 그러한 진리의 성격을 엔료는 공평무사(公平無私)란 말로 표현하고 있고, 그러한 진리를 각각의 종교는 주장하고 있다고 말한다. 그렇지만 각각의 종교가 동일한 진리를 주장하는가에 대해 엔료는 다음과 같이 말하며, 자신이 그간 서양의 철학을 공부한 이유를 밝히고 있다.

> 불교를 주장하는 사람은 "자신의 가르침 외에 진리는 없다"라고 하며, 기독교를 주장하는 사람은 "자신의 가르침 외에 진리는 없다"라고 한다. 그러나 자신의 종교 외에 완전한 진리가 없다는 것

---

20) 佐藤(2012) p.26.

을 증명하지 않는 것은 본래 치우친, 이상한 사고방식으로, 그들이 말하는 진리가 공평무사한 진리가 아닌 것은 말하지 않아도 알 것이다. 그런 까닭에 내가 여기에 양교의 우열을 비교하는 것은 공평무사의 진리를 표준으로서, 한편으로 치우치지 않은 철학상의 재판을 양자에게 내리는 것이다.(중략) 그럼에도 불구하고 세간의 논자는 최근 자주 말하기를 "진리는 기독교 가운데 있고 불교 가운데는 없다"라고 한다. 그것은 완전히 이상하다고 말하지 않을 수 없다. 또 더 나아가 말하기를 "기독교만이 완전한 진리이며, 불교는 완전히 진리에 반한다"라고 까지 말한다. 어떻게 이렇게 엉터리를 말할 수 있는가. 그럼에도 불구하고 불교 위에 공정한 판단을 내리는 자가 한 사람도 없는 것이 자신이 옛날부터 개탄한 것으로, 10년 이상 걸쳐 고심하여 철학을 연구한 것은 이 목적을 달성하기 위함이었다.[21]

이렇게 공평무사한 진리에 대한 기준으로서 불교와 기독교의 관계를 논하며, 자신이 철학을 연구해 온 이유를 밝히고 있다. 물론 이렇게 엔료가 불교의 진리성을 증명하고자 한 것은 그가 절집의 아들로 태어난 것이 큰 이유이었음은 당연할 것이다. 그렇기에 엔료는 절에서의 생활을 "일신의 치욕"[22]으로 느끼기도 하고, 또 폐불훼석의 변을 당해서는 "불교의 세계를 벗어나 세상 중에 학문을 구하고자"[23] 하였다고 말하고 있다. 그리하여 먼저 유학을 배웠지만 유학도 완전한 진리가

---

21) 佐藤(2012) pp.28-29.
22) 佐藤(2012) p.30.
23) 佐藤(2012) pp.30-31.

아닌 것을 알고 그것을 버리고, 기독교가 완전한 진리인지를 알기 위해 서양의 학문을 배웠지만, 그 기독교의 진리도 완전하지 않다는 것을 알고 이후 오로지 몰두한 것이 서양의 철학에 대한 연구이었다. 그리하여 10여 년 그 연구의 결과를 전제로 그간 공부했던 종교를 되돌아보고 그는 다음과 같이 말하고 있다.

> 그러던 어느 날 크게 깨달은 바가 있었다. 내가 10수년래 고심하며 갈망하고 있던 진리는 유교, 불교 중에는 존재하지 않고, 기독교 중에도 존재하지 않고, 단지 서양에서 강의되는 철학 중에 있는 것을 알았던 것이다. 그때 나의 기쁨은 헤아릴 수 없었다.(중략) 이미 철학의 세계에 진리의 밝은 달을 발견한 것이지만, 여기에서 다시 지금까지의 종교를 되돌아보자, 기독교가 진리가 아닌 것은 더욱 분명하며, 유교가 진리가 아닌 것도 또 쉽게 증명할 수 있었다. 단지 불교만은 그 가르침이 크게 철학의 원리에 합치하고 있었던 것이다. 내가 다시 불전을 읽고, 점차 그 설이 진리인 것을 알고, 박수갈채하며 외치길 "어찌 몰랐을까. 유럽에서 수천 년 이래 궁리하며 손에 넣은 진리가 이미 동양 삼천년 전의 태고에 갖춰져 있었던 것을"이라고. 내가 어렸을 때 불문에 있으면서 불교 중에 진리가 있는 것을 몰랐던 것은 당시 나의 학식이 얕고, 그것을 발견할 힘이 없었기 때문이다. 여기에서 내가 새롭게 한 종교를 세우려는 생각을 끊고 불교를 개량하여 이것을 문명화의 세계종교로 하고자 하는 것을 결정했다. 메이지 18년의 일로서,

이것을 나의 불교개량의 기년으로 삼는다.[24]

곧 엔료가 그간 철학공부를 하며 새롭게 불교를 발견한 연유가 상세하고 세밀하게 기록되어 있다. 그러면 엔료는 불교의 진리성을 어디에서 확신한 것일까. 《서론》의 〈본론〉은 현대어역에서 보듯 〈제2장 국가와 불교〉에서 일본불교의 재흥과 기독교의 교리적 한계 등에 기술을 하고 있다. 그리고 〈제3장 불교와 진리〉에서 본격적으로 불교의 진리성에 대해 밝히고 있다. 이 불교의 진리성에 대해 눈에 띄는 것은 엔료가 철학과 종교를 구분하여, 철학은 지력(知力)에서 생기는 것 종교는 정감(情感)에서 생기는 것으로 구분하고 있는 것이다. 이렇게 철학과 종교를 구분하며 이러한 구분을 바탕으로 불교를 전체적으로 구분하여 설명하는 것이다. 곧 엔료는 불교의 사상 전체를 성도문(聖道門)과 정토문(淨土門)으로 구분하여, 성도문을 일종의 철학으로서 여기에 속하는 종파로 화엄종, 천태종, 구사종, 유식종(법상종)을 들며, 정토문은 일종의 종교로서 여기에는 정토종, 정토진종이 속한다고 말하고 있다.[25] 이렇게 불교는 지력으로서 철학적인 성격과 정감으로서 종교적인 성격이 온전히 갖추어져 있다고 말하고 있다. 서론에서는 다음과 같이 말한다.

본래 인간이란 정감과 지력이라는 두 가지 마음작용을 가진 존재로, 종교도 이 두 종류를 갖지 않으면 안된다. 기독교는 정감의 종

---

24) 佐藤(2012) pp.32-33.
25) 佐藤(2012) p.70.

교이며, 이슬람교도 마찬가지이다. 단 불교에 대해 말하면 대체로 지력의 종교라고 하며, 그 가운데서도 성도문은 철학의 원리에 의해 구축된 종교이다. 세상에서 불교를 평하여 "일종의 철학이다"라는 것은 불교가 정감의 종교가 아니라 철학상의 종교 때문인 것은 명백하다. 더욱이 성도문 외에 정토문이 있는 것은 불교는 지력의 종교 이외에 정감의 종교를 포함하고 있기 때문이다. 그런 까닭에 나는 불교를 평하여 "지력과 정감이 양쪽으로 완전한 종교이다"라고 말하고 싶다.[26]

이와 같이 엔료는 불교가 지력과 정감이 양쪽 모두 온전히 갖춰진 종교라고 말하여, 정감이 중심이 되는 기독교와 차이가 있음을 분명히 하고 있다. 이렇게 불교가 온전한 종교인 이상 보다 구체적으로 성도문과 정토문의 내용을 고찰해 간다. 따라서 《서론》은 성도문으로서 불교 각 종파의 교리에 대한 고찰과 정토문으로서 불교의 종교적 양상을 고찰하며, 마지막 부분에서는 불교의 궁극적 목적을 '석가의 본의(本意)'라고 표현해 중도(中道)의 근본적인 의미를 규명하는 것이라고 말하고 있다.

이와 같은 엔료의 논술을 살펴보면, 엔료가 말하는 활불교란 재활 가능한 불교의 의미 내지는 생명체로서 살아있는 진리로서의 종교라는 양쪽의 의미를 가지고 있다고 생각된다. 즉 이전에는 죽어있던 것 같아 돌아보지 못했지만 실제로는 소중하고 중요하여 재활되어야할 것이란 의미로서 이 경우에는 '다시 살아야하는' 불교라는 의미를 가질

---

26) 佐藤(2012) pp.71-72. 이태승(2014b)의 〈후기〉에서 인용(p.213).

수 있다. 그리고 불교의 교리는 실제 철학적인 진리에 맞는 중요한 가르침을 갖는다는 의미로 '진리로서 살아있는 불교'라는 의미를 갖는다고 생각된다. 따라서 이 《서론》에서의 활불교는 양자의 의미로 해석할 수 있다고 생각되지만, 엔료의 진리에 대한 사랑이나 철학적 사유의 중요성 등에 비추어보면 후자의 '진리로서 살아있는 불교'라는 의미가 좀 더 근본 뜻에 가깝지 않을까 생각한다. 이러한 활불교의 개념에 대한 논의는 '활'에 대한 다양한 사용을 살펴보면 좀 더 그 의미가 분명해지리라 생각된다.

IV. 활개념의 전개와 의의

　　엔료의 《서론》은 일본사회에서는 불교의 가치와 역할을 재인식
시키는데 중요한 계기를 만들어 주었다. 특히 폐불훼석의 탄압을 극복
한 불교계로서는 서구의 종교와 철학 등 다양한 가치관이 물밀 듯 밀
려오는 사회적 풍조 속에 불교의 위상을 세울 필요성이 있었고, 이러
한 위상 정립을 분명하게 해준 것이 이 《서론》이었다. 이 《서론》이 출
간된 뒤에 각계각층에서 서평과 호응이 뒤따랐고, 또한 당연히 기독교
측에서도 평가가 나왔다고 한다.[27] 따라서 실로 이 《서론》에 당시 사회
에 끼친 영향력은 컸다고 생각되며, 이 책으로 인해 불교정신이 서양의
정신에 뒤지지 않는다는 동양정신 회복 내지 재조명의 역할도 하였다
고 생각된다. 이 《서론》 이후 엔료는 그가 《서론》의 〈서언〉에서 밝혔듯
《불교활론》의 〈본론〉으로서 《파사활론》(明治20年, 1887, 11월)과 《현
정활론》(明治23년, 1890, 9월)을 차례로 집필 출간해 간다. 이 《파사활
론》은 《서론》에서 비판하는 기독교에 대해 더욱 논리적으로 비판을 가
하고 있으며, 《현정활론》에서는 불교의 진리성을 일본의 여러 종파의
입장과 함께 드러내고 있다.[28] 이 《현정활론》에서 엔료는 불교를 '살아
있는 것' 즉 '활물(活物)'이라 표현해 그 영양분의 공급만 이루어진다면
살아서 발전적으로 전개할 것이라고 말하고 있다.[29] 그리고 나아가 불

---

27) 《井上圓了選集》제3권(1987,10)의 〈해설〉(高木宏夫, http://id.nii.ac.jp/1060
　　/00002884)dptj 확인할 수 있음.
28) 《破邪活論》(井上圓了選集4권, 1990, 3 : http://id.nii.ac.jp/1060/00002887);
　　《顯正活論》(井上圓了選集4권, 1990, 3 : http://id.nii.ac.jp/1060/00002888).
29) "지금 내가 불교를 보는데 이것을 活物로 삼아 이것에 영양을 주어 점차 발달하기를

교가 진리에 부합되는 점에 대한 자신의 입장이 여타 불교도와는 다르다고 다음과 같이 말하며 《현정활론》 편찬의 의도를 밝히고 있다.

> 보통의 불자는 불교는 석존 자내증의 법으로서 세간의 학문과는 관계가 없다고 하지만, 나는 불교는 철학의 도리에 근거하여 조직한 지력적(智力的) 종교라고 하는 것이 그 다른 첫째이다. 다음에 보통의 불자는 불교의 퇴화(退化)를 믿고 혹은 이것을 사물시(死物視)하더라도 나는 이것을 활물시(活物視)하고, 이것에 철학적 영양을 주고, 그 안에 담긴 내적 힘을 충분히 발달시키고자하는 점 이것이 다른 두 번째이다. 고로 내가 편찬의 목적으로 삼는 점은 철학의 물을 불교의 밭[佛田]에 뿌려 수백년래의 학문의 고갈보다도 더 심한 불교의 묘종을 회복시켜 다시 생기를 불어넣으려고 하는 것이다.[30]

곧 '지력적 종교'로서 불교를 재활 시켜야 하는 목적이 잘 나타나고 있다고 생각된다. 이 《현정활론》 이후 〈활론〉이라는 말을 붙인 책으로는 《충효활론(忠孝活論)》(明治 26년, 1893, 7월)이 출간되는 정도로, 시리즈의 마지막 저술인 《호법활론(護法活論)》(大正元年, 1912, 9月)이 나오기 까지 '활론'의 명칭이 붙은 책은 없다. 이 《호법활론》은 《현정활론》 이후 거의 22년이 지난 시점에서 출간되며, 이 책도 실제

기대한다. 고로 본서는 이 발달을 목적으로 편찬되었고, 종래 사람들이 死物視 한 것을 뒤집어 활물로 삼아, 불교의 體中에 유기조직을 열고자 한 것이다. 이것이 본서를 총체적으로 제목하여 《불교활론》이라고 한 이유이다. "(상동 《현정활론》 p.213).
30) 상동 《현정활론》 p.222.

출간에 임해서는《활불교(活佛敎)》라는 제목으로 간행되었다. 이《활불교》의 내용을 살펴보면《서론》에서 나타난 기독교나 서양철학에 대한 직접적인 언급보다는 불교내의 폐해와 불교인의 자각 등 불교계에 대한 비판과 반성촉구가 상당히 눈에 띄고 있다.[31] 그리고 이 활불교의 개념과 대비해 '사불교(死佛敎)'라는 말을 사용하고 있다.《활불교》의 본론 첫 부분에서 엔료는 '제1절 사불교와 활불교의 구별'이라는 절을 설정해 다음과 같이 말하고 있다.

> 우리 일본에 대승의 교리는 있지만 대승의 종지가 없는 것은 내가 서두에서 제일로 절규하고자 한 것이다. 법상, 화엄, 천태, 진언은 말할 것도 없고, 선, 정토, 진종, 일련에 이르기까지 이름을 대승으로 빌렸지만, 실제로는 소승을 취하지 않는 것이 없다. 아개탄할 상황에 이르지 않았는가. 그 소승은 염세교로 대승은 염세교가 아니다. 소승은 개인적이며 대승은 개인적이지 않다. 소승은 자신을 이롭게 하는 것을 근본으로 하지만, 대승은 자리이타이다. 소승은 비국가주의이지만 대승은 국가주의이다. 소승은 퇴행적 소극적이지만 대승은 진취적 적극적이다. 만약 한 마디로 이것을 표현하면 소승은 사불교이며, 대승은 활불교이다.[32]

이렇게 엔료는 '사불교'와 '활불교'를 대립적으로 표현하지만, 실제 그 이후의 논술에서도 알 수 있듯 현재 일본의 불교상황을 대승의

---

31) 《활불교》(井上圓了選集 4卷, 1990,3.) : http://id.nii.ac.jp/1060/00002889/.
32) 《활불교》(상동), p.377.

정신을 잊은 '사불교'라고 비판하며 불교계를 질타하고 있다. 이처럼 활불교를 사불교와 대비해 설하고 있는 점은 당연 불교가 활불교로서 살아있는 진리로서 그 역할을 다해야한다는 입장에 의거한다고 생각 되지만, 사불교로서 당시 불교의 실정에 대한 엔료의 비판은 매우 엄격 한 점이 있다. 엔료의 불교계 비판의 글을 보기로 한다.

그런데 이렇게 불교가 오늘날 비참한 지경에 빠진 것은 사원승려 가 스스로 초래한 바로 자업자득의 책임을 벗어나기 어렵다. 현 금 8만의 불당(佛堂)이 촌락에 세워지고, 10만의 원로(圓顱: 둥 근머리로 승려를 의미)는 산문을 채우고 있음에도 불구하고 앞서 존황복고의 함성, 굉연으로서 천지 진동, 메이지 유신의 서광, 혁 연하게 암흑을 깨뜨렸을 때, 거의 한 사람도 이것을 빛내고 그 힘 을 쏟은 사람 없다. 지금 문운이 침침하게 나아가며, 황화가 양양 하게 퍼져가도, 어리석은 기운은 여전히 그들의 눈을 가리고, 완 고고루로서 그들의 심천(心天)을 닫고 있다. 걸식중, 바보중, 속된 중, 똥바가지중 등의 욕설이나, 중상의 말로서 두루 떠들썩하더라 도 편안한 마음으로 돌아보지 않고, 아니 오히려 스스로를 달래 고 있는 것과 같다. 아아, 이것이 어찌 목석과 다르지 않으랴. 내 가 이것을 가리켜 사불교라 부르는 것도 어쩌면 과언은 아닐 것 이다.[33]

엔료의 당시 불교에 대한 비판과 사불교의 의미가 상당히 명확히

---

33) 《활불교》(상동), p.380.

나타나고 있다. 물론 이러한 입장과의 반대로 불교의 진리가 제대로 이해되고 사회 속에서 올바로 실천된다는 의미에서 활불교의 뜻이 전해지고 있음은 물론이다. 이렇게 엔료가 활불교의 개념을 사불교와 대비시켜 서술하고 있는 것은 물론 다양한 분야에서도 이 사와 활을 대비시키고 있다. 엔료의 생애 마지막 시기의 저서라 할 수 있는《분투철학(奮鬪哲學)》(大正6년, 1917, 5월)에서는 다양한 개념들이 사와 활의 대비로서 전개되어 나타나고 있다.

학문 : 사학, 활학
책 : 사서, 활서
불교 : 사불교, 활불교,
진종 : [사진종], 활진종
철학 : 사철학, 활철학
전법륜(轉法輪) : 사전, 활전
교육 : [사교육], 활교육
지식 : [사지식], 활지식
안목(眼目) : [사안], 활안[34]

이처럼 엔료는 다양한 개념의 용어를 사와 활의 개념으로서 대비시켜 자신의 주장을 전개하고 있다. 이렇게 사와 대비하여 활의 개념을 전개하는 엔료의 입장은 다음과 같이 정리하여 말할 수 있을 것이다.

---

34) 김호성(2015) p.362.

이노우에 엔료 박사의 저작 중에 사용되고 있는 '활'은 '사'에 대한 것으로, '사'는 여기에서는 세상을 위해 활동하지 않는 것을 의미한다. 따라서 '활철학'에 대한 것은 '사철학', '활대학'에 대한 것은 '사대학'등으로 말한다.《불교활론》의 경우도 불교의 활성화와 함께 '활불교'즉 세상을 위해 충분히 활약할 수 있는 불교를 목표로 하라는 것을 의미하고 있다.[35]

곧 활불교의 의미가 세상의 도움이 되도록 활발히 움직이는 불교의 의미로서 사용되고 있음을 보여준다.

엔료는 61세로 세상을 떠났지만, 그에 대한 기록은 거의 온전하게 보존되고 있는 듯하다. 그것은 그가 철학관을 세워 그것이 후에 도요(東洋)대학으로 바뀌어 그의 정신적 이념이 계승되고 있기 때문이다. 그의 '활'의 개념 속에 담긴 정신적 이념은 일본근대 폐불훼석 이후 불교의 사회적 가치실현의 당위성을 담고 있는 말로서, 엔료는 불교의 진리성 규명을 통해 불교의 정신이 동서양 어느 것에도 뒤지지 않는 것을 밝히고 그것에 근거해 불교의 사회적 활동을 강조하였다. 가히 엔료는 근대 일본사회에 불교의 가치와 정신을 뿌리내리는 데 중요한 역할을 하였다고 생각된다.

---

35)　佐藤(2012) pp.4-5.(菅沼晃,《現代語譯 佛敎活論序論》刊行に寄せて).

V. 결어

메이지 유신으로 시작되는 일본근대의 불교계는 메이지 초기 신불분리령에 의한 불교탄압 즉 폐불훼석으로 막대한 타격을 입었다. 이 폐불훼석은 천황중심의 신국가 건설과 관련된 신도 중심의 종교이념이 결부되어 불교계는 가히 상상할 수 없는 종교적 탄압을 경험하였다. 이러한 불교탄압은 불교와 신도, 그리고 나아가 불교와 신도, 기독교에 대한 메이지 정부의 종교정책의 문제로 전개되어, 후에 국가신도(國家神道)가 성립되는 단초가 되기도 하였다. 메이지 정부에 의한 불교탄압은 제종동덕회맹등과 같은 불교계의 자구적 노력으로 1872년 신도와 불교를 담당하는 국가기관으로서 교부성(敎部省)이 성립함으로써 그 탄압의 세가 줄어들게 되고, 1877년 교부성이 폐지되고 사사국(社寺局)이 설치됨으로써 불교는 종교로서 정식 관리 내지 인정을 국가로부터 받게 된다. 이렇듯 메이지 초기 10여 년간 불교계는 국가의 탄압과 방임 속에 새로운 길을 모색할 수밖에 없는 상황에 처하게 되어, 불교계로서는 새로운 사회 조류에 맞는 타개책이 절대적으로 필요한 상황이었다. 이러한 상황 속에서 각각의 종단들은 제도개선, 인재발굴, 해외유학 등의 자구책을 펴게 되지만, 그러한 어려운 상황을 타개하는 중요한 활로 중의 하나가 1879년 갓 설립된 관립 도쿄대학(1877년 설립)에 〈불서강의〉로서 불교학의 강좌가 개설된 것이다. 이 불교학의 강좌는 〈인도및지나철학〉이란 이름으로 바뀌고 1882년 인도철학의 교과목명으로 독립되었다. 진종대곡파의 사원에서 태어난 엔료가 도쿄대학 철학과에 입학한 것이 1881년으로, 입학한 엔료는 당시 서양철학은 물론 불교학의 강좌로서 인도철학, 그리고 중국철학 등을 들었다. 대학에서 체계적인 학문적 연찬을 거듭하고, 새로운 시대에 불교적 역할에 깊게 고심한 엔료가 본격적으로 불교의 가치를 발현하는 작업의 결과물로 세상에 내놓은 대표적인 저술들이 《진리금침》,《서론》이었고, 이 중 특히 많은 사람들에게 읽혀지고 그 영향을 끼친 것이 《서론》이었던 것이다.

　　본장은 엔료의 대표적인 저술인 《서론》에 나타난 '활불교'의 개념을 중심으로, 그의 불교 재활의 구체적인 철학이념을 살펴본 것이다. 앞서 살펴본 바와 같이 엔료의 '활불교'론은 서양철학의 입장에서 불교를 재검토하는 것, 기독교의 문제점 검토, 불교자체의 성격에 대한 분명한 정의의 세 가지 방향에서 이루어지고 있다. 이러한 세 가지 방향은 이미 《진리금침》의 3편에서 각각 다루어진 것으로, 그것을 종합적으로 정리하여 《서론》에서 논술하고, 《서론》이후 또 다시 각각의 내용을 《파사활론》,《현정활론》,《호법활론(활불교)》의 저술을 통해 세밀하게 고찰해 간 것이다. 이렇게 각각의 '활론'으로 이름하여 출간된 저술들을 통칭하여 《불교활론》으로 부르기도 하지만, 엄격하게는 각각의 독립된 저술들로 출간된 것이며, 여기에서 《호법활론》은 《현정활론》 이후 22년이 지난 시점에서 《활불교》란 이름으로 출간되었다. 따라서 《서론》이 출간되는 시점에서 활불교의 의미를 당시 불교계의 상황과 결부시켜 생각해보면, 엔료의 입장은 전통종교로서 불교철학에 대한 재발견을 명백하게 밝힌 것이라고 할 수 있다. 곧 자신이 어려서부터 몸담았고 진리가 아니라고 생각한 불교의 가르침에 대해 서양철학에 대한 연구의 결과 내지는 서구 기독교에 대한 연구 결과 불교의 가르침이 진리에 부합하고 온전한 종교로서 가치가 높다는 것을 분명히 하고, 따라서 현재 사물시(死物視)되는 가르침에 활기를 불어넣어 참된 진리가 현현할 수 있도록 해야 한다는 것이 활불교의 이념에 담겼다고 할 수 있다. 이러한 활불교의 이념은 후대로 갈수록 사불교와 대립적으로 쓰여지는 것을 볼 수는 있지만, 활불교를 통해 진리의 가르침으로서 사회에 도덕적 윤리적 가르침으로 그 역할을 다해야 한다는 뜻이 담겨 있다고 생각된다.

엔료는 대학의 졸업을 앞둔 시점에서 국가 관료로서의 길과 전문적인 불교학자의 길을 포기하고 교육자, 언론인의 길을 자발적으로 선택하여 생애 저술과 교육에 매진하였다. 그는 자신의 이념을 온전하게 성취하기 위해 철학관이라는 교육기관을 만들어 자신의 정신적 이념을 선양하고, 이 철학관은 후에 도요대학으로 이어져 지금도 일본의 중요한 사립대학으로 건재하여 엔료의 정신적 이념을 전하고 있다. 이렇게 오늘날까지도 이어지는 엔료의 정신적 이념의 근간에는 늘 불교정신이 함께 하고 있었고, 불교야말로 온전한 진리에 부합하는 종교라는 확신이 함께하고 있었다. 엔료의 불교재활의 노력은 이후 일본사회에서 불교부흥으로 이어지고 불교의 철학정신을 재삼 연구하는 계기를 만들었다. 메이지 유신 이후 침체되었던 불교계에 철학적 종교적으로 불교의 부흥을 꾀한 엔료의 역할은 불교가 일본 사회는 물론 동아시아 내지 서구제국에 불교의 철학적 가치를 전하는데 중요한 토대를 만들어주었다고 생각된다.

제7장

이노우에 엔료의 기독교 비판과 그 의의
-《진리금침초편》을 중심으로 -

I. 서언

메이지 유신으로 시작되는 일본의 근대기는 천황제라는 정치제도 아래 서구의 문물을 받아들여 새로운 사회질서를 만들어가고자 한 시기였다고 할 수 있다. 이전 막부시대의 지방분권적 봉건체제를 천황중심의 중앙집권적 체제로 바꾸고, 이에 따라 서구의 다양한 문물을 받아들이고자 하였다. 그렇지만 막부시대에 중요한 종교적 위상을 가졌던 불교의 입장에서 일본의 근대는 엄청난 변혁의 소용돌이에 휩쓸리는 계기가 되었다. 곧 근대 초기 불교계는 신불분리령(神佛分離令)에 의한 폐불훼석(廢佛毁釋)이라는 불교박해에 직면해 불교의 전통이 절멸될 수 있다는 위기감을 가지는 사태에 직면하였던 것이다. 이러한 불교박해의 양상은 천황제라는 새로운 정치제제에 종교적 이념을 제공한 신도(神道)와의 관계에서 생겨난 것으로, 따라서 근대 초기 종교의 양상은 불교와 신도의 갈등과 봉합이라는 관계로 전개된다. 그렇지만 이러한 종교적 양상에 새로운 변수가 등장하는데 그것이 곧 기독교(基督教)이다.[1]

일본에서 기독교 신앙의 전개는 이미 전국시대(戰國時代)로 거슬러 갈 정도로 그 연원은 깊다. 곧 전국시대 이후 에도막부가 성립되는 과정에서 기독교는 신앙의 허가를 받아 그 전파가 이루어지기도 하

---

1) 여기에서 말하는 기독교란 예수 그리스도에 의해 창시된 계시종교로서, 그 역사상 전개된 동방정교회, 로마카톨릭교회, 프로테스탄트교회의 전체를 아우르는 말로 사용한 것이다.[기독교사전(1991)의 '기독교'항 참조] 이 말은 근대 일본에서는 대체로 耶蘇教로 번역되며, 음을 따서 야소교(ヤソ教)로 적기도 한다.

지만, 에도막부의 본격적인 전개 속에서는 신앙이 금지되는 금교(禁敎)로 간주되었다. 이러한 기독교 금교의 입장은 근대기 서구의 문물을 받아들이고자 하는 메이지 정부의 입장에서도 상당히 지키기 어려운 정책이 되었음은 물론이다. 그렇더라도 기독교에 대한 금교의 정책이 근대 초기, 정확히는 1873년(明治6) 이르러서야 금교가 해제되는 상황에 이른 것은 일본 자국내에 기독교에 대한 반발이 매우 강했던 것에 연유한 것이라고 말할 수 있다. 다시 말해 기독교 해금(解禁)에 대해서는 일본의 종교계가 함께 반발하였던 것으로, 특히 에도막부 이래 종교적 구심점의 역할을 담당한 불교계는 기독교 교리에 대한 비판의 역할을 직접 담당한 것으로, 불교계로서는 불교박해라는 사회 풍조 속에 기독교에 대한 비판이라는 사회적 역할을 자임하였던 것이다. 이렇게 기독교에 비판적인 입장을 견지한 불교계에서 기독교에 대한 세밀한 비판으로 당대는 물론 후대에도 크게 주목을 받은 사람이 이노우에 엔료(井上円了, 1858-1919)이다.

본장은 근대기 기독교에 대한 비판에 있어 불교계를 대표할 정도의 역할을 담당했던 이노우에 엔료(이하에서는 엔료로 표기)의 기독교 비판과 그 의의에 대해 살펴보고자 하는 것이다. 본서 제6장에서 필자는 엔료의 생애와 불교재활에 대한 입장을 살펴본 바 있지만, 여기에서는 엔료의 저술 중 기독교에 대한 초기 비판서로 유명한 《진리금침초편(眞理金針初編 : 이하 초편으로 표기)》에 나타나는 비판논리와 의의에 대해 고찰하기로 한다. 이 《초편》은 엔료를 근대기 최고의 불교 저술가로 각인시킨 《불교활론서론(佛敎活論序論)》에 앞서 저술되어, 그의 기독교에 대한 이해를 생생히 보여주는 중요한 의미를 갖는 저술이다. 곧 이 《초편》에 나타나는 기독교에 대한 비판은 에도 시대 이래의 전통적인 비판 입장이 아니라 근대기 새롭게 설립된 도쿄대학에서 서양의 철학적 사고를 몸에 익힌 불교인으로서의 비판이기에, 근대기 기독교에 대한 새로운 입장을 대변한다고 할 수 있다. 또한 이러한 비판은 서구의 과학문물은 받아들이되 서양의 종교문화에 대해서는 비판적 입장에 서있는 근대기 일본 지식인의 일단면을 보여준다. 다시 말해 세계의 곳곳에서 볼 수 있듯 서구의 문물이 들어간 곳에 형성된 기독교적 종교문화와 대비해 기독교에 반발하고 자국의 종교전통을 지키려 했던 근대기 일본 불교가의 노력을 볼 수 있는 좋은 예라 할 수 있다. 따라서 본장은 일본 근대기 종교적 대립으로서 불교와 기독교의 사상적 논쟁에 중요한 역할을 담당한 엔료의 입장을 《초편》을 통해 살펴봄으로써 그의 기독교관 내지 불교관에 대해 좀 더 심도 있는 이해를 도모하고자 한다.

Ⅱ. 근대 불교계의 기독교 비판 전개

1. 근대기 불교계의 양상

1868년 메이지 유신으로 시작되는 근대기 일본의 불교는 신불분리령에 의한 폐불훼석으로, 사상유례 없는 탄압을 받게 된다. 신불분리령이란 신도(神道)의 신(神)과 불교(佛敎)의 불(佛) 즉 부처를 구별하여 신앙의 대상으로 삼는다는 것으로, 이것은 전통적으로 신과 부처가 함께 예배의 대상이 되었던 신불습합의 전통을 부정하는 것이다. 이렇게 신과 부처를 구별하고 분리한다는 메이지 정부의 포고령은 신불습합의 오래된 전통을 부정하는 것으로, 이것을 계기로 불교계의 사원에 대한 파괴나 합사(合寺), 승려의 환속(還俗) 등이 강압적으로 이어져 폐불훼석의 박해가 시작되었던 것이다.[2] 이러한 폐불훼석은 일본 전역에 걸쳐 상당히 광범위하게 일어나 불교계로 하여금 불교절멸의 위기감을 가져오는 계기가 되었다. 그렇지만 폐불훼석이 직접적으로 신도국교화 정책에 의한 신불분리령에 의거하는 것은 분명하지만, 불교에 대한 박해가 전국적으로 확대된 데는 근세 이래의 배불론(排佛論)이 강하게 작용한 것도 무시할 수 없다. 즉 불교는 에도막부의 보호아래 본말제도(本末制度)나 사단제도(寺壇制度)가 확립되어 막부의 말단 행정기관으로서 역할을 하여 안정적인 기반을 누리고[3], 또한 장식불교(葬式佛

---

2) 이태승(2013), 397-400 참조.

3) '본말제도'는 불교사원을 本寺와 末寺로 나누어 그 관계를 제도적으로 확정한 것이며, '사단제도'란 寺院과 檀家의 관계를 고정화시켜 그것에 의해 기독교의 금제를

敎)의 성립으로 일반 백성들과도 긴밀한 유대관계 속에 오랜 기간 평화로운 시기를 보냈다. 이러한 불교계에 대하여 불교의 형식화와 승려의 부패, 타락을 비판하고 또 신도가는 물론 유학자, 경세가, 국학자들에 의해 배불론이 상당히 진척되어,[4] 근대기의 폐불훼석으로 나타났다고 할 수 있다. 실제로 근대 초기의 폐불훼석의 원인으로서 신불분리령의 포고령도 또한 메이지 정부에서 활동한 신도가에 의해 입안(立案)되고 공표되었던 것이다.

사상 유례없는 불교박해에 대하여 불교계에서는 샤쿠 운쇼(釋雲照)의 예에서 보듯 개별적으로 불교박해를 반박하는 건의문을 올린 경우도 있었지만,[5] 오히려 불교계가 합심해 새롭게 대응해야한다는 공감대가 형성되는 계기도 되었다. 이러한 공감대로 인해 조직되고 성립된 것이 제종동덕회맹(이하 회맹)으로, 이 회맹은 처음에 교토에서 만들어지고 후에 도쿄에서도 조직되어 불교계를 대변하는 중요한 역할을 담당하였다. 다수의 승려들에 의한 조직의 성립은 이전 막부시대에는 상상할 수 없던 것으로, 막부시대에는 종단간의 회합이나 조직의 구성은 일체 허용되지 않았다. 메이지 정부에 의한 불교보호가 일체 사라진 상황에서는 오히려 종단간의 회합이나 조직의 결성은 자유롭게 되었던 것으로 불교계는 회맹을 통해 메이지 정부의 종교정책에 반대하고 대응해간다. 그리고 이 회맹에서 제시되고 논의된 8개조의 주제는 당시 서구의 새로운 문물이 들어오는 일본 사회 속에 불교계가 어떠한

관철시키려 했던 제도이다. 기독교의 금제는 일종의 호적에 해당하는 宗旨人別帳의 작성에 의해 제도적으로 더욱 강화되었다.[末木(1992), 172].

4)   이시다(1988), 283-287.
5)   辻(1949), 84-85.

역할을 해야 할 지를 보여주는 중요한 논제이자 과제이었음에 틀림없다. 이러한 회맹 등의 활동으로 인해 불교계는 1872년 교부성(教部省)의 출범과 함께 신도와 동등한 사회적 역할을 부여받고 사회적 활동을 하게 된다.

교부성의 출범과 함께 사회적 공인을 받은 불교계는 불교의 입장에서 국민들의 교육을 담당할 기관으로서 대교원(大教院) 설립을 제안하고 그 허락을 받게 된다. 그렇지만 실제 대교원은 불교계가 제안했음에도 신도와의 합동으로 교육이 이루어지고, 그 교육의 주제도 3조교칙과 같이 불교계에서 담당하기 어려운 내용으로 이루어져 후에는 불교계 내에서 대교원 탈퇴운동이 전개된다.[6] 이러한 탈퇴운동 등이 효과가 있어 대교원이 폐지되고 1877년경에는 교부성도 폐지되어 신도와 불교는 각각의 종교가 개별 관장(管長)의 책임 아래 사회적 역할을 수행하기에 이르게 된다. 이렇듯 불교계로서는 메이지 초기 폐불훼석으로부터 거의 10여 년간 불교에 탄압으로부터 극복의 과정을 겪고, 또한 이러한 극복의 과정에서 새롭게 사회적 적응력을 길렀던 것이다. 이러한 시대적 적응력과 노력이 빛을 발하게 된 역사적 사건이 1877년 설립된 최초의 관립대학인 도쿄대학의 개교 2년째 불교강좌가 개설되기에 이른 것이다. 곧 불교에 대한 탄압과 억압을 공공연히 실행했던 메이지 정부가 스스로 세운 최초의 대학 안에 신도보다도 더욱 빨리 불교학의 강좌를 허용하게 된 것이다. 이때 최초의 강사를 담당한 사람이 조동종의 학승 하라 탄잔으로, 그는 전통적인 승려이었지만 서구의 의

---

6) 3조교칙이란 국민교도의 지침으로, ① 敬神愛國의 뜻을 體로 할 것 ② 天理人道를 분명히 할 것 ③ 皇上을 奉戴하고 朝廷의 뜻을 준수할 것의 세 가지를 말한다.

학 등에 관심을 쏟고 연구에 몰두한 열린 사고를 가진 인물이었다.[7] 곧 하라 탄잔 등과 같이 서구의 문물에 관심을 갖지만 전통적인 문화에도 소홀하지 않았던 다수의 승려들에 의해 불교박해의 암울한 시기를 극복하고 새로운 시대에 불교적 역량을 펼칠 수 있게 된 것이다.

2. 기독교 비판의 전개

일본에 기독교가 전래한 것은 1549년(天文18) 예수회 신부 프란시스코 사비에르(Francisco Xavier, 1506-1552)가 가고시마(鹿兒島)에 첫발은 내딛은 뒤 그 종교행위가 이루어 진 것에 유래한다.[8] 이후 사비에르와 그의 동료들의 활동으로 기독교는 점차 보급되어가지만, 1587년(天正15) 도요토미 히데요시(豊臣秀吉)에 의한 '선교사추방령'과 1613년(慶長18) 도쿠가와 이에야스(德川家康)의 '선교사추방문'포고 등을 통해 금교에 이르게 된다.[9] 이 기독교의 전래는 서구의 새로운 종교문명과의 만남인 것은 분명하지만 종교 간의 차이에서 오는 대립과 논쟁도 또한 피할 수 없는 일이기도 하였다. 기독교의 전래 이후 선교에 있어 당시 선교사들은 일본의 승려들과 논쟁에 가까운 예리한 질문과 비판을 받았던 것을 알 수 있다.[10] 그리고 종교 간의 차이를 극명하게 보여주는 예는 1605년 출간된 후칸사이 하비안(不干齋ハビアン; 1565-

---

7)   이태승(2014), 참조.
8)   스에키(2009), 128.
9)   스에키(2009), 133-134.
10) 神田(2010), 42-46.

1621)에 의한 《묘정문답(妙貞問答)》의 간행으로, 이 책에서는 기존종교인 불교, 유교, 신도를 비판하고 기독교의 우월을 논하고 있다. 하비안은 후에 기독교에서 파면된 뒤 《파다이우스(破提宇子)》라는 책을 지어 기독교를 비판하는 입장으로 전향하지만, 그의 책은 당시 종교 간의 논쟁과 차이를 보여주는 중요한 의미를 담고 있다.[11] 근세기 기독교의 금지 이후 근대 초기에도 기독교 금교의 정책은 그대로 이어지고 1873년에 이르러 메이지 정부는 공식적으로 기독교 금교를 해제하기에 이른다. 물론 해금 이전에도 일본과 무역협정을 맺은 서구의 외국인 거주지에는 기독교 교회가 세워져 선교가 이루어지지만, 근대기 최초의 개신교회가 세워지는 것은 1872년 3월 요코하마(橫浜)에서 이루어졌다.[12]

근대기 일본에서의 기독교 비판에는 메이지 유신으로 인한 서구 문물의 본격적 유입에 따른 불안과 우려가 근저에 깔려있다고 할 수 있다. 곧 서구와 같은 근대국가를 지향하고 그것을 이루기 위해서는 서구의 문물을 받아들여야하지만, 거기에는 늘 기독교가 함께 하고 있었기 때문이다. 이러한 종교 간의 문제는 종교를 담당하는 종교가들 사이에는 예민하고 중요한 문제로서, 에도막부 이래 국교의 지위로서 종교 문화의 전통을 전승하고 있던 불교계로서는 더욱 예민하게 대처해야할 문제이기도 하였다. 특히 근대에 들어 폐불훼석의 불교박해를 받고 국가적 보호가 일체 사라진 상황에서 불교는 스스로의 위상을 갖기 위해서도 기독교에 대한 비판, 즉 배야(排耶)의 입장을 표방해야하는 상

---

11) 스에키(2009), 131-132.
12) 도히(1991), 62.

황이었다. 이러한 불교계의 기독교에 대한 비판은, 사쿠라이에 의하면, 네 가지 방향으로 전개되고 있음을 알 수 있다.[13] (1)《석교정류(釋敎正謬)》반박배야서 (2)《몽성진론(夢醒眞論)》반박배야서 (3) 일반배야서 (4)공인교(公認敎)를 둘러싼 배야서의 네 가지 입장이다.

(1)《석교정류》는 중국에서 활약한 런던전도회의 선교사이자 중국학자인 에드킨스(Joseph Edkins, 1823-1905)가 쓴 책으로, 이 책은 불교 경전과 교리에 대한 비판을 담은 일종의 불교배격서이다.[14] 아마도 이 책은 당시 일본의 불교가들이 손쉽게 구입해 읽고 그 내용을 알 수 있었던 책으로 생각되지만, 이 책에 나타난 불교의 이해에 대해 불교계의 입장에서 비판서 즉 배야서(排耶書)가 출간되었다. 대표적인 것으로는 다음의 것을 들 수 있다.[15]

《석교정류초파(釋敎正謬初破; 杞憂道人, 1868년간)》,
《석교정류재파(釋敎正謬再破; 杞憂道人, 1873년간)》,
《석교정류천타(釋敎正謬天唾;《日本思想史料》第十卷所載)》,
《석교정류허척(釋敎正謬噓斥; 寫本 龍谷大學所藏)》,
《파척석교정류(破斥釋敎正謬; 細川千巖, 1881년간)》

이 배야서의 저자 가운데 기우도인(杞憂道人)의 이름으로 등장하는 인물은 근대 초기 불교 탄압기에 불교계를 위해 큰 역할을 한 정

---

13) 櫻井(1971), 108.
14) 櫻井(1971), 108.
15) 上同.

토종 승려인 우카이 데츠조(鵜養徹定, 1814-1891)로, 그는 후에 전통원 (傳通院) 제62대, 정토종관장(淨土宗管長), 지은원(知恩院) 제75대를 역임한다.[16] 그는《석교정류》〈초파〉, 〈재파〉 외에도《벽사집(闢邪集)》 2권,《벽사관견록(闢邪管見錄)》2권,《불법불가척론(佛法不可斥論)》, 《소야론(笑耶論)》등을 저술한다.

(2)《몽성신론》은 기독교 중 특히 천주교를 옹호한 책으로, 귀정 치사(歸正痴士)라 이름한 사람이 1869년 3월 출간한 것이다.[17] 이 책 에서는 천주교의 요지를 설하고, 천지창조설, 십계, 형제동포설, 회개 로부터 입신의 과정을 설하고 있다. 그리고 그 부록에서는 천주교가 이 국(異國)의 종교가 아니라는 변론, 천주교 포교가 나라를 뺏는 것이라 는 오해에 대한 변론, 천주교의 배격이 올바른 이해 위에 이뤄지지 않 는 것에 대한 설명 등이 이루어지고 있다. 이것에 대한 비판서가 기우 도인의《소야론(笑耶論)》으로,《소야론》에서는 "지금 사도 성현의 도 를 무시하여 신유불의 삼교 모두 인간이 창립한 도로 진정한 도가 아 니라고 하고 법률을 세워 왕정위에 두고, 교의 이치는 인간으로 하여금 본성에 나아가게 한다고 하여, 그대에게나 부모에게나 저 멀리 어려운 법이 있다고 하여 하나의 천주를 받들게 하는데, 이것은 그대를 무시하 고, 부모를 무시하는 사법이다"라고 말하고 있다.[18] 기우도인이 이《소

---

16) 櫻井(1971), 109.
17) 櫻井(1971), 114.[귀정치사는 匿名으로 실제 이름은 阿部愼藏(또는 貞方良助)이라고 한다].
18) "今邪徒聖賢ノ道ヲ凌轢シテ神儒佛ノ三敎共ニ人間創立ノ道ニシテ眞ノ道ニアラス ト云テ法律ヲ立テ 王政ノ上ニ置キ、敎ノ要理ハ人ヲシテ本性ニ趣カシムト云テ君 ニモ親ニモカヘ難キ法アリトシテ一ノ天主ヲ奉事セシム、是君ヲ無シ、父ヲ無スル ノ邪法ナリ"[(『笑耶論』); 櫻井(1971), 115에서 재인용].

야론》을 쓰는데 다수의 책들을 참고한 것으로 다음의 책들이 거론되고 있다.[19]

《파사집(破邪集)》(徐昌治),《벽사집(闢邪集)》(鐘振之),《천주실의(天主實義)》(利瑪竇),《성교약설(聖教略說)》,《성교약언(聖教約言)》,《서래의(西來意)》, 《기인십편(畸人十篇)》(利瑪竇),《삼산론학기(三山論學紀)》(芥儒略),《호국신론(護國新論)》(慨癡道人),《척사만필(斥邪漫筆)》(深慨隱士),《벽사관견록(闢邪管見錄)》(杞憂道人),《필주야소(筆誅耶蘇)》(慨癡道人)

(3) 일반배야서에서는 불교가에 의한 배야서로서 다음의 책들을 들고 있다.[20]

《회수유결(淮水遺訣)》(南溪和上, 1868),《호국신론(護國新論)》(慨癡道人, 1868),《호법건책(護法建策)》(威力院義導, 1868),《호법소언(護法小言)》(雲英晃曜, 1868),《필주야소(筆誅耶蘇)》(慨癡道人, 1868),《호법총론(護法總論)》(雲英晃曜, 1869),《야소일대변망(耶蘇一代弁妄)》(田島象二, 1874),《야소교의문답(耶蘇教意問答)》(田島象二, 1875),《신약전서평박(新約全書評駁)》(田島象二, 1875),《야소교정류(耶蘇教正謬)》(栗生佩弦, 1875),《외도통고(外道通考)》(中島弘毅, 1878),《불교창세기(佛

---

19) 櫻井(1971), 116.
20) 櫻井(1971), 116-118.

敎創世記)》(佐田介石, 1879),《외도처치법(外道處置法)》(福田行誡, 1881),《야소교의 무도리(耶蘇敎の無道理)》(藤島了穩, 1881),《박사신론강화(駁邪新論講話)》(奧 尊厚, 1882),《구약전서불가신론(舊約全書不可信論)》(川合梁定, 1882),《파사현정론(破邪顯正論)》(吉岡信行, 1882),《파사론(破邪論)》(富樫黙惠, 1883),《신약전서탄박(新約全書彈駁)》(平井金三, 1883),《부활신론(復活新論)》(島地黙雷, 1883),《양교부조리(洋敎不條理)》(目賀田榮, 1883),《파사현정사정문답편(破邪顯正邪正問答篇)》(吉岡信行, 1884),《야소개명신론(耶蘇開明新論)》(垣上 緣, 1884),《서양종교실리심론(西洋宗敎實理審論)》(英 立雪, 1885),《불법야소이교우열론(佛法耶蘇二敎優劣論)》(水谷仁海, 1885),《불타야소양교비교신론(佛陀耶蘇兩敎比較新論)》(垣上 緣, 1885),《일본혼야소퇴치(日本魂耶蘇退治)》(吉田嘉雄, 1885),《변척마교론(弁斥魔敎論)》(目賀田榮, 1885),《파사결(破邪訣)》(佐治實然, 1885),《파사신론(破邪新論)》(井上圓了, 1885),《야소교의 난점(耶蘇敎の難目)》(井上圓了, 1885),《야소교일석화(耶蘇敎一夕話)》(島地黙雷, 1886),《통속야소교문답(通俗耶蘇敎問答)》(龍華空音, 1886),《진리금침(眞理金針)》(井上圓了, 1886),《야소교심판(耶蘇敎審判)》(本田瑞圓, 1887),《골계야소퇴치(滑稽耶蘇退治)》(難迷道人, 1887),《불교활론서론(佛敎活論序論)》(井上圓了, 1887),《불교활론본론제2편(佛敎活論本論第二編)》(井上圓了, 1887),《진리금침속편(眞理金針續篇)》(井上圓了, 1887),《천야소십조성평파론(天耶敎十條誡評破論)》(渡邊玄秀, 1887),《철학일반무신개론(哲學一班無神槪論)》(中村信次郎, 1887),《진

정철학무신론(眞正哲學無神論)》(鳥尾得庵, 1887),《존황봉불론(尊皇奉佛論)》(大內靑巒, 1887),《내외종교사정문답(內外宗敎邪正問答)》(園山樵隱, 1888),《불교활론본론제3편(佛敎活論本論第三編)》(井上圓了, 1889),《정문일침(頂門一針)》(吉森嗽雲, 1891),《불야설전야소대패배(佛耶舌戰耶蘇大敗北)》(梅原薰山, 1892),《파사현정순정종교론(破邪顯正純正宗敎論)》(八卷泰嚴, 1892),《거사필휴파야금편(居士必携破耶金鞭)》(鬼頭祖訓, 1892),《야소교의 위기(耶蘇敎の危機)》(卜里老猿, 1893),《야소교타옥론(耶蘇敎墮獄論)》(安田眞月, 1893),《야소교말로(耶蘇敎末路)》(藤島了穩, 1893),《파사론집(破邪論集)》(內藤耻叟, 1893),《흥분(興奮)》(皆川蛇鱗, 1894),《배야소교(排耶蘇敎)》(加藤咄堂, 1899)

이러한 불교가에 의한 배야서 가운데 특히 사회적 반향이 컸던 책이 이노우에 엔료의 것으로, 여기에 기록된 엔료의 책은《파사신론》,《야소교의 난점》,《진리금침(초편)》,《불교활론서론》,《불교활론본론제2편》,《진리금침속편》,《불교활론본론제3편》이다. 이 엔료의 책 가운데 가장 유명한 책은《불교활론서론》이지만, 이 책이 출간되는 배경의 중요한 역할을 한 것이《진리금침(초편)》이다. 특히 이《진리금침(초편)》은 기독교교리에 대한 상세한 비판은 물론 불교교리의 재조명이라는 중요한 작업이 이루어지고 있다. 불교인 가운데 드물게 당시 갓 설립된 도쿄대학에서 공부하여 기독교 비판은 물론 불교교리의 우수성을 발견하고 강조한 엔료의 노력은 근대기 불교가 억압으로부터 재활하는데 결정적인 역할을 한 것으로 간주되고 있다. 이렇게 당시 불교계에 중요한 역할을 하였던《진리금침(초편)》에 대해 다음 장에서 살펴보기로 한다.

(4) 기독교를 공인된 종교로 인정하는 여부와 관련된 공인교의 문제는 1897년경부터 생겨나 불교계의 중요한 문제가 되었다.[21] 곧 공인교를 둘러싼 논의 중 기독교 배척에 대한 의견이 생겨나 또 다시 배야에 대한 입장이 문제가 되었던 것이다. 1897년에는 기독교는 헌법에 명시된 신교의 자유가 보장된 종교로 간주되고 있었지만, 스가모(巢鴨) 감옥의 종교담당관의 문제를 두고 종교간의 논쟁이 생겨난다. 이러한 논쟁의 결과로 생겨난 대표적인 배야서가《야소교공인가부론(耶蘇教公認可否論)》(木村鷹太郞) 및《야소교비공인론(耶蘇教非公認論)》(佛教徒國民同盟會)이다.《야소교공인가부론》은 그 서문에서 "만약 그 야소교도가 지금 이 공격이 부족하다고 하면, 새로이 철학의 점으로부터, 학술의 점으로부터, 역사의 점으로부터, 비교종교의 점으로부터, 또 성서비평의 점으로부터, 한층 정밀하게 그 교와 그 무리를 추궁하는 것도 가능하다. 나는 특별히 야소교 반박의 정밀한 논문을 가지고 있어, 언제라도 필요에 따라 꺼내어 세간에 공개할 수 있다."[22]라고 말해 기독교에 대한 비판의 날을 세우고 있다.《야소교비공인론》에서도 그 서문에서 "본서는 야소교 중에 가장 오랫동안 가장 큰 로마 카톨릭교가 구주에서 옛날부터 지금까지 항상 국가에 대하여 견제하고 또

---

21) 櫻井(1971), 144.
22) "若し耶蘇教徒にして此攻擊を以て不足なりとせば、改めて哲學の点より學術の点より歷史の点より比較宗教の点より又聖書批評の点いり一層精密に彼教及彼徒を追窮するも可なり。余は別に耶蘇教駁擊の 精密なる論文を筐中に藏有せり何時にても必要に應じて出して以て世間に公にするを得べし"[櫻井(1971), 146에서 재인용].

실행한 실적에 비추어 마침내 아국[일본]에서 그것을 공인해서는 안
되는 까닭을 국법학상 논단한 것으로, 그것이 외국의 종교인 까닭에 그
것을 배척하는 것 같은 편견을 드러내는 것이 아닌 것을 독자들은 다
행히 양해해주길 바란다."[23]라고 말하고 있다. 일본에서 근대기 전체에
걸쳐 불교계의 배야의 동정을 알 수 있는 글이라 생각된다.

이처럼 불교계에서 기독교 비판이 다양하게 전개되고 있는 것을
확인할 수 있지만, 다음절에서 기독교 비판의 구체적 내용이 무엇인지
살펴보기로 한다.

3. 기독교 비판의 논점

앞에서 보듯 메이지 전시기를 통해 다수의 기독교 비판서 즉 배야서
가 출간되어 서양의 종교로서 기독교에 대한 비판과 반대의 입장을 제
시하였다. 이렇게 불교계로서 공공연히 배야서가 출간될 수 있었던 것
에는 앞서 말했듯 불교계의 종교적 역할에 대한 책임감이 컸던 이유도
있었을 것이다. 곧 종교상 뚜렷한 차이를 갖는 기독교에 대해 전통종교
로서 오랫동안 전승된 불교의 입장에서는 그 위기감을 기독교에 대한
비판으로 극복하고자 한 의도도 있었을 것이다. 하지만 종교 간의 문제
는 인간의 삶과 문화와 관련된 것이어서 하루아침에 바뀔 수 없는 부

---

23) "本書は耶蘇教中その最も久しく最も大なるロマ　カソリック教が歐洲に於い
て古より今に至るまで常に國家に對して執持し且つ實行したる實績に徵し竟
に我國に於いて之を公認すべからざる所以を國法學上より論斷したるものにし
て彼の外國の宗教なるを以て故に之を排斥するが如き僻見に出づるに非ず、
讀者幸に之を諒せよ"[櫻井(1971), 148에서 재인용].

분들이 있음은 당연하다. 특히 에도 시대 장식불교의 전통을 갖는 불교계나 다신론적 신앙의 모습을 갖는 신도에게 있어 기독교의 교리와 의례는 상호 융합하기 어려운 점이 있었음은 당연한 것이었다. 또한 신도 국교화의 정책을 추진하던 메이지 정부로서도 불교계의 기독교 비판은 오히려 신도의 위상을 강화하는 입장에서 인정할 수밖에 없었던 것으로 생각된다. 그렇더라도 일본의 근대기에 나타나는 기독교에 대한 다양하고 폭넓은 비판은 세계의 어떤 나라에서도 찾기 어려운 독특한 모습이라 생각된다.

불교계의 기독교 비판 저술은 기독교의 핵심교리에 대한 비판을 비롯해 여러 저술에 나타난 비판 요지를 모아서 출간한 것 등 다양한 모습을 나타내고 있다. 그렇지만 이들 비판서 즉 배야서에 나타나는 중요한 비판의 요점은 대체로 다음과 같은 점에 집중되고 있다.[24]

① 창조설 비판
② 기독론 및 교리 반박
③ 오륜오상에 반하여 국체를 무너뜨림
④ 기독교전도는 나라를 뺏는 준비라는 것

먼저 ① 창조설 비판에 대해서는 기독교가 주장하는 신 즉 하느님이 인간을 포함한 일체를 창조했다고 하는 것에 대한 비판이다.[25] 이

---

24) 櫻井(1971), 149.

25) 여기에서 神이란 이름으로 표현되는 것은 기독교에서 일반적으로 天主, 主, 주님, 하느님, 하나님, 여호와 등으로 표현되는 말과 동일하다. 오늘날은 하나님으로 쓰는 것이 일반적인 듯하지만[성경(2009) 등], 본문에서는 엔료의 天神 등의 용어에 비추어 하느님이라고 통일하였다. 엔료는 기독교의 하느님을 神, 天神, 天帝 등으로

러한 창조설은 오늘날에도 여전히 논쟁거리이지만, 일본의 근대기에도 여전히 논쟁거리로 문제를 야기시키고 있었던 것이다. 유일신에 대한 믿음을 강조하는 기독교의 입장은 신의 존재를 인정하지 않는 불교의 입장이나 다신론의 입장을 취하는 신도의 입장에서는 늘 논쟁거리가 될 수밖에 없었던 것이다. ② 기독론 및 교리 반박과 관련해서는 기독 즉 그리스도인 예수의 어머니인 마리아에 대한 논란 및 예수의 부활, 삼위일체설에 대한 반박, 구약이나 신약의 내용에 대한 비판 등이 주요한 문제로 제기되고 있다. ③ 오륜오상(五倫五常)에 반하여 국체를 무너뜨린다는 것은 기독교의 교리가 유일신의 신앙에 집중되어 조상이나 국가 그리고 부모, 자식에 대한 윤리로서 오륜오상의 도덕을 무너뜨린다는 것으로[26] 이러한 점은 국체(國體) 즉 국가의 근간이 되는 윤리를 무너뜨린다는 점을 들고 있다. 근대기 배야서의 상당수는 이러한 윤리적인 문제에 대해 기독교의 입장을 비판하여 기독교 비판의 중요부분을 차지하고 있다. ④ 기독교 전도는 나라를 뺏는 준비라는 것은 기독교가 전래된 나라가 서양의 침략을 받아 식민지가 된다는 우려를 담고 있다. 실제 기독교가 전래되는 과정에서 나타난 단순한 종교적 내면적 문제가 아니라 국가적 외교적 문제로서 기독교가 서구제국 침략의 첨병이었다는 역사적 사실이 반영되어 있다. 이상과 같은 기독교에 대한 우려가 실제 근대기 일본사회에 만연하고 있었던 것으로, 이러한 점들이 기독교 비판서 즉 배야서의 주요한 논점이 되고 있다.

　　근대기 다양한 배야서의 출현과 함께 기독교에 대한 비판으로 큰

표현하고 있다.

26)　오륜은 유교 도덕의 기본을 이루는 5綱目. 父子有親, 君臣有義, 夫婦有別, 長幼有序, 朋友有信. 오상은 仁, 義, 禮, 智, 信의 5덕목.

사회적 쟁점이 되었던 사건에 "교육과 종교의 충돌"이라는 사건이 있다.[27] 이 사건은 이노우에 엔료의 《진리금침》 시리즈와 《불교활론》의 저술들이 발간되고 난 이후의 시점인 1892년(明治25)에 일어난 것으로, 그 영향이 상당히 컸던 사건이다. 이 "교육과 종교의 충돌"로 알려진 사건은 도쿄대학 철학과의 일본인으로서 최초의 교수인 이노우에 테츠지로(井上哲次郞, 1855-1949)에 의해 촉발되었다. 이노우에 테츠지로는 도쿄대학 개교의 첫 입학생으로 서구에 유학하고 돌아와 철학과의 교수가 된 사람으로, 그가 서양의 기독교에 대한 입장을 표명한 것이 계기가 되어 후에 "교육과 종교의 충돌"이라는 사건으로 이어진 것이다. 이러한 이노우에의 입장에 대해서 기독교 측 지식인의 반박이 이어졌던 것으로, 이러한 논쟁에서 중요한 쟁점이 된 것은 다음의 네 가지 점이라 할 수 있다. 곧 ① 기독교는 국가를 우선으로 하지 않는 것 ② 충효(忠孝)를 중시하지 않는다는 것 ③ 출세간에 의미를 두고 세간을 경시한다는 것 ④ 기독교의 박애가 묵자(墨子)의 겸애(兼愛)와 같이 무차별적 사랑이라는 것의 네 가지를 들고 있다. 이러한 비판의 내용도 앞서 불교계 일반에서 이루어진 기독교에 대한 비판과 그 내용은 상통하고 있다. 서양에 유학해 서구의 종교문화에 정통하였던 이노우에 테츠지로에 의한 기독교 비판은 일본사회에 큰 영향을 끼쳤고, 그러한 점은 불교계의 기독교 비판을 정당화시키는 계기가 되었다고도 생각된다.

---

27) 본서 제5장 참조.

III. 이노우에 엔료의 기독교 비판

1. 이노우에 엔료 기독교 비판의 전개

이노우에 엔료는 1858년 3월 에치고(越後, 지금의 新潟縣) 우라무라 (浦村)에서 진종대곡파 사원의 자제로 태어나, 1877년 19세에 교토 동본원사의 교사교교영학생(教師教校英學生)이 되고, 다음해 동본원사 유학생으로서 도쿄대학예비문(東京大學豫備門)에 입학한 뒤, 1881년 도쿄대학 문학부 철학과에 입학하였다. 엔료가 대학에 입학하던 1881년 시점에는 학과의 조직개편이 이루어져 철학과 내에 〈인도및지나철학〉의 교과목이 개설되고 이 교과목의 교재로서 《유마경(維摩經)》과 《보교편(輔教編)》이 사용되었다. 그리고 이 〈인도및지나철학〉은 다음해 1882년에는 동양철학, 중국철학, 인도철학으로 나뉘어지고, 인도철학은 하라 탄잔과 새롭게 강사로 임명된 요시타니가 격년으로 담당하게 된다.[28] 따라서 당시 교과목의 개편을 보면 엔료는 인도철학의 교과목을 들었음은 물론 다양한 철학 교과목을 수강하였음을 알 수 있다. 엔료가 특히 철학에 크게 관심을 가지고 공부한 것은 1882년 철학연구회를 조직하여 공부한 것이나 1884년 은사와 선배들과 함께 '철학회'를 창립한 것에서도 알 수 있다.[29] 이처럼 새로운 시대적 환경 속에 서양철학의 지식을 몸에 익힌 엔료는 졸업에 즈음해 기독교에 대한 비판

---

28) 이태승(2014), 113.
29) 이태승(2016), 75.

을 본격적으로 하게 된다.

엔료의 기독교 비판을 본격적으로 알린 중요한 책이 본고에서 다루는 《초편》이지만,[30] 이 《초편》이 발행되던 1886년 이전에 발행된 엔료의 기독교 비판의 저서가 《파사신론》과 《야소교의 난점》이다. 이 가운데 《파사신론》은 《초편》과 거의 같은 내용이지만, 《파사신론》에 빠진 글들을 보완해 다시 출간한 것이 《초편》이다.[31] 이 《초편》이 중요한 것은 이후 《속편》과 《속속편》이 출간되고 나아가 이들 《진리금침》의 시리즈를 정리 내지는 재집필하여 《불교활론》의 시리즈가 출간되는 계기가 되었던 것에 연유한다. 특히 《진리금침》의 시리즈를 재정리하여 근대일본불교계 최고의 명저로 간주된 《불교활론서론》의 출간에 이르러서 엔료는 불교계 최고의 사상가 내지 교육가로서 명성을 갖게 된다. 이러한 근대기 위상을 갖는 엔료의 기독교 비판에 대한 본격적인 저서가 《초편》으로, 이 《초편》의 출간은 불교계의 위상을 재정립하는 중요한 의미를 갖는다고 할 수 있다.

《초편》은 본론에 〈야소교를 배척하는데 이론이 있는가(耶蘇敎を排するは理論にあるか)〉라는 독자적인 제목이 붙어 있듯, 후에 출간된 《속편》도 〈야소교를 배척하는 일은 실제 있는가(耶蘇敎を排するは實際にあるか)〉, 《속속편》도 〈불교는 지력, 정감 양쪽이 온전한 종교

---

30) 『초편』의 원문은 인터넷상 다음의 사이트에서 확인이 가능하다. http://dl.ndl.go.jp/info:ndljp/pid/816763. (『속편』과 『속속편』은 동일한 사이트의 끝자리 816764, 816765), 그리고 이 『초편』을 일본어역으로 옮긴 것은 다음의 東洋大學 〈井上円了選集〉의 사이트에서 확인할 수 있다. http://id.nii.ac.jp/1060/00002882 (이 주소에 실린 내용은 『초편』, 『속편』, 『속속편』이 모두 합본된 것이다), 필자는 일본어역을 참고하며 경우에 따라 원문을 확인하였다. 하지만 원문은 읽기가 난해하였고, 일본어역도 근대의 문헌으로 정확한 이해가 쉽지 않았음을 밝힌다. 본문에서 『초편』의 페이지는 〈선집〉의 일본어역 사이트의 것을 인용한 것이다.

31) 三浦(2007B), 110-111.

인 까닭을 논함(佛敎の智力情感兩全の宗敎なる所以を論す)〉이라는 제목이 붙어 있다. 이들 제목에서도 알 수 있듯, 엔료는《초편》에서 야소교 즉 기독교에 대한 구체적인 비판을 다양한 교리 내지 이론적 내용과 관련해 세밀하게 비판하고 있다. 그리고《속편》에서는 엔료의 사상적 근간으로서 호법애국(護法愛國)의 입장에 근거하여 국제정세 내지 국내정세의 사회적 현상의 입장에서 비판을 논하고 있다. 그리고《속속편》에서는 불교가 지력과 정감 즉 지적인 측면과 정서적 측면에서 온전한 종교임을 논하여 지금까지의 불교 전통을 재조명해야한다는 점을 강조하고 있다. 이러한 시리즈로서《진리금침》의 내용은 이후 출간된《불교활론서론》에 전체적으로 정리되어 나타나게 된다. 정토진종의 절에서 자라났지만 불교인으로서 대학에서 서구의 지식을 바탕으로 한 새로운 교육을 받고 시대의 정신에 눈뜬 지식인으로서 엔료의 기독교 비판은 서양 정신문화에 대한 비판은 물론 불교정신에 대한 새로운 이해의 계기를 만들었다.《초편》에 나타나는 그의 기독교에 대한 비판의 구체적인 내용을 다음절에서 살펴보기로 한다.

2.《진리금침초편》에서의 비판

1)《진리금침초편》의 내용

《초편》은 서두에 "나의 의단이 언젠가 풀리기를(余が疑團いずれの日にか解けん)"이라는 제목을 붙인 뒤 이에 대해 설명을 한 뒤 이어서 "기독교를 두려워해야 할 이유를 논함(耶蘇敎の 畏るべきゆえんを論ず)"이라는 제목 하에 구체적으로 본론에서 다룰 두 가지의 주제를 제

시하고 있다. 그것이 "제1 기독교를 배척하는데 이론은 있는가"와 "제2 기독교를 배척하는 일은 실제 있는가"의 주제이다. 이 두 주제는《진리금침》내의《초편》과《속편》의 내용을 이루는 것으로,《초편》은 제1의 주제로서 그 내용이 전개되고 있다. 제1의 주제인 본론으로 들어가면서 엔료는 기독교는 불교와 같은 종교로서 비종교 즉 과학, 철학 내지 종교를 비난하는 것으로부터 함께 지켜야할 친구형제와 같다고 말한다.(p.19) 그렇지만 종교가 진리에 부합되는가의 여부를 과학적 내지 이론적으로 규명하는 일은 종교를 널리 펴는 데 중요한 일임을 다음과 같이 말하고 있다.

> 예를 들면 종교 중에 불교 하나만을 진리라 하고 기독교는 완전히 진리가 아니라고 할 수 있는가. 그 가르치는 바, 그것을 잘 살펴 진실을 논하고, 그 설이 과학적으로 정하는 바의 법칙에 맞게 세인들이 믿는 바 진리에 맞을 때는 곧 세간의 진리가 된다고 할 수 있다. 그런데 우리들이 전하고자 하는 것, [그것에 대해] 그 진리를 연구하는 일 없이 또 그것을 세간에 응용하는 일이 없다면, 마침내 비진리로 될 뿐이다. 이론의 영향도 또 크다고 할 수 있다. 고로 이론상 진리의 유무를 토구(討究)하는 것은 종교를 세간에 널리 펴는 일대요법(一大要法)인 것은 의심의 여지가 없다. 불교나 기독교 그 성쇠를 다루고자 하면, 먼저 이론상 그 이치를 논정(論定)하지 않을 수 없다. 고로 진리를 논정하는 것은 기독교를 배척하는 한 수단인 것은 분명하다.(p.20)

이렇듯 엔료는 동일한 종교라도 이론상 진리의 유무에 합당한지의 여부를 분명히 밝히는 것이 종교를 실제 전파하는데 중요한 일임을 강조하고 있다. 그리고 이어서 엔료는 기독교가 진리에 합당한지의 여부에 대해 12개의 항목을 설정해 이론적으로 논파하고 있다.(p.22) 그 12개의 항목이 ① 지구중심설(地球中心說) ②인류주장설(人類主長說) ③ 자유의지설(自由意志說) ④ 선악화복설(善惡禍福說) ⑤ 신력불측설(神力不測說) ⑥ 시공종시설(時空終始說) ⑦ 심외유신설(心外有神說) ⑧ 물외유신설(物外有神說) ⑨ 진리표준설(眞理標準說) ⑩ 교리변천설(敎理變遷說) ⑪ 인종기원설(人種起源說) ⑫ 동양무교설(東洋無敎說)이다. 이하 각각의 내용에 대해 간략히 살펴보기로 한다.

① 지구중심설 : 엔료는 지구중심설에 대해 "기독교에서는 구약성서의 앞부분에서 서술하듯, 천제 최초에 천지를 만들고, 후에 달과 해를 만들고 낮과 밤을 나누었다고 한다. 곧 지구로서 우주전체의 중심으로 삼고, 일월성신은 그 주위를 둘러싸고 있다고 한다. 이것을 여기에서 지구중심설이라 한다.(p.22)"라고 말하고 있다. 이러한 지구중심설에 대해 당시까지 밝혀진 과학적 지식위에 지구가 중심이 아니라 태양이 중심인 것을 설하고, 기독교에서 말하는 천지의 창조가 과학적 지식과는 합당하지 않는 점을 논하고 있다.

② 인류주장설 : 엔료는 "기독교에서 설하는 바에 의하면 천제 천지일월을 만들고, 조수초목(鳥獸草木)을 만들고, 마지막에 이것에 주장(主長)을 두는 것을 생각해 곧 인류를 만들었다고 한다. 과연 그렇다면 인류는 만물의 주장이며, 만물은 인류의 부속(付屬)으로, 이것을 여기에서 인류주장설이라고 한다.(p.25)"라고 인류주장설에 대한 문제를

제기한 뒤, 이러한 입장은 인류의 진화론적 입장에서 생각해보면 인류가 반드시 만물의 주장이라는 근거는 없다고 말하고 있다. 곧 인류를 포함해 다양한 생물은 진화의 전개를 하고 있는 것으로, 인류 즉 인간만이 절대적 입장에 있는 것은 아닌 것이다. 그리고 흙으로 인간을 만들었다는 것이나 남자의 뼈로 여성을 만들었다는 성경의 내용도 과학적 지식에 맞는 것은 아니라고 밝히고 있다.

③ 자유의지설 : 엔료는 "요컨대 기독교도는 인간의 의지는 천제로부터 부여받은 것으로, 본래 자유라고 하며, 또 사람들은 태어나면서부터 양심의 차이가 있다고 하며, 선악사정(善惡邪正)을 식별 판정하는 자임을 믿는다. 또 기독교도는 사람과 동물의 구별은 의지의 자유인것과 그렇지 않은 것, 나아가 양심을 갖는 것과 갖지 않은 것에 있다고 말한다.(p.35)"라고 말해 기독교에서는 인간만이 자유로운 의지를 갖고 있다고 주장한다고 말한다. 이에 대해 인간의 의지는 다양한 원인에 의거하는 것이지 정해진 이치가 있는 것은 아니라고 말하고 있다. 특히 엔료는 진화론적 입장에서 다양한 생물들이 각각의 입장에 따라 다양한 의지를 나타내고 있다고 말하고 있다.

④ 선악화복설 : 엔료는 "기독교에서는 선악도 화복도 모두 천제가 정하는 것이라 하니 이것은 매우 이상한 것이다. 내가 혹시 기독교도에게 어떠한 것을 선이라 하고, 어떠한 것을 악이라고 하는가 물으면, 그들은 과연 말하기를 천제의 명에 따르는 사람을 선인이라 하고, 그 명에 반하는 사람을 악인이라 한다.(p.44)"라고 말해 기독교의 입장을 나타낸 뒤, 이것에 대해 비판을 가하고 있다. 엔료는 선악화복이 우

리들 인간이 직접적으로 겪는 것이기에 인간의 경험을 천제의 명령으로 돌리는 일은 이치에 맞지 않는다고 말하며, 다음의 네 가지 문제를 제시한다. 즉 (1) 천제는 인지(人知) 내에 있는지 밖에 있는지를 정해야 한다(p.44) (2) 천제의 유무(有無)를 정하는 자는 누구인가를 논해야만 한다(p.45) (3) 선악과 이해의 관계를 논해야 한다(p.47) (4) 선악과 화복의 관계를 논해야 한다(p.50)의 네 가지이다. 이렇게 4가지로 천제와 인간의 관계를 논한 뒤 엔료는 "천제는 가설(假設)의 상상이며, 인과(因果)는 실험의 이법이다. 가설의 상상으로서 실험의 이법을 배제하는 것은, 이것은 논리를 알지 못하는 것이라고 할 수 밖에 없다. 고로 우리들은 세간인과(世間因果)의 이치를 세우는 가르침을 돕고 그것으로서 과학[理學]의 사상을 열어, 그 진보를 막는 신조(神造)의 공상설(空想說)을 배제하려고 한다(p.52)"라고 말하고 있다.

[⑤ 신력불측설 ⑥ 시공종시설 ⑦ 심외유신설 ⑧ 물외유신설은 다음 절에서 논함]

⑨ 진리표준설 : 엔료는 진리표준설에 대해 "달리 말하면 기독교도는 우리의 진리는 천제가 정하는 것이라고 하고, 그 천제가 우리 진리의 기준이라고 정하는 것은 곧 기독교도가 아니고 누구인가. 과연 그렇다면 인간의 선악시비(善惡是非)를 정하는 것은 천제이지만, 천제가 그렇게 하는 이유를 정하는 것은 인간이다.(p.67)"라고 말해, 천제 즉 하나님이 모든 진리의 기준인 기독교의 입장을 비판한다. 곧 천제가 진리로서 기준이라 할지라도 그 기준이 작용되는 것은 인간 각각의 내면세계인 까닭에 그 기준 역시 인간에 따라 달라질 수 있다고 하는 것이

다. 이렇게 인간에게 적용되는 기준이라면 성경 속에 천제의 말로 나타나고 있는 것도 그것이 인간의 입으로 나타나고 있는 이상 인간의 말이 될 것이라고 말하고 있다.

⑩ 교리변천설 : 엔료는 교리변천설에 대해 "교리는 진리에 합치하는가 하지 않는가, 기독교인은 반드시 말하길 교리는 곧 진리라고. 교리가 과연 진리라면, 교리의 변천은 진리의 변천이며, 진리의 변천은 교리의 변천이다.(p.71)"라고 말해, 영원불변해야 할 진리를 시간과 공간에 따라 변한 교리와 동일시하는 것을 비판하고 있다. 여기에서 엔료가 예로 들고 있는 것은 기독교의 역사에서 카톨릭과 그리스정교회, 기독교 내에서도 구교, 신교의 분리 등과 같은 커다란 분열도 결국 교리의 분열에 의거하는 것으로, 이러한 분열된 교리에 의거해 생겨난 기독교가 진정한 진리를 대변하고 있는가에 대해 비판하고 있다.

⑪ 인종기원설 : 엔료는 "내가 듣기를, 기독교에서는 세계의 인민은 모두 천제의 후손(後孫)이라고 한다. 곧 우리들은 아담과 이브의 자손이라고 한다. 그 후 대홍수가 지구상에 범람하여 주변의 생물은 거의 빠져 죽었지만, 노아의 일족만이 유일하게 화를 면했다고 한다. 그 자손 점차 번식해 오늘에 이른다고 한다.(p.76)"라고 말해 기독교의 성서에 나타난 인류의 기원과 그 후의 역사적 서술에 대해 비판하고 있다. 곧 당시까지 알려진 과학적 사실에 의거하면 기독교에서 말하는 인류의 존재보다 아시아나 다른 지역에서 더 오래된 인류 존재가 보고되고 있고, 또한 우리들이 살고 있는 지구도 기독교에서 말하는 인류 탄생 훨씬 이전에 존재하고 다양한 변화를 겪고 있었던 것을 알 수 있다고

한다. 과학적 사실에 의거해 기독교의 교리를 비판하고 있다.

⑫ 동양무교설 : 이것은 인간이 천제로부터 만들어져 그 자손이 지금까지 모든 인류를 이루고 있다고 한다면, 동양인들은 기독교의 존재를 서양보다도 훨씬 늦게 알게 된 이유는 무엇일까 하는 물음이다. 곧 엔료는 "[천제가 공평하게 모든 자손을 사랑한다면] 공평하게 이들을 사랑하는 이상, 동양인도 그 자손이고 서양인도 그 자손으로, 동일한 자손으로서 서양이나 아시아 서부의 인민들에게는 일찍이 그 가르침을 전하고, 동양, 인도, 지나 지방의 인민에는 금일에 이르기까지 천제 이것을 전하지 않은 것은 과연 어떠한 이치에 의한 것인가.(p.80)" 라고 비판하고 있다. 곧 기독교의 교리대로 모든 인간이 동일한 선조를 가졌다면 모두가 같은 종교를 가졌을 것이지만, 각각의 지역에서 각기 다른 종교가 존재하는 것은 기독교의 교리상 모순이라고 하는 것이다.

이상과 같이 엔료는 12개의 항목으로서 기독교를 이론적으로 비판하며,《초편》끝부분에서는 이상의 12항목에 대한 비판의 핵심적인 내용을 11가지로 정리하여 서술하고 있다. 이 11가지 각각에는 세부적인 설명이 있지만, 11가지의 핵심내용의 기술을 보면 다음과 같다.

제1 기독교의 창조설은 과학의 진화론과 양립하지 않는다는 것
 (p.94)
제2 천제와 시공(時空)의 관계가 명확치 않은 것(p.95)
제3 신과 인간의 관계가 명확치 않은 것(p.96)
제4 천제와 물심(物心)의 관계가 명확치 않은 것(p.96)

제5 천제와 가지불가지(可知不可知)의 관계가 명확치 않은 것
      (p.96)

제6 천제가 자재력(自在力)을 갖는 이유가 명확치 않은 것(p.97)

제7 천제와 인과의 관계가 명확치 않은 것(p.97)

제8 천제와 진리의 관계가 명확치 않은 것(p.98)

제9 천제와 선악상벌(善惡賞罰)의 관계가 명확치 않은 것(p.99)

제10 인간과 동물의 구별이 확실치 않은 것(p.100)

제11기독교에 확고한 정설이 없는 것(p.100)

이상과 같이 앞에서 상세하게 거론한 12항목에 대해 비판의 요점을 11가지로 제시하고 있는 것이다. 이렇게 11가지를 제시한 뒤에는 불교의 입장에서 기독교의 교리에 대해 비판적으로 재정리하고 있다.

2)《진리금침초편》에서 신에 대한 비판

《초편》에서 엔료는 기독교 교리의 내용을 12가지 항목을 설정해 비판하고 있다. 앞에서 살펴본 8항목 가운데 ① 지구중심설 ② 인류주장설 ⑪ 인종기원설 ⑫ 동양무교설에 대한 내용에는 당시에 알려진 천문학이나 진화론 등과 같은 서양의 과학적 지식에 근거해 비판을 하고 있음을 알 수 있다. 또한 ③ 자유의지설 ④ 선악화복설과 같은 것은 인간에 대한 고찰을 전제로 인간 행동의 근거로서 신과 인간에 대해 상세하게 논한 것이다. 그리고 ⑨ 진리표준설 ⑩ 교리변천설 등은 일종의 논리적인 정합성을 바탕으로 한 비판으로 절대불변적 의미를 갖는 진리와 변화변천을 겪은 교리와의 관계성을 지적하고 있다. 이러한 다양한 항목을 통한 비판 중에 앞 절에서 다루지 않았던 ⑤ 신력불측설 ⑥

시공종시설 ⑦ 심외유신설 ⑧ 물외유신설의 넷은 신의 존재 유무를 둘러싼 상당히 세밀한 비판내용을 담고 있다. 신의 존재 유무에 대해서는 ④ 선악화보설에서 제시된 네 가지 논법 중 (1)(2)와도 관련을 갖는 것으로, 이러한 내용이 ⑤⑥⑦⑧에서는 더욱 상세하고 다루어지고 있다.

먼저 ⑤ 신력불측설에서는 논점을 두 가지로 나누어 논의를 전개하고 있다. 곧 (1) 신은 알려지는[可知] 존재인가 알려지지 않는[不可知] 존재인가 (2) 신력(神力) 즉 신의 능력은 자재(自在)로운가 자재롭지 않은가의 두 가지 논점이다.(p.53) 먼저 (1)의 문제에 대해서는 신은 인간의 능력으로서는 알 수 없는 존재라는 기독교 일반의 주장을 전제로 한 것이다. 하지만 인간의 능력으로 알 수 없는 신의 존재나 행위에 대해 우리 인간들은 마치 눈앞에서 신을 보듯이 그의 행동을 말하고 표현한다. 이러한 점에 대해 엔료는 다음과 같이 말하고 있다.

이렇게 논해보면 기독교도는 신은 그 본체를 알 수 있는 존재라고 할 수밖에 없다. 그러면 이것을 과연 알 수 있는 존재라고 할 수 있는가. 우리들이 지금 현재 이것을 보고 이것을 만날 수 없는 것은 무슨 일인가. 또 기독교인은 신의 위력공용(威力功用)을 논하지만 실제상 설명을 할 수 없는 경우에 이르면 곧 말하기를 이것은 신묘부사의(神妙不思議)하여 우리들 범우(凡愚)가 알 수 있는 바가 아니라고. 7일간에 세계를 창조한 것도 신력이 부사의하며, 대홍수도 부사의, 예수강탄도 부사의, 상천(上天)도 부사의 이것 모두 우리가 알 수 있는 바가 아니라고 말한다. 그 뜻은 천신은 알 수 없는 존재라고 하는 것이다.(p.53)

곧 엔료는 알 수 없는 존재로서 신을 마치 눈앞에 보듯 표현하여 알려지는 존재로 간주하는 것을 비판하고 있다. 알려지는 존재로서 가지적 존재와 알려지지 않는 불가지적 존재로서의 상반된 입장을 논리적으로 추구하고 있다. 그리고 알려지지 않는 존재로서 신을 알 수 있다고 한다면 그것은 우리들의 마음속에 나타난 신에 지나지 않는다고 말하고 있다. 그리고 (2) 신력이 자재한가 자재하지 않은가(p.54)의 문제에서는, 자유자재한 능력을 가진 신의 존재를 인정한다면 천지만물의 변화와 신은 어떠한 관계를 갖는가가 논의되고 있다. 일반적으로 변화를 지칭하는 인과(因果)의 개념이 도입되어 신이 인과를 주재하는 존재인지 인과의 법칙을 벗어나 있는 존재인지가 고찰된다.(p.55) 이 만물변화의 법칙으로서 인과개념과 신의 존재는 다음 항목인 ⑥ 시공종시설에서 시간과 공간의 과학적 개념과 결부되어 더욱 세밀하게 고찰된다. 곧 존재하는 모든 사물은 시간과 공간의 관계 속에 존재하는 것인데 만물을 창조한 신은 시간과 공간도 창조한 것인가를 다음과 같이 묻고 있다.

사람들이 말하는 우주란 무엇인가, 시간과 공간과 물질, 이 3자의 관계라고 밖에 할 수 없다. 이 3자 중 물질은 천제가 만들었다고 해도 다른 두 가지는 어떠한 이치에 의해 만들어 졌는지는 아직 알 수 없다. 이 두 가지도 또 천제의 창조로부터 나왔다고 하는가. 성경 가운데 그러한 설 없는 것은 무슨 이유인가. 혹은 또 이것은 천제가 만든 것이 아니라고 하는가. 만약 그렇다면 천제는 세계의 일부분만 만들고 전체를 만든 것은 아니라고 해야 하지 않는가.(pp.56-57)

이렇게 천지 즉 우주를 만들고 만물을 만든 천제가 만물을 존속시키는 시간과 공간 또한 만들었는가의 문제를 제기하고 있다. 그리고 시간과 공간의 개념은 과학적 지식으로서는 경계와 한계를 설정하기 어려운 무시무종(無始無終)의 상태를 갖는 것이라면, 이러한 무시무종의 존재를 천제가 만든 것인가 반론하고 있다 곧 엔료는 "우주도 세계도 과연 시종이 없다고 한다면 천제가 이것을 창조해야 할 도리가 없다. 이것으로 추측해 보면 천제도 시간과 공간의 범위 속에 있는 한 현상으로, 그 범위 밖에 존재하는 것이 아닌 것은 분명하다.(p.57)"라고 말하고 있다. 이렇게 시간, 공간과 천제와의 관계가 규명되기 어려운 점은 창조자로서 천제의 존재를 비판하는 것으로, 따라서 엔료는 그렇다면 천제는 인간의 사유 즉 사상, 정신이 만들어 낸 것인가로 논점을 전환시키고 있다. 여기에서 인간의 사유가 천제 즉 신을 만들었다고 하는 것을 엔료는 다음 항목인 ⑦ 심외유신설에서 상세하게 논하고 있다. 곧 여기에서는 신이 우주 만물을 만들었다는 증명이 어렵다면 그것은 인간의 정신이 발달하는 과정에서 만들어진 것임을 주장한다. 엔료는 다음과 같이 말하고 있다.

곧 천제의 유무는 인심(人心)의 발달에 속한다는 것을 알아야 한다. 기독교가 세우는 신도 또 그와 같고, 사람이 이것을 만든 것이다. 무릇 우주간의 사물은 이것을 내외 양쪽으로 나눌 수 있다. 내역(內域)은 마음이고, 외역(外域)은 물질이다. 고로 내역에 존재하지 않는 것은 외역에 존재하여야만 한다. 천제가 과연 마음 밖에 존재한다는 것은 외역 중에 그 현상이 없어서는 안된다. 그런데 외역 중에는 고래(古來) 아직 천제의 현존을 확인한 적이 없다. 가령 그것이 실제 있었다고 말했다 해도 금일 나타나지 않는 이상 공상(空想)에 지나지 않는다.(p.60)

이렇듯 엔료는 외경의 모든 사물을 만든 신의 존재가 증명되기 어려운 이상 신도 역시 마음이 만들어 낸 것이 되지만, 그 마음도 신이 만들었는지는 의문이라고 말하고 있다. 그는 "이렇게 논해보면 천제는 마음 속의 천제이다. 천제가 과연 마음 속의 존재라고 한다면, 우리들의 마음은 천제가 부여한 것은 아니라고 하는 것은 분명하다.(pp.60-61)"라고 말해 이러한 입장을 심외무신론(心外無神論)이라 말하고 있다. 그리고 마음도 역시 우리들 감각기관의 작용에 의해 판단하고 지각하는 것이기 때문에 마음과 감각작용과의 관계를 상세히 고찰해 외경의 사물이나 판단 지각은 모두 우리들 마음에 근거하는 것이라고 말하고 있다. 이것을 엔료는 다음과 같이 말하고 있다.

기독교도 어떠한 이치에 근거해 심외유신을 세우는가. 저것이라든가 이것이라든가 사람이라는 것 모두 동일한 마음속에 있다. 천제는 우리 마음 속 하나의 현상에 지나지 않는 것은 분명하다. 이것을 마음 밖에 있다고 믿는 것은 얕은 견해로 일보 나아가 생각하면 유일한 마음속에 있을 뿐. 알아야 할 것이다. 기독교도가 보는 것은 얕다는 것을. 우리들이 오늘날 해야 하는 일은 심외유신의 얕은 견해를 깨트리고, 삼계일심(三界一心)의 묘리(妙理)를 여는 것에 있는 것이다.(p.62)

곧 엔료는 불교에서 말하는 삼계일심(三界一心) 곧 만법유식(萬

法唯識)의 입장에서 신의 존재를 마음의 한 현상이라고 말하고 있다. 그렇지만 신이 마음의 현상이라고 하는 것을 양보해 설사 천제가 창조한 외계사물을 인정한다 해도 천제와 사물간의 관계는 확실하게 증명될 수 있는가의 문제로 나아간다. 이것이 ⑧ 물외유신설에서 논의되는 내용이다. 이것은 앞서 ⑥ 시공종시설에서 논의된 시간과 공간이 천제가 만든 것인가의 문제와 유사하게 외경물질의 존재로서 허공(虛空) 등에 대해 논하고 있다. 곧 엔료는 다음과 같이 말한다.

> 그 허공중에 천제가 존재해야할 이치가 없다. 만약 그 중에 있다고 한다면 이것은 허공 속의 천제일 것이다. 바꿔 말하면 이 허공이 있은 뒤에 천제가 있는 것이다. 과연 그렇다면 허공은 천제가 만든 것이 아니라고 할 수밖에 없다. 천제가 이것을 만들지 않았다면 누가 이것을 만든 것인가. 혹은 허공의 전체가 곧 천제라고 말하는가.(p.66)

이와 같이 천제가 모든 사물을 만들었다고 한다면, 사물들 밖에 천제가 존재해야하는 것은 당연하지만, 사물의 토대로서 물질적인 허공의 존재는 천제와 어떠한 관계가 있는가를 말하고 창조론은 성립되지 않는다는 것을 지적하고 있다.

3)《진리금침초편》의 입장

《초편》은 앞에서 살펴본 것과 같이 전체 12항목으로 나누어 기독교의 교리를 비판하고 있다. 전체적으로 매우 상세하고 치밀한 논리가 보이며, 또한 서양의 과학적, 철학적 지식도 동원되어 방대하면서도 치밀한 논리가 전개되고 있다. 이러한 논리의 전개는 당시 일본사회에 큰 영향을 끼쳤고, 더욱이 도쿄대학에서 공부한 엘리트 불교인의 기독교 비판이라 그 영향은 더욱 컷을 것이다. 그리고 여기에는 정토진종 출신의 엔료의 비판이 기독교 교리의 비판에 머무는 것이 아니라 불교교리에 새로운 조명을 가져왔기에 불교계로서도 더욱 자극을 받았을 것이다. 12항목 각각을 설명해가는 상황에서도 이미 나타나고 있지만, 엔료는 기독교의 신의 개념이 인간이 만들어낸 정신적 산물로서 이것을 삼계일심의 불교적 입장에서 재조명하고 있다. 이러한 불교적 재조명의 태도는《초편》의 후반부에서는 더욱 적극적으로 나타난다. 엔료는 기독교의 천제와 같은 창조신의 개념은 논리적으로 증명할 수 없는 것이지만, 이러한 태초의 원리 내지 원초적인 힘은 인정하고 그것을 진여(眞如)라고 말하며 다음과 같이 표현하고 있다.

> 달리 말하면 금일의 만물대상[萬境]은 태초의 원리원력(原理原力)으로부터 발달한 것으로, 그 원리원력 중에 만경의 근본을 함장하지 않을 수 없다. 그 원리원력의 본체는 무엇인가. 말하자면, 법상(法相)의 뢰야연기(賴耶緣起)로부터 이것을 말하면 제8 아뢰야식이며, 화엄, 천태의 진여연기(眞如緣起)로부터 이것을 말하면 그 체 곧 진여이다. 지금 진여연기에 대해 논하면, 진여의 본체는 불생불멸(不生不滅), 평등무차별(平等無差別)의 이체(理體)로서 생멸의 차별이 없다. 그러나 그 체로부터 생멸의 상이 나타나는 것은 무엇에 의하는가하면, 진여의 체에 그 이치가 담겨져 있다. 그 이치를 가지고 있는 것, 무엇으로서 평등무차별의 체라고 확신하는가하면, 그 체 생멸하기 때문이다.(pp.90-91)

이와 같이 기독교의 신에 대신해 우주의 근본적인 원리 내지는 원력으로서 아뢰야식, 진여의 개념을 근본으로 내세워 태초 이래 전개되어 오는 근본원리로 간주되고 있다. 그리고 근본원리로서 진여가 평등무차별과 생멸의 성질을 함께 갖고 있는 것은 《대승기신론(大乘起信論)》에서 말하고 있는 일심(一心)이 진여문(眞如門)과 생멸문(生滅門)의 이문(二門)을 갖는 것과 동일하다고 말하고 있다. 곧 평등무차별의 진여의 문에서 차별적인 생멸의 성질이 작동하고 있는 것으로, 이러한 차별적인 속성은 궁극적으로 일심으로 환원된다고 하는 것이다. 곧 엔료는 이러한 《기신론》의 입장을 기본으로 하여 평등과 차별의 양 경계에 대해 다음과 같이 말하고 있다.

불교에서 삼계유일심(三界唯一心), 심외무별법(心外無別法)으로 논하는 것은 평등의 절대심(絶對心)을 말한다. 그러나 상대의 평등심도 우리의 차별심도 그 실체가 동일하며 서로 다르지 않는 것은 한 장의 종이에 표리(表裏)의 차별이 있고, 그 표리 이외에 종이가 없는 것을 보고 알 수 있다.(p.94)

이렇듯 엔료는 만물의 다양한 생멸로서의 차별상도 결국 우리들 마음이 만들어 내었다는 불교적 입장으로 회향하고 있음을 알 수 있다. 그리고 그와 같은 마음의 현상에서 천제도 만들어진 것에 대해 초편 후반부에서는 상당히 광범위하고 세밀하게 논증하고 있다. 곧 "세계의 조물주는 천제가 아니고 우리의 마음이다(p.103)"라는 입장을 분명하게 기술한 뒤에 엔료는 《초편》의 전체적인 마무리의 입장을 다음과 같이 표현한다.

이상 논한 바를 요약하면, 불교는 학리(學理)에 합치하고, 기독교는 학리에 합치하지 않는다. 그 학리에 합치한다는 것은 불교에 근거하는 원리가정(原理假定)의 설이 아니고, 논리상 증명해야할 것이다. 논리상 증명해야할 것은 의식을 근본으로 하고 인과를 이치로 하는 것에 있다. 천제창조설도 그리스도승천설도 모두 의식의 범위 내에 있고, 인과의 원리에 근거한 것이다. 고로 나는 말한다. 기독교는 불교 중의 일부분에 지나지 않는다고. 의식을 떠나 천제 없고 천제 없어도 의식은 있고, 인과의 이치 소멸하면 창조설도 소멸하지만 창조설이 소멸해도 인과의 이치는 소멸하지 않는다.(pp.117-118)

이 논리적인 검토의 결과로서 의식과 인과에 의거한 불교의 입장에서 기독교의 교리에 대해 비판 정리를 하고 있다. 《초편》은 이후에도 실제 종교의 현실적 전파와 실상에 대해 상당히 긴 설명을 하여, 기독교의 교리가 서양에서의 오랫동안 전해진 이유나 또 일본 내에서의 불교의 실상 등에 대해 치밀하고 비판적으로 기술해 가고 있다. 그렇지만 엔료의 기독교 비판에는 《초편》 서문에서 나타나는 종교 간의 형제 친구라는 입장은 있다하더라도, 실질적으로는 불교적 이론에 근거하여 논리적으로 신랄하고 엄격한 비판적 입장을 띄고 있다. 이러한 입장은 단순히 기독교 교리의 문제점 제시가 아니라 일본사회에서 불교에 대한 재이해 및 위상의 재정립으로 이어져 불교가 일본사회에서 재활하는 계기를 만들었다고 생각된다.

Ⅳ. 결론

일본 근대기의 시작으로서 메이지 유신(1868년)은 불교계로서는 불교 박해의 암울한 시기의 출발이었다. 불교박해의 광풍은 불교의 사회적 역할을 인정하여 새로운 종교담당기관으로서 교부성이 설치되는 1872년경에는 그 기세가 꺾이지만, 교부성이 폐지되는 1877년까지는 불교계로서는 큰 어려움을 겪을 수밖에 없었다. 이러한 불교계로서의 어려움을 극복하는 과정에서 불교계에 던져진 중요한 과제가 불교의 사회적 역할에 대한 확실한 인식을 심는 일과 기독교에 대응하는 일이었다. 특히 기독교에 대응하는 일은 기독교를 국교로 하는 서양 제국으로부터 문물을 수용해야 할 상황에서는 쉬운 일은 아니었다. 그렇지만 어려운 기독교와의 논쟁의 일을 불교계는 충분히 감내하여 다수의 기독교 비판서 즉 배야서(排耶書)가 출간되었다. 이렇게 배야서가 간행되는 중에 단순히 기독교에 대한 비판이 아니라 불교교리의 우수성을 제기한 대표적인 인물이 이노우에 엔료이다. 그가 《초편》에서 12항목에 걸쳐 기독교를 비판하고 불교의 삼계유심(三界唯心), 만법유식(萬法唯識)의 교리적인 우수성을 드러낸 것은 당시 불교계의 많은 사람들을 자극해 불교의 활기를 넣어주는데 큰 역할을 하였다. 그리고 이 《진리금침》의 시리즈는 이어져 근대기 불교계의 책으로 가장 큰 영향을 끼친 《불교활론서론》이 탄생하는 계기가 된다. 그렇지만 근대 초기 불교에 대한 탄압과 신도국교화의 정책을 추진하던 메이지 정부는 이러한 불교계의 기독교 비판과 불교재활의 종교적 움직임을 어떻게 받아들이고 있었을까? 이상의 논의를 바탕으로 근대기에 불교계가 기독교 비판에 앞장선 이유와 그러한 비판이 가능했던 사회적 분위기 등을 몇 가지로 정리하면 다음과 같이 정리할 수 있으리라 생각된다.

(1) 불교계는 근대기 불교박해 기간 중 불교의 사회적 역할을 보다 분명히 하려는 의도로서 기독교 비판에 앞장섰다. 곧 불교박해의 풍조 속에 기독교 비판을 스스로의 역할로 자임하였던 것이다.

(2) 불교계의 기독교 비판은 탄압을 받고 있던 불교계로 하여금 교리에 대한 재이해, 재발견을 통해 새로운 활력을 가져오는 계기가 되었다.

(3) 불교계는 기독교 비판을 통해 불교박해를 극복하고 전통적인 종교문화로서 장식불교 등의 전통의례를 존속시켰다. 곧 각 사찰에 조상의 위폐를 모시고 추선하는 장식불교의 전통이 근대에서도 유지된 것이다.

(4) 불교계의 기독교 비판은 다신론적인 신도를 유일신을 받드는 기독교로부터 지키는 의미가 되어 자연스레 신도국교화의 정책을 취한 메이지 정부의 방침을 옹호해 주게 되었고, 메이지 정부도 그러한 불교계의 비판에 제동을 걸지 않았다.

(5) 불교의 교리가 기독교 비판 등으로 서양종교에 대등하게 논쟁한 점은 후에 일본사회에서 불교가 더욱 종교적, 사회적 이념으로 정착해가는 계기를 만들었다.

본고에서는 근대기 일본불교계의 기독교 비판과 대표적인 불교계지식인 이노우에 엔료의 기독교 비판을 고찰하였다. 이상의 고찰에서 일본근대기 불교계에서 다수의 배야서가 출간된 것은 상당히 독특한 일이며, 아울러 엔료의 기독교 비판은 단순히 기독교 비판을 넘어 불교재활에 중요한 계기를 만들었다고 생각된다. 근대기 불교계에 의한 기독교 비판은 근대기 정황에서는 불교박해라는 피치 못할 사정이 있었지만, 거기에는 종교 간의 차이와 대립도 노골적으로 담겨있었다. 따라서 이러한 대립의 극복을 통해 일본의 불교계는 불교국가의 모습을 서양에 각인시킨 것은 물론 불교가 자국의 중요한 전통종교로 재삼 인정받는 계기가 되었다고 생각된다.

제8장
한국의 입장에서 본 일본 근대기의 불교

Ⅰ. 서언

일본의 근대를 여는 대사건으로서 메이지 유신은 동아시아 근현대의 역사 가운데 중요한 의미를 갖는 혁명적인 사건이라고 해도 과언은 아닐 듯하다. 나라의 정체성을 완전히 새롭게 바꾸어 서구 제국(諸國)에 뒤지지 않는 국가체제를 만들기 위한 서막으로서 메이지 유신은 가히 동아시아에 일본의 위상을 전격적으로 바꾸는 계기를 가져왔다. 그렇지만 일반적으로 생각할 수 있듯이 획기적이고 혁명적인 변화에는 그 이면(裏面)에 정치적 투쟁 내지는 사회적 혼란이 어쩔 수 없이 따르는 것도 사실이다. 그런 의미에서 고찰하면 메이지 정부의 수립은 오랜 기간 이어진 막부체제의 몰락이라는 정치적 변동을 야기하고, 또 메이지 정부의 신불분리령(神佛分離令)으로 인한 불교계의 탄압은 오랜 기간 기득권에 있었던 불교세력의 몰락을 가져오는 계기가 되었다. 그리고 메이지 정부의 출범과 함께 나타나는 정부 행정조직의 빈번한 변화는 새로운 시대에 대응하기 위한 어쩔 수 없는 모습이지만, 그렇더라도 불교계에 대한 정부의 태도 변화는 단순히 행정조직상의 변화 이상의 정신적인 문제가 개입된 중요한 의미를 갖는다고 생각된다. 곧 신도국교화의 이념에 근거한 메이지 초기의 종교정책은 폐불훼석에서 보이는 불교계에 탄압과 도외시로 나타나지만, 1872년 교부성의 설립으로서 불교계를 중요한 교화기관으로 인정한 것은 정부측으로서는 새롭고 특별한 일로서 여기에는 불교계의 끈질긴 노력과 열정이 담겨 있다고 말할 수 있다.

메이지 정부는 천황제 국가수립을 목표로 천황에 대한 이념적 근거를 신도에서 찾는 신도국교화에 의거한 종교정책을 시행하였다. 그 신도국교화를 위한 첫 정책이 신불분리령으로, 이 신불분리령은 폐불 훼석이라는 일본 역사 초유의 사태를 불러오게 된다. 곧 국가에 의한 보호막을 걷어내어 불교계를 유린해도 된다는 암묵적 신호가 정부로부터 내려진 것이다. 이것을 계기로 사원의 파괴, 승려의 환속, 불교유물의 소각 등이 전국적으로 일어나 불교계는 거의 초토화의 상황에 직면하게 된다. 이러한 상황은 이전 에도막부 기간에 국가기관의 의미를 갖는 불교계에 대한 반발과 분노 등도 작용한 것이지만, 그렇다 해도 메이지 유신의 새로운 사회는 불교계에 있어서는 암흑과 광풍의 시대가 기다리고 있었던 것이다. 하지만 이러한 불교에 대한 탄압에 불교계도 끊임없이 대항해 가는 것이 근대 초기 불교의 역사적 전개로서, 제종동덕회맹, 대교원의 설립청원 및 분리운동 등은 중요한 불교계의 노력을 보여주고 있다. 불교계의 노력은 주효해서 1872년 교부성의 설치로 불교계도 종교로서 국가기관에 참여하게 되고 1877년 교부성의 폐지와 함께 불교계는 국가에 의한 족쇄에서 자유롭게 되었다.

이렇게 근대 초기의 불교계의 대응과 노력 속에 불교가 전통종교의 틀을 벗어나 인간의 철학사상 내지는 사회의 정신문화로서 중요한 의미를 갖는 종교임을 더욱 분명하게 만든 계기가 도쿄대학 내에 불교 강좌 개설이라 할 수 있다. 메이지의 출발에서부터 국가적 사회적 탄압을 받았던 불교가 최초로 설립된 관립대학에서 개교 2년만인 1879년 불교강좌가 설립되었다는 것은 불교의 정신이 당시 지식인들에게 거부감 없이 수용되었다는 것을 의미한다고도 말할 수 있다. 그렇다면 불교의 어떤 정신이 당시 일본 사회에 중요한 의미로서 공감되었던 것일까? 여기에 대한 하나의 실마리로 제시할 수 있는 것이 서구 기독교의 교리에 대한 적극적인 비판과 대응이 불교를 통해 가능하다는 입장에 상당히 공감을 하였던 것은 아닐까 생각된다. 서구의 과학문물은 당연히 받아들이지만, 정신문화로서 기독교의 수용은 당시 일본의 전통문화로서 신도나 불교와 충돌함은 물론이고, 이러한 충돌에 새로운 대항논리를 보인 것이 불교로서 따라서 국가적으로도 그러한 정신문화를 존중해 인도철학으로서 불교학이 대학에서 정착하게 되었던 것은 아닐까 생각된다.

그리고 또 일본 근대의 전개 속에 각각의 종단으로서 불교계는 다양한 모습을 보여준다. 동아시아의 중국이나 우리나라와는 달리 근대에 이르기까지 다양한 종파가 실제 존재하고 있던 일본 불교계는 도쿄대학에 불교강좌가 설립됨으로써 공통적인 불교의 이해를 위한 토대가 형성되지만, 그렇더라도 각각의 종단은 개별의 종지에 의거한 전통을 유지하고 있었다. 곧 개별적 독자적 불교전통에 의거한 교리에 바탕을 둔 종단의 전통이 지속되는 속에 에도 시대 이래 각 사찰에 정착된 장식불교(葬式佛教)의 의례문화도 중요한 사회적 토대를 이루고 있었다. 이러한 의례문화는 에도 시대에 확립된 테라우케 제도(寺請制度, 에도 시대에 서민이 반드시 자신의 소속사찰을 가져야했던 제도)에 의거한 종교문화로서 일본인은 불교의 사찰에 자신의 호적을 두고 조상에 대한 의례가 사찰에서 행해지고 있었다. 그렇지만 근대에 들어 불교에 대한 탄압과 함께 사라질 듯 보였던 이러한 전통의례는 폐불훼석이라는 불교탄압 속에서도 여전히 살아남았다. 따라서 일본 근대의 불교계는 도쿄대학으로 상징되는 지식인의 불교가 전개되는 일면에 각각의 종단을 통해 장식불교 등의 전통의례가 유지되는 양면적인 모습을 보인다고 할 수 있다. 이러한 양면적인 모습을 스에키 후미히코

(末木文美士) 선생은 표층과 심층의 '중층구조(重層構造)'라고 말하고 있어,[1] 근대불교의 모습은 그러한 중층의 복합구조를 보인다고 생각된다.

따라서 본장에서는 일본 근대불교의 전개를 '중층구조'로 파악하는 스에키 선생의 설을 살펴보고, 그러한 중층의 불교계 모습이 일본 사회 속에 구체적으로 어떻게 전개되는가를 살펴본다. 다시 말해 불교학으로서 지식인의 불교와 장식불교 등의 전통적인 토대문화가 근대의 전개 속에 각각 어떠한 역할을 하였는가를 살펴보고 그 의미를 한국적 관점에서 다시 생각해 보고자 한다. 이러한 고찰을 통해 한국과 일본의 불교적 접점 내지는 상호 이해의 토대를 어디에 두어야 할지 등을 구체적으로 생각해보는 계기를 만들고자 한다.

---

1)   末木編(2012) pp.10-13; 末木外編(2014) pp.335-339.

Ⅱ. 일본 근대에 있어 불교의 위상

1. 근대기의 불교의 중층성

일본 근대기 불교는 폐불훼석을 극복하는 과정에서 표층(表層)의 지식인의 불교와 심층(深層)의 개별 종단에 의거한 전통불교가 양립하는 형태의 불교 모습을 보인다. 이러한 양립적인 모습을 스에키 선생은 '중층구조'라는 말을 사용하여 표층과 심층의 불교적인 양태를 설명하고 있다. 그리고 이러한 표층과 심층의 불교양태는 근대 초기 불교전개 과정에서 형성된 정교분리(政教分離)와 신교자유(信教自由)의 원리가 중요한 역할을 하고 있다. 이러한 원리에 의해 구축된 표층, 심층의 불교적 양태와 특히 심층의 전통양태로서 장식불교가 근대기에도 여전히 공고해지는 과정을 스에키 선생의 설명에 따라 살펴보기로 한다

먼저 스에키 선생은 근대 초기 메이지 정부의 종교정책과 관련해 불교가 걸어온 길을 다음과 같이 말하고 있다.

메이지 정부는 당초 신도를 국가 종교로 채용했지만, 큰 세력을 지닌 불교를 무시해서는 실제상 그 정책의 실행은 무리라는 것을 알고, 교부성을 설립하여 대교원에 의해 신도계도 불교계도 통괄하는 방침으로 바꾸었다. 그러나 그것에 대하여 정토진종의 지도자 시마지 모쿠라이가 선두에 서서 반대운동을 전개하여 최종적으로 정부의 정책을 철회시키는데 이르렀다. 시마지는 당시 구주(歐州)의 종교사정을 조사 중에 있었고, 구주의 새로운 기독교 움

직임과 정교분리정책에 강한 영향을 받고 있었다. 거기에서 시마지는 종교는 인간 마음의 문제이며, 인간의 외형과 관련된 정치가 관여할 수 없는 자유로운 영역이라고 주장했다. 그 주장이 인정된 것으로, 정교분리와 신교의 자유가 일본에서 확립된 것이다.[2]

이와 같이 말하며 정교분리와 신교의 자유가 불교측이 얻은 '큰 승리(大きな勝利)'라고 말하며,[3] 그 속에 감추어진 문제를 지적하고 있다. 시마지가 불교는 인간의 마음을 다루는 종교의 영역이라고 주장하는 한편 신도는 종교가 아니라고 하는 신도비종교론(神道非宗敎論)은 후에 신도가 국가적 의례를 전적으로 담당하는 비종교로서 국가신도(國家神道)의 이념과 그 내용이 일치하게 된다. 이렇게 시마지가 신도비종교론을 주장한 것은 신불분리의 정부측의 입장을 받아들이고 불교측의 주장이 정부의 입장을 부정하는 것이 아니라는 입장에 근거한 것이다. 그리고 신도와 불교는 상호배척하는 것이 아니라 상호공존하는 입장에 있다는 것을 스에키선생은 '신불보완(神佛補完)'이라고 표현하고 있다.[4] 또한 시마지가 주장하는 종교는 마음을 다루는 것이라고 하는 것에 대해 스에키선생은 "시마지가 의거하는 종교관은 기독교의 영향 하에 어디까지나 인간 마음의 문제에 한정하는 것이었다. 그것은 반드시 실제 일본인의 신앙을 반영하는 것은 아니었다."라고 말

---

2) 末木編(2012) p.11.
3) 末木編(2012) p.11.
4) 末木編(2012) p.11.

하고 있다.[5] 그리고 여기에서 '실제 일본인의 신앙을 반영하는 것'의 대표적인 형태로 장식불교를 들며, 이것은 "일본인의 심층에 놓여있는 것"으로서 중요한 전통이라고 말하고 있다.[6] 이 심층의 전통으로서 장식불교는 근세 에도 막부에서 확립된 전통으로, 근대에 들어서는 당연히 없어져야할 전통으로 간주되었지만, 실제 근대에 들어서도 중요한 역할을 하게 된다. 이 장식불교가 근대에 들어서 그 역할을 하게 되는 것을 스에키선생은 다음과 같이 말하고 있다.

> 근세의 불교는 사단제도(寺檀制度) 아래에서 사람들은 장식(葬式) 뿐만 아니라 일상생활의 여러 면에서 불교사원과 관계하고 있었다. 그러나 근대가 되면, 장식과 묘의 관리 및 조상을 위한 법요(法要)가 사원의 주요한 임무가 되었다. 더욱이 그것은 근세와 같이 정부에 의한 정치적 제도로서 성립한 것이 아니라 법제도적으로는 아무런 규정도 없는 것이었다. 그러나 신도는 국가신도로서 종교적 활동이 금지되어 장식을 거행할 수 없었고, 기독교는 조상의 제사를 모시지 않기 때문에, 실질적으로 장식과 조상제사를 담당할 수 있었던 것은 근세 이래 노하우의 축적을 가진 불교밖에 없었다.[7]

이렇게 불교가 근대가 되어도 조상숭배의 의례로서 장식불교의 전통을 보존하게 된 계기를 설명하며, 이러한 전통은 오랜 기간 일본인

---

5) 末木編(2012) p.11.
6) 末木編(2012) p.11.
7) 末木編(2012) p.12.

의 심층에서 이루어진 전통인 것을 밝히고 있다. 그리고 이렇게 장식의 례가 심층의 전통으로 보존된 데는 천황을 국가의 정점으로 이해하는 사고와 개인보다는 집안을 중시하는 사고가 일치하여 천황은 국가의 대표로서 국가신도에 의한 국가적인 제사를 지내며, 집안의 장남은 집안을 대표해 불교를 통해 조상숭배의 예를 올리는 원리가 일치하고 있음을 밝히고 있다.[8] 그렇지만 불교계 내에서 불교학으로 대표되는 표층의 불교학은 이러한 심층의 전통으로서 장식불교 등을 공공연히 거론하는 일없이 오히려 은폐하는 모습을 보이기까지 하였다고 스에키는 선생은 다음과 같이 말하고 있다.

> 이상과 같이 일본 근대불교가 담당한 역할을 생각할 때, 앞에서 말한 불교학과 지식인의 불교사상은 그와 같은 저변의 장식불교 위에 구축된 표층의 언설이라고 생각된다. 표층의 이상화된 언설은 이 심층의 장식불교에 의한 경제적 기반이 있어서 비로소 성립한 것이었다. 일본의 근대불교는 이러한 중층구조를 이루고 있다고 생각할 수 있다. 표층의 합리화된 불교를 구축하는 논자들은 대다수 심층의 장식불교를 은폐하고, 그 언설의 세계로부터 추방하였다. 그들은 장식불교는 본래의 불교와 관계가 없는, 불교의 타락형태라고 생각하여, 고도한 불교를 이해할 수 없는 일본의 우매한 민중에 불교를 넓히는 방편으로서 어쩔 수없이 행하는 것이라고 변명했다. 그러나 실질적으로 그들의 활동을 지지하는 경제기반이 그 장식불교에 있는 이상, 그것을 방편으로서 부정하

---

8)　末木編(2012) p.12.

는 것은 무리이다.[9]

　　이와 같이 표층의 불교와 심층의 불교의 중층구조를 설하는 스에키선생은 보다 세밀하게 그것을 4중의 구조로서 설명하고 있다.[10] 특히 이 4중의 구조에 대한 설명에 있어 스에키선생은 '명(冥)'과 '현(顯)'의 독특한 개념을 가지고 분류하지만,[11] 이 4중구조로서 근대불교의 전개와 관련된 불교의 위상을 분명히 하고 있다. 이 4중구조에서 보면 표층의 불교학 내지 지식인의 불교는 "합리성에 의해 해명되는 윤리의 영역"으로서 '현'에 속하며 이는 '서양 근대(법 등)'과 같은 부류에 속하는 것으로 간주하고 있으며, "합리성으로 설명할 수 없는 불가해(不可解)한 세계"의 영역은 '명'에 속하는 불교의 영역에 포함시키고 있다. 이러한 표층과 심층의 중층구조는 근대가 낳은 불교적인 모습이지만, 이러한 불교의 모습은 전후(戰後) 오늘날까지도 유사한 모습을 보이고 있다고 할 수 있다. 그러면 이러한 표층과 심층의 불교가 어떻게 관계하며 일본사회에서 그 역할을 해왔는가를 다음 절에서 살펴보기로 한다.

2. 근대기 불교학과 불교의 관계

근대기 불교의 전개에서 표층의 불교학 내지 지식인 불교의 전개는 가

---

9)　　末木編(2012) pp.12-13.
10)　末木外編(2014) p.338.
11)　李泰昇(2017) pp.(32)-(38).

히 도쿄대학의 불교학으로서 인도철학 강좌의 설립에 기인한다고 말할 수 있다. 폐불훼석의 기간 내내 전사회적으로 멸시를 받았던 불교가 일본 최초의 관립대학(官立大學)에서 서양의 학문과 동등한 입장에서 강의가 이루어진 것은 불교학이 체계적이고 과학적인 방법론으로서 많은 지식인에 어필할 수 있는 중요한 기회를 갖게 된 것을 의미한다. 특히 그 최초의 강사로 임명된 하라 탄잔(原坦山)은 비록 전통적인 조동종의 승려였긴 했지만 과학적 분석이나 객관적인 자세로서 당대 서양의 문물을 이해하려는 열린 자세를 가지고 있었다. 그는 불교가 인도의 철학임을 분명히 인식하고, 객관적 연구나 자기비판을 수용하는 철학적인 자세로 불교에 대한 태도를 취하여 불교학을 인도철학으로서 뿌리내리는 중요한 토대를 만들었다. 이러한 토대 위에 학문으로서 불교학은 이노우에 테츠지로, 이노우에 엔료 등을 통해 더욱 깊어지고 넓어져 불교의 정신이 일본 사회에 객관적이고 과학적인 정신문화로서 이해되는데 크게 역할을 하였다.

이노우에 테츠지로는 비록 "교육과 종교의 충돌"에서 국가의 입장에서 국가이데올로기를 옹호하는 입장으로 많은 비판을 받았지만, 그는 오랜 기간 유럽에 유학해 서구의 정신문화로서 기독교의 입장에 대해서는 누구보다도 많은 지식을 가지고 있었다고 할 수 있다. 곧 서구문화의 기저(基底)로서 기독교를 충분히 알고 이해하는 입장에서 비판의 칼날을 휘두른 이노우에의 기독교 비판은 과학적이고 분석적 입장을 취하는 학자적 태도에 의거한 객관적 입장이 많은 사람들에게 수용되어 기독교에 비판과 더불어 불교에 대한 이해를 도모하는 중요한 계기를 만들었다.

그리고 그와 더불어 이노우에 엔료는 실질적으로 불교의 재활(再

活)과 불교철학의 정립(定立)을 이루는 중요한 역할을 하였다. 정토진종의 절에서 태어난 엔료는 대학의 졸업에 즈음해 자신을 키워준 종단이나 관료의 길을 물리치고 교육의 길로 진출하지만, 그의 실질적인 의도는 불교정신의 재활을 통한 불교철학의 정립에 그 뜻을 두었다고 생각된다. 엔료는 철학적인 기반을 통해 불교를 이해하여 불교가 서양의 정신을 뛰어넘는 중요한 정신문화임을 명확히 하는 것을 자신의 주된 과업으로 삼고, 이를 위해 철학관(哲學館)을 설립하고 많은 사람들을 교육시켰다. 그리고 서양의 종교로서 기독교의 교리에 대한 깊은 연구를 통해 기독교가 가지는 문제점을 체계적으로 지적하여, 서구정신에 대한 불교의 우수성을 드러내기도 하였다. 특히 그의 《불교활론서론》은 철학에 의거한 불교정신과 기독교에 대한 불교적 입장을 드러낸 중요한 책으로 많은 사람들에게 읽혀졌다. 이렇게 불교의 철학적 정립이나 서구의 기독교에 대한 논리적 비판은 대학에서 인도철학의 강좌가 있었기에 가능했다고 생각된다. 그리고 엔료가 다수의 저술을 발표하는 메이지 20년대는 일본 사회내에 국수주의(國粹主義)의 풍조가 생겨나던 시기로서,[12] 이러한 사회적 풍조 속에 엔료의 저술은 불교가 일본 사회에 정착하는 중요한 계기를 만들었다. 그리고 그러한 국수주의의 풍조는 후에 군벌정치(軍閥政治)와 관계되어 군국주의(軍國主義)의 길로 나아가게 된다.

이렇게 근대기의 특징으로서 모든 불교종단과 관련된 체계적인 불교학이 전개되는 한편 각각의 종단은 각자의 전통에 따른 종지(宗旨)에 의거해 근대기를 넘어야하는 상황에 직면하였다. 이들 각각의

---

12)　池田(1995) p.48.

종단들은 폐불훼석의 탄압기에는 제종동덕회맹의 협의체를 만들어 정부의 방침에 대항하였고, 교부성이 설립되던 시기에는 대교원의 설립을 제창해 불교계의 위상을 정립하였다. 특히 제종동덕회맹에서 기본적인 주제로 간주된 여덟 개의 제목은 근대기 불교계가 지향해야 하는 목표를 제시해 주는 것이었다. 불교의 정신이 국가의 정신과 다르지 않다는 기본입장에 의거해 기독교에 대한 비판, 인재등용, 학교설립 등의 목표는 당시 불교계가 실천해 나갈 중요한 과제들로, 이들 과제를 명확히 제시해 논의한 것은 중요한 의미를 갖는다고 생각된다. 특히 인재의 등용과 해외파견 교육 등의 실행은 불교계가 널리 국제적 감각을 갖는 중요한 계기를 만들었다. 동본원사에서 파견하여 영국 옥스퍼드대학에서 유학하고 돌아와 도쿄대학에서 근대 최초로 범어를 가르친 난조 분유는 그러한 인재양성 프로그램에 가장 잘 어울리는 모습이라고 생각된다. 곧 일본의 각각의 종단들은 국가적인 원조가 끊어진 근대기에 스스로의 생존을 위해 다각도로 노력할 수밖에 없었고, 그러한 노력은 종단 간의 상호협력과 경쟁의 분위기 속에서 이루어졌다고 생각된다.

그렇지만 일본의 종단은 실제 메이지 유신으로 인해 큰 피해를 입을 수밖에 없는 상황에 처해 있었다. 에도 막부기간동안 막부의 보호 아래 막대한 영지를 소유하고 있던 종파 특히 천태종, 진언종, 임제종, 시종, 정토종 등은 메이지 정부의 영지몰수령(領地沒收令)으로 엄청난 타격을 입었다. 그렇지만 이에 비해 사찰의 보시자(布施者)로서 단가와 관계를 가지고 있던 일련종, 조동종, 진종 제파들은 비교적 정부의 탄압을 다른 종단에 비해 적게 받았다.[13] 하지만 전체적으로 불교에

---

13) 池田(1995) p.36.

대한 탄압은 모든 종단들이 비켜갈 수 없었던 일로서, 특히 불교에 비우호적이었던 지역의 상당수 불교사원은 거의 초토화 되는 상황에 이르렀다. 이러한 상황을 종단적 입장에서 무난히 헤쳐 나간 경우도 있었지만, 종단에 따라서는 시대에 대처가 늦어진 경우도 상당히 많았던 것 같다. 예를 들어 천태종의 경우 천태교학의 5시8교에 입각해 자종의 교리가 최고라는 입장에 놓여있어서 배불상황의 시대에 능동적으로 대처하기가 쉽지 않았던 것 같다. 이러한 모습을 이케다(池田)는 다음과 같이 표현하고 있다.

> 예를 들어 천태종의 학장들은 소위 장교 통교 별교 원교라는 단계에서 최종단계에 있는 원교로서의 자부를 가지고 있었다. 그처럼 이와같은 천태종의 종학에 대한 고답적인 자세는 막말 유신의 변혁기의 종문을 배불적 조류로부터 보호하는 것을 극히 곤란케 했다. 그런 까닭에 천태종은 마침내 다른 종파에서 볼 수 있는 서민을 위한 교화활동을 추진하는 불교 세속윤리사상을 수립하는 기회를 놓친 것이라고 보인다.[14]

이처럼 천태종의 경우와 같이 배불적 사회 분위기 속에 새로운 윤리관을 세우는 일은 자종의 교리로서는 감당하기 어려운 경우도 있었다. 그렇지만 이러한 배불적 상황은 모든 종단에 공통된 것으로, 제종동덕회맹과 같은 공동의 대처와는 별개로 각각의 종단으로서 스스로의 능동적 대처가 요구되었던 것이다 그런 의미에서 근대기에 큰 활

---

14) 池田(1995) p.32.

약을 보인 시마지 모쿠라이가 속해 있었던 진종대곡파는 시마지의 활약으로 종단내의 정화가 순조롭게 이루어지고, 그러한 여세로 불교계를 대표해 교부성의 설립요구, 대교원의 설립 및 분리건의 등에 앞장서 나아갔던 것이다. 물론 이러한 배후에는 종단 차원의 강력한 지원이 이루어져 있었던 것으로, 특히 시마지가 메이지 정부의 핵심세력과 같은 고향이었던 점도 그의 주장이 실질적으로 반영되는데 큰 도움이 되었다고 생각된다. 이렇듯 근대 초기의 각 종단은 배불의 사회적 동향 속에 살아남기 위해 각고(刻苦)의 노력을 기울였고, 그러한 노력의 결과 메이지 10년 불교계는 국가의 간섭을 받지 않는 종교의 하나로서 자유로운 교화활동과 포교가 가능하게 되었다. 그렇지만 그러한 자유로운 포교의 활동은 기본적으로 국가적 이념에 반(反)하지 않는다는 입장에 의거하고 또 국가적인 일에 앞장서 역할을 하는 것을 당연히 받아들인다는 원칙에 입각한 것이었다. 그러한 원칙에 의거한 사례들이 기독교의 교리에 대항하는 선두의 역할은 물론 국가의 전쟁과 같은 유사시의 상황에 앞장서 도움을 주는 역할을 하였던 것이다. 특히 일본 근대기는 많은 전쟁이 일어난 시기로서 이러한 시기에 불교는 어떠한 입장을 취했는지를 다음절에서 살펴보기로 한다.

3. 전쟁과 불교계 대응

일본의 근대기에 해당하는 1868년부터 1945까지의 사이에는 전 세계적으로 제국주의의 식민지정책 등이 어우러져 전쟁과 살육 등이 빈번히 일어났다. 특히 일본은 메이지 초기 외국에 의한 불평등조약을 채결

하였지만, 근대가 진행되고 제국주의화하면서 식민정책으로 대만(臺灣)과 조선(朝鮮)을 식민지로 삼았다. 이러한 식민지의 복속은 일본이 1889년(明治22) 헌법의 발포와 함께 국수주의의 풍조 속에 주변지역을 정략적으로 침략함으로써 이루어지는 일이지만, 이러한 사회풍조 속에 불교계는 앞에서 보았듯이 일본사회에 중요한 역할을 담당하는 종교집단으로 다시 등장하게 된다. 곧 서구제국의 기독교에 맞서는 이론적인 논리를 사회 속에 제공하면서 국민들의 정신을 담당하는 중요한 종교문화로서 그 사회적 위상이 새롭게 부상하게 된 것이다. 그리고 그러한 사회적 역할은 전쟁에 임하는 시기에 전쟁에 나가는 병사나 병사의 가족을 위로하고 위문하는 중요한 종교적 구호단체로서 그 역할을 하게 된다.

근대기의 불교가 보여주는 표층의 불교학 내지 지식인 불교 그리고 심층의 전통적 장식의례에 근거한 불교문화를 갖는 일본의 불교종단은 실제 전쟁의 시기에는 전쟁의 승리를 기원하는 입장에서 국가의 전쟁에 협력하였다. 곧 청일전쟁 발발로 부터 불교교단은 불교의 계율에 근거하여 전쟁을 정당화하는 해석을 시도하였고, 또한 교단은 전지(戰地)의 종군위문, 전병자(戰病者)·출정가(出征家)의 가족위문, 포로 무휼(撫恤)의 구호활동, 해외 개교 등을 시도하였다.[15] 그리고 러일전쟁 때에는 당시 정부측으로부터 종교교단에 적극적인 협력요청이 있어 불교계도 진종을 중심으로 적극적인 협조가 이루어졌다. 특히 진종 본원사파에서는 '임시부(臨時部)'를 개설하여 군부에 대한 적극적인 협조업무의 내용으로서 ① 군자헌납 또는 휼병(恤兵) 금품 기

---

15) 이태승(2013b) p.297.

증 장려 ② 군사공채·국고공채 채무응모 ③ 출사개선의 송영위문(送迎慰問) ④ 군인가족의 위문 및 구호 ⑤ 부상군인들의 위문 ⑥ 전사자의 장의(葬儀) 및 추도 ⑦ 전사자 유족의 위문 및 구호 등을 내용으로 하여 적극적으로 정부의 방침에 기여하였다.[16] 이렇게 불교계가 적극적으로 전쟁에 협력하는 일은 전쟁이 일어나면 일어날수록 더욱 빈번할 수밖에 없었고, 국가에 대한 예속(隸屬)이 없어졌다 해도 더욱 적극적으로 협력에 가담하는 결과를 낳았다. 이러한 일본 불교계의 전쟁협력에 대해서는 근래 브라이언 빅토리아(Brian A. Victoria)의 저술 *Zen at War*(Weatherhill, Inc., New York, 1997)가 출간됨에 따라 전 세계적으로 화제가 되고, 특히 일본어 번역판《선과 전쟁(禪と戰爭)》(東京 光人社, 2001)은 실제 일본의 여러 종단에 전쟁에 대한 반성을 촉구하는 계기도 되었다. 이《선과 전쟁》의 원저자인 브라이언 빅토리아가 이렇게 일본불교의 전쟁협력을 연구의 대상으로 삼은 것은 그 자신 젊은 날 베트남 전쟁의 양심적 기피자로서의 경험과 일본에서의 승려생활 중 겪은 사회참여에 대한 교단의 입장에 의문을 갖은데 있고, 더욱이 직접적인 인연은 그가 전후(戰後) 일본 불교계에서 전쟁기의 불교의 입장에 대해 반성적 연구를 한 이치카와 하쿠겐(市川白弦)의 저술을 만나면서 본격적으로 이루어졌다.[17]

이치카와 하쿠겐은 1902년 임제종 묘심사파(妙心寺派)의 절의 아들로 태어나 전쟁이 한창이던 1940년대에는 불교계에 이름이 알려진 인물이다.[18] 그에 의해 저술된《불교자의 전쟁책임(佛敎者の戰爭

---

16) 이태승(2013b) pp.297-298.
17) 이태승(2013b) pp.277-279.
18) 이태승(2013b) p.303.

責任)》(春秋社, 1970)은 1970년에 출간되어 불교계의 전쟁책임을 규명한 최초의 본격적인 책으로 간주되지만, 이 책의 내용은 1959년도부터 불교계가 전쟁기에 행한 일들에 대한 상세한 자료들을 모아 발표한 논문을 모은 것이다. 그렇지만 그의 전쟁책임에 대한 글들은 개인적인 것으로 치부되어 교단이나 사회에서는 크게 주목하지 않았지만, 브라이언 빅토리아의 책이 출간된 이후 새롭게 주목을 받아 전쟁이나 폭력 등의 사회적인 문제 등에 대한 글이 나오는 계기가 되었다. 이치카와는 그의 《불교자의 전쟁책임》에 수록된 첫 번째 논문인 〈불교도의 전쟁책임〉에서 그는 먼저 "전쟁의 죄책은 본래의 평화의 죄책이다"라고 하여, 평화와 자유에 대한 죄책을 다음과 같이 말하고 있다.

> 평화에 있어서 평화와 자유에의 죄책은 무엇보다도 먼저 '무지'의 죄책이다. '모르는게 부처['모르는게 약'이란 뜻:필자주]'에 대한 죄책이다. 불교의 '정견' '정사유'라는 말을 좀 더 넓은 의미로 취한다면, '정견' '정사유'가 없는 것에 대한 죄책이다. 구체적으로 말하면, 우리들이 넓은 의미에서의 국민교육에 의해 어리석어지고, 불구가 되고, 또 광신자가 되었다는 죄책이다. 이 무지와 광신은 우리들의 태만과 타산과 억병 즉 영리한 현실주의와 '되는대로주의'로부터 오는 인식의 용기가 결여됨으로부터 확대되고 강화되었다. 예를 들면 권력에 의한 조직적인 정보조작의 '자발적인'객체가 되는 것에 의해.[19]

---

19) 이태승(2013b) pp.304-305. 市川(1970) p.4.

이와 같이 평화시의 죄책감은 무지에 대한 죄책감 내지는 사회 움직임에 대한 순응 등에 뚜렷한 주관을 가지고 대처하지 못한 데 대한 죄책감 등을 내포하고 있다. 그러한 사회의 움직임이란 '동아영원(東亞永遠) 평화'와 같은 대의(大義)라든가 '황조황종(皇祖皇靈)의 신령(神靈)'에 의거한 천손민족(天孫民族)의 '성전(聖戰)' 등을 내걸어 일본 사회를 전쟁으로 이끈 것으로, 그러한 움직임에 제대로 대처하지 못한 죄책감을 가리킨다.[20] 따라서 일본인 자신들의 전쟁책임에 대한 반성은 "천황제에 대한 비판과 우리들 내부에 있는 천황제 에토스에 대한 자기비판이 결여된다면 그것은 불철저한 것이 될 것이다."라고 말하고 있다.[21] 그리고 이러한 천황제를 중심으로 한 일본민족의 황민화 정책이 식민지국가로서 대만, 조선, 만주에서도 이루어졌지만, 그것은 실제 일본 내의 국민과는 다른 차별적 입장으로서 악차별(惡差別), 악평등(惡平等)에 처해 있었음에도 그것에 대한 비난이 없었음을 스스로 비판하고 있다.[22] 이치카와는 불교계가 전쟁에 임해 올바른 비판을 제기하지 못한 것의 이유로서 불교의 윤리관이나 사회관의 문제점도 지적하고 있다. 이치카와의 불교계 전쟁책임에 대한 지적은 브라이언 빅토리아의 일본어 번역서에 대한 서평을 쓴 이시이(石井) 선생에 의해 비평적 검토가 이루어지고 있지만, 이시이선생도 전쟁에 대한 책임의식은 모두가 가져야할 공통의 재산인 공유재로서 다음과 같이 말하고 있다.

---

20) 市川(1970) p.5.
21) 市川(1970) p.5.
22) 市川(1970) p.6.

전쟁책임의 문제에 대해서는 완성이란 있을 수 없다. 또 전쟁책임을 추급하는 것이 종교의 목적도 아니다. 그러나 종교자가 적극적으로 관여한 세계대전을 두 번씩 경험하고 현재에도 종교가 음으로 양으로 관여하고 있는 전쟁분쟁이 세계각지에서 계속되고 있는 이상, 과거로부터 배우지 않는 자는 같은 실패를 반복하며, 또 많은 사람들도 휩쓸리게 할 것이다. 이치카와 하쿠겐의 전쟁책임의 추급시도는 손으로 더듬는 모색으로 불충분한 상태에 머물고 있지만, 그것은 전향의 공동성 등과 함께 다음 세대를 위한 귀중한 '공유재(共有財)'가 되어 우리들에게 남아 있다.[23]

이시이 선생의 상당히 예리한 서평에도 불구하고 위와 같은 결론적인 서술은 전쟁이라는 과격한 폭력에 휘둘리지 않아야하는 당위성으로서 올바른 역사의식을 가져야함을 지적하는 것이라고도 생각된다. 그리고 이치카와의 전쟁책임 연구가 기존의 불교계에서 거의 무시된 것은 일본의 불교가 사회에 기여해야할 책임을 방기한 것이라고도 말한다. 조아킨 몬테이로는 다음과 같이 이치카와의 연구가 갖는 의미를 말하고 있다.

그런 의미에서 전후 일본의 불교연구에서는 전후 사회에 있어서 '사상책임'의 문제를, 연구에 있어서 문제의식과 방법론을 구분하고, 적극적으로 관련시키는 관점이 본질적으로 결락하고 있었던 것이다. 전후사회에 있어서 '사상책임'을 문제로 삼지 않은 불교

---

23) 이태승(2013b) pp.314-315. 石井(2004) pp.226-227.

연구의 주류는 본질적인 의미에서 사회에 대한 책임을 다하지 않은 이유로 분명할 것이다.[24]

그런 의미에서 전쟁책임의 문제를 불교.연구의 문제의식과 방법론으로부터 제외시켜버린 전후 일본의 불교연구주류는 사회에 대한 책임을 다하지 않은 것에 그 최대의 결함을 가지고 있는 것이다.[25]

여기에서 조아킨 몬테이로는 전전(戰前)에 다수의 불교가들이 말한 사상적 철학적 의미를 갖는 말이 철저한 내면의 문제로서 '사상책임'을 가짐에도 불구하고, 불교학의 객관적 학문적 방법론에 비추어 철저히 무시된 점이 불교계의 사회책임과 밀접한 관련을 갖는다는 점을 지적하고 있다. 곧 불교인의 철저한 주관적 사상적인 자신의 입장은 객관적 학문적인 방법론과 구분됨이 없이 철저히 사회적 책임의식을 가지고 이해되어야 함을 강조하고 있는 것이다. 이것은 불교학의 객관적 방법론이 주관적 책임론과 구분되어 이루어지고 있는 일본 학계의 풍토를 비판하고 있는 것이라고도 할 수 있다. 곧 일본불교학의 방법론적인 주류를 이루고 있는 객관적 분석적 학문의 풍토가 보다 주관적이고 사회적 책임을 다하는 실질적인 역할을 하여야 한다는 고언(苦言)이라 생각된다.

일본 근대에 일어난 전쟁에 대한 문제는 정치적, 사회적, 역사적

---

24) 이태승(2013b) p.316. ジョアキン モンテイロ(2002) p.21.
25) 이태승(2013b) p.316. ジョアキン モンテイロ(2002) p.22.

문제를 가지고 있다. 곧 일제의 식민지를 경험한 한국의 입장에서는 더욱더 그 의미를 되새겨야할 중요한 문제인 것이다. 그렇지만 여기에서는 불교학 즉 종교로서 불교를 대하는 기본적인 입장에 대한 이해도 재삼 중요할 것이라 생각된다. 객관적이고 분석적인 학문적 방법론과 주관적이고 실질적인 책임론과의 접점이 어떻게 하면 합일되고 원만하게 작동하는가에 대한 문제이다. 이것은 불교학을 대하는 자세를 되물어야하는 상황에 맞게 되는 중요한 문제라고 생각된다.

Ⅲ. 한국의 입장에서 본 일본 근대불교

먼저 여기에서 일본 근대불교의 전개를 중층적 입장에서 다시 한 번 정리해 보기로 한다. 일본의 근대기의 불교는 신도국교화의 정책에 의해 초기 폐불훼석의 시련을 겪었지만, 제종동덕회맹을 통한 종단간의 협력과 대교원의 설립 및 분리 운동의 실현을 통해 불교적 위상을 되찾고 오히려 도쿄대학에 불교강좌가 설립됨에 따라 불교가 새로운 종교철학으로 전개되기에 이른다. 도쿄대학의 불교강좌는 인도철학의 이름으로 전개되어 불교학에 대한 연구는 물론 순수인도철학에 대한 연구가 본격적으로 이루어지는 계기가 되었다. 이러한 대학에서의 불교 연구는 일본의 지식인 사회에 불교의 정신이 이해되는 기틀을 만들고, 오랫동안 불교계가 개별종단으로서 전승되어온 불교 전통 위에 통합적인 불교이해를 가능케 하는 중요한 계기가 되었다. 곧 불교가 표층(表層)의 불교로서 그 역할을 하게 되었다고 말할 수 있다. 이에 대해 각각의 개별 종단은 새로운 시대에 발맞춰 종단 개혁, 인재 양성과 대학 설립 등등의 사업을 전개시키며, 그 중에 무엇보다도 중요한 장식불교(葬式佛敎)의 전통은 보존되어 불교계의 중요한 경제적 기반으로 그 역할을 하였다. 곧 장식불교의 전통이 단절되지 않고 오히려 표층의 불교를 지지하는 심층(深層)의 기반으로서 그 역할을 하고 그것은 오늘날까지도 전승되고 있다.

이와 같이 일본 근대기 불교의 중층적 구조는 근대기 불교의 전개가 표층과 심층의 양면에서 동시에 작용하여 불교가 사회적 역할을 다하는 중요한 모델을 제시하고 있다. 그리고 필자가 본서에서 중점을 두고 고찰한 근대 초기 폐불훼석의 극복과 근대불교학의 성립은 실제 이러한 중층구조가 형성되는 직접적인 계기를 만드는 중요한 역사적 사건이었다고 생각된다. 다시 말해 표층의 불교와 심층의 불교가 함께 작동할 수 있게 된 직접적인 계기는 불교탄압을 극복하고 근대불교학을 성립시킨 근대 초기 불교가(佛敎家)의 부단한 노력에 기인하는 것이라고 생각된다. 이러한 근대기 불교계의 중층적 양상을 염두에 두면서 근대기 일본불교의 모습을 한국의 입장에서 살펴보기로 한다. 여기에서 한국의 입장이란 좀 더 객관적이고 비판적인 입장을 지칭하는 것으로, 제3자의 입장을 지칭한다. 곧 일제의 강점을 경험한 한국과의 역사적 관점에서의 입장이 아니라 좀 더 객관적이고 중립적인 입장에서 일본 근대불교의 전개에 나타나는 특징적인 면을 살펴보고자 한다.

먼저 첫 번째로 들 수 있는 특징은 근대 초기 불교 탄압은 신도에 의한 종교정책에 기인하는 것으로, 따라서 신도와 불교 사이에는 근대기 전체는 물론 현재까지도 미묘한 알력(軋轢)이 존재하는 것으로 생각된다. 신도는 근대기에 국가신도(國家神道)의 이름으로 국가적 성격을 띠어 일반 교파신도(敎派神道)와 구분되지만, 국가신도나 교파신도 모두 천황과 관련되어 있어 천황제가 존속하는 오늘날에도 사회의 표층과 심층에 중요한 이념으로 작용하고 있다. 그런 까닭에 국가적인 지원을 받는 국가신도로 대표되는 신도와 그렇지 않은 불교는 불평등한 관계의 위상을 갖고 있는 것으로 그러한 위상은 지금도 계속된다고 생각된다. 하지만 신도 자체가 일본 국내에 한정된 종교의 틀을 갖는 반면 불교는 기독교와 더불어 전 세계적인 정신과 철학을 가진 점에서 신도와는 복잡하고 미묘한 관계를 계속 가질 수밖에 없다고 생각된다.

두 번째의 특징으로는 불교탄압에 맞서 불교인 내지 각 종단의 단합을 들 수 있다. 이것은 폐불훼석의 광풍 속에 불교의 생존(生存)을 위해서는 함께 단합하여 대응해야 한다는 기본적인 자세가 당시의 불교인들에게 있었고, 그러한 단합을 위해서는 사소한 문제라도 함께 논의하고 의견을 나누는 열려진 자세에 모두가 공감하고 있었다. 그러한 입장과 자세는 불교계 전체가 단합된 모습으로서 사회적 역할을 수행하는 계기를 만들어, 불교가 폐불훼석에서 회생(回生)하는 데 중요한 역할을 하였다고 생각된다. 그리고 이러한 단합된 불교계의 모습은 지금도 일본불교계에 그 명맥이 유지되고 있다고 생각된다.

세 번째로는 각 종단별 노력으로, 인재 양성과 교육 및 대학 설립 등의 시대적 사명에 부응하고자 노력한 모습을 들 수 있다. 곧 종단 차원에서 인재를 교육하고 양성하고 의도적으로 대학에서 공부를 시키거나 해외에 유학을 시켜 종단의 인재로 삼고자 하는 노력이 눈에 띈다. 이러한 종단별 노력에는 각 종파가 시대적 조류에 뒤지지 않게 경쟁적으로 노력한 일면이 있다고 보여진다. 그렇지만 도쿄대학의 인도철학과 제2강좌가 샤쿠 소엔(釋宗演)의 지원으로 독립하게 된 것에서도 볼 수 있듯 불교계의 공통된 과업을 수행하는 데는 종단이나 불교가 모두가 열린 자세로 지원을 아끼지 않았다고 생각된다.

네 번째 특징으로서 불교계의 입장에서 서양 기독교에 대한 비판의 자세에 모든 종단이 함께 참여한 것이다. 기독교에 대한 비판은 에도 시대 이래 불교가 담당하고 있었던 것이지만, 서구의 신문물이 유입되는 근대기에도 서양정신으로서 기독교와 대응하는 자세를 굳건히 지켰던 것은 불교의 정신을 새롭게 이해하는 계기가 되었다고 생각된다. 이러한 점이 도쿄대학의 불교강좌 개설로 이어지고 일본 사회에서 기독교 비판의 사회적 흐름을 유지시키며 아울러 정신적으로 서양에 대항할 수 있다는 자존심을 뿌리내리는 계기가 되었다고 생각된다.

다섯 번째 특징으로는 일본의 불교계는 국가적 정책에 적극적으로 순응하는 면이 강했다고 느껴진다. 비록 일본의 불교계는 정교분리(政敎分離)의 입장에 근거해 정부와는 크게 관계할 일은 없었지만, 실제 정부의 정책에 적극 협조하는 자세는 항상 유지하였다고 생각된다. 이러한 입장은 불교의 철학정신이 일본 사회의 중요한 정신으로 간주된 시점에서도 여전히 강조되고, 또 불교가 전통종교로서 보다 확고한 위상을 가짐에 따라 각각의 종단은 더욱 적극적으로 국가협력체제를 유지해 나가게 된다고 생각된다.

이상과 같은 것들이 근대기 일본 불교의 전개에 따른 객관적인 입장에서 필자에게 느껴지는 내용들로서, 근대기 불교의 성격을 보여주는 중요한 의미를 가진다고 생각된다. 그렇지만 이러한 근대기 불교의 성격을 고려하여 현대 일본의 불교를 생각해 보면 몇 가지 문제점들이 나타난다. 미래의 중요한 과제로서 몇 가지 문제점을 살펴보기로 한다.

Ⅳ. 과제와 전망

일본 근대불교의 전개는 폐불훼석의 불교탄압으로부터 회생하여 불교가 사회의 표층과 심층에서 그 역할을 다하는 과정을 드러내 보인다는 점에서 중요한 의미를 갖는다. 그리고 이러한 표층과 심층의 불교 모습은 근대기 뿐만 아니라 현대의 시점인 오늘날에도 유사한 모습을 보인다. 즉 근대기 불교에서 보여주는 불교학에 대한 열성적인 이해와 그 연구는 여전히 국립대학과 불교계 사립대학을 중심으로 이루어져 연구성과가 이어지고 있다. 특히 국립대학에서의 불교연구는 개별적인 종파의 교리를 넘어서는 보편적인 불교학이 주류를 이루는 반면 일반 불교계 사립대는 설립종단의 이념에 의거한 불교학 즉 종학(宗學)의 연구가 깊이 있게 진행되고 있는 것이다. 다시 말해 불교학과 관련된 보편적인 연구와 개별적인 연구가 균형있게 연구되고 있다고 말할수 있다. 이러한 연구의 축적은 오늘날 단연 일본을 타의 추종을 불허하는 세계적인 불교학의 메카로 만들고 있다. 그리고 이러한 연구의 축적 위에 각 종단의 사원(寺院)을 통한 불교의 사회적 참여와 활동이 심층의 문화전통으로 이어지고 있다. 그렇지만 이렇게 표층과 심층의 불교문화가 온전히 균형 있게 유지되고 있음에도 불구하고 스스로는 물론 제3자까지도 일본을 불교국가라 부르지 않는 것은 무슨 이유일까. 즉 남방의 스리랑카나 태국 등에서 볼 수 있는 불교국가로서의 모습이 일본에도 남아있지만, 일본인 스스로는 물론 제3자인 외국인의 눈에서도 불교국가라는 이미지가 거의 없는 것처럼 느껴지는 것은 어떤 이유에서일까.

필자가 바라보는 관점에서 일본은 상당한 불교국가라 생각되지만, 그러한 불교국가의 의식이 선명치 않거나 오히려 불교국가의 이미지를 드러내지 않으려는 부분이 있는 것은 아닌가 생각된다. 그 이유로서 필자는 다음의 두 가지를 들고 싶다. 먼저 첫째로 사회적으로 천황제의 신도(神道)가 주류인데 대한 비주류의 의식이다. 다시 말해 불교는 근대기 폐불훼석의 탄압을 극복하고 세계적인 불교학의 메카가 되었지만, 여전히 신도의 그늘에서 벗어나지 못하고 있는 것은 아닌가 하는 점이다. 물론 이것은 신도가 이념적으로 떠받치는 천황제의 국가시스템이 있는 한 불교가 주류의 국가종교가 되기란 분명 어려움이 따르는 것이라 생각된다. 그렇다 하더라도 다른 어떤 나라보다도 정교분리의 의식이 강한 일본에서 신도가 여전히 사회적 주류 종교라고 하는 의식은 근대의 산물로서의 영향이 계속되는 것이 아닐까 생각된다. 둘째로 들 수 있는 것은 불교적인 전통이 남아있을 뿐 불교가 국민 개개인의 정신적 철학으로 작용하지는 않는 점도 있다고 생각된다. 곧 불교적인 전통으로 장례의식을 비롯한 다양한 문화가 여전히 사회적 의미를 갖지만, 그것이 보다 큰 의미로 와 닿기 위해서는 불교가 전통문화의 영역을 떠나 좀 더 개인의 철학적 사유로서 간주될 필요가 있지 않을까 생각된다. 이러한 내면적 철학적 작업 역시 근대기 불교가에게서 그 선례를 찾을 수 있지만, 특히 다양하고 방대한 불교철학의 연구업적이 축적된 현대에도 더욱 요청되는 작업이라고 생각된다.

오늘날 현대의 관점에서 보이는 일본불교의 과제로서 앞서 거론한 두 가지 점을 한국적 상황에 대비시켜 보기로 하자. 먼저 일본에서 신도와 불교의 문제는 우리나라의 상황에서는 불교와 타종교의 관계에 해당할 것이다. 그리고 일본의 천황제와 같은 특정 종교에 근거하는 사회체제가 아닌 우리나라에서는 보편적인 종교다원주의에 의거해 여러 종교들이 균형있게 사회적 활동을 하고 있다. 더욱이 정교분리의 철저한 원칙은 다른 어떤 나라보다도 중시되는 한국적 상황에서는 오히려 종교간의 상호존중, 공생(共生)의 독특한 종교문화가 생성되고 있다고 생각된다. 그러나 그와 더불어 종교 간의 사회적 역할을 위한 경쟁과 노력도 함께 이루어져 과잉경쟁이 될 우려도 전혀 없는 것은 아니다. 이러한 상황에서 불교계의 입장은 종교 간의 평등한 다원주의의 입장에 의거 다양하고 실천적인 사회적 역할이 더욱 요구되리라 생각된다. 그리고 그와 더불어 앞에서 거론한 두 번째 문제와 관련해 불교의 사회적 역할에 따른 불교도(佛敎徒)의 내적 자각의 문제로서 불교철학의 내면화도 불교도 스스로 더욱 깊이 성찰해야 할 문제라고 생각된다. 즉 불교를 전통문화로서가 아니라 중요한 철학 내지 사상으로 이해하여 불교의 정신이 사회 속에서 살아 움직일 수 있도록 해야 하는 것이다. 그리고 우리나라에서 불교학에 대한 연구 성과는 그 양적인 면에서는 일본과 분명 차이가 나지만, 근현대 역사가 전혀 다른 시점에서 보다 많은 연구물이 나올 수 있도록 불교연구자의 꾸준한 노력이 더욱 필요하다고 생각된다. 불교의 역사적 전통을 이어가고 사회 속에서 불교의 정신이 살아있도록 하기 위해서는 전문가의 노력과 열정이 무엇보다도 소중하기 때문이다. 지금의 상황이야말로 불교계가 사회에 중요한 철학적 가치를 제공하기 위해 보다 노력해야 할 시점이라고 생각된다.

제9장
일본 근대기 불교재활에 기여한 불교가의 생애

Ⅰ. 서언

먼저 본서의 부제에서 사용한 '근대 초기'의 의미에 대해 서술해두고 싶다. 그것은 일본의 근대기가 상당히 긴 기간에 걸쳐있어 본장에서나 본서에서 다루는 '근대'의 말에 오해를 피하고 싶어서이다. 일반적으로 일본의 역사 구분에서 근대는 메이지 유신(1868)으로부터 제2차 세계 대전이 끝나는 1945년까지를 지칭한다.[1] 이 시기는 메이지 시기(1868-1911, 明治1-44)와 다이쇼 시기(1912-1925, 大正1-14), 쇼와 시기(1926-1988 昭和1-63)가 중첩되어 있고, 사회적 변동 역시 확연히 구분되는 사건들이 있어 동일한 근대라 하더라도 그 성격이 전혀 달라질 수 있다. 예를 들어 근대기 일본이 치른 큰 전쟁을 살펴보면 청일전쟁(1894-95), 러일전쟁(1904-05), 제1차세계대전(1914-1919), 만주사변(1931,9), 중일전쟁(1937,7), 태평양 전쟁(1941-45)과 같이 시기를 달리한 전혀 다른 성격의 사건이 이어지고 있다.[2] 본장에서 다루고 있는 근대기 불교계에 대해서도 그 모습이 시대에 따라 다르게 전개되고 있는 것을 알 수 있다. 곧 메이지 유신 이후 폐불훼석, 그것에 대한 대처로서 제종 동덕회맹, 이어서 대교원의 설립요청과 폐지운동, 각 종단별 쇄신운동, 도쿄대학의 불교강좌 설치, 불교강좌가 인도철학으로 정립, 서구의 인도철학 수용, 불교의 국가주의 편승, 전쟁에 있어 불교계의 가담 등등

---

1)   日本史辭典(1989) p.278.('近代'條).
2)   이태승(2013b) p.277. 그렇지만 이 전쟁 이외에도 일본이 참여한 전쟁으로, 1900년 의화단사건에 열강과 공동출병, 1918~1925년의 시베리아출병(처음에는 공동, 나중에는 단독) 등을 들 수 있다. 가노 (2009) p.348 참조.

이 근대기에 걸쳐 전개된 모습이라고 할 수 있을 것이다. 필자가 본장에서 다루고자하는 근대 초기란 이러한 다양한 역사적 사건 가운데 메이지 초기 내지 중기에 걸친 시대로서 폐불훼석과 그것에 대한 불교계의 대처 및 도쿄대학 불교학 즉 인도철학의 성립과 전개로 이어지는 시기를 지칭한다. 그렇게 보면 근대 초기란 메이지의 시기를 지칭하는 것으로 따라서 본장에서도 이러한 메이지 시기 불교계의 역사적 전개를 기본 대상으로 하여 논의를 진행한다.

하지만 필자가 관심을 갖는 것은 역사적 사건의 전개에 있어 외면적인 종교현상보다도 좀 더 내면적인 불교인의 모습이라 할 수 있다. 이러한 내면적 모습에 대한 입장은 달리 말하면 개인으로서의 인간적 입장이라고도 할 수 있다. 따라서 이러한 내면적 입장은 정치사상사의 입장과 대비하여 종교사상사라는 관점으로 표현할 수 있을 것 같다. 그런 의미에서 종교사상사로서 일본의 근대를 이해해야 좀 더 진실한 인간의 모습이 드러난다고 주장하는 스에키 후미히코(末木文美士) 선생의 말은 주목할 필요가 있다. 스에키선생은 일본의 근대를 이해하는 방식에 있어 정치사상사의 입장에서의 조망과 같은 관점은 종교사상사에서도 가능하다고 다음과 같이 말하고 있다.

그러나 만약 종교사상사가 어떤 한정된 한 분야라고 한다면, 정치사상사도 또 동일하게 한정된 한 분야로서 그것으로서 사상사의 중핵을 삼는 것은 적어도 충분한 검증을 거치지 않고 아프리오리하게 확정할 수는 없다. 역으로 말하면 정치사상사를 중심으로 본 사상사상(思想史像)이 가능하다면, 그것과 별개로 종교사상사를 중심으로 본 사상도 충분히 성립할 것이다. 불교라는 관점

에서 봄으로써 종래 보이지 않았던 일본 근대의 다른 일면이 분명해지는 것은 충분히 가능하다.[3]

이렇게 정치사상사와 다른 종교사상사의 관점이 가능하다고 말한 뒤 구체적으로 불교사상사의 역사적 모습을 다음과 같이 말하고 있다.

일본의 사상은 자주 전통이 전통으로서 정착하지 않고, 항상 새로운 사상을 외부에서 가지고 와 옛것과 바꾸는 형태로 진행되었지 전통 본래의 내재적 비판으로부터 발전하지 않았다라고 비판하는 일이 자주 있었다. 그러나 정말 그러할까. 근대에 있어서 불교사상가들의 시행착오를 보아 가면 결코 그러한 무책임한 단정을 할 수 없다는 것을 알 것이다. 그와 같이 주장하는 사람이야말로 실은 사상사의 표층만을 보고 그 내면 전통의 흐름 속에서 고투(苦鬪)하며 착실한 노력이 이루어져 온 것에서 눈을 돌려버린 것이 아니었을까.[4]

여기에서 스에키 선생의 말은 서구문물을 받아들이는 메이지 시대의 다양한 풍조 속에서 인간의 사상 역시 서양의 것으로 가치체계를 삼으려는 입장에 대해, 전통적인 불교에 의거하여 스스로를 비판하며 새로운 정신체계로 거듭나고자 한 불교사상가의 고투에 눈을 돌려야

---

3)   末木(2004) pp.6-7.
4)   末木(2004) p.8.

한다는 뜻이 담겨있다. 인간의 정신체계는 그 전통토양과 환경문화에 깊이 뿌리내려 있어 쉽게 바뀌는 것은 아니라고 생각되지만, 일본에서 나 우리나라에서나 전통정신이 새로운 사상으로 대체되는 일은 비일 비재(非一非再)하였다. 그렇지만 다량의 서양문물이 유입되는 근대기 에 일본 불교계에서는 서양의 철학이념을 바탕으로 불교정신을 재해 석하거나 또 서양의 정신문명을 대표하는 기독교의 종교체계를 비판 하는 다수의 불교사상가들이 등장하였다. 이러한 전통종교로서 불교사 상에 근거해 스스로를 비판하고 새로운 사상에 대항하는 불교가의 고 뇌와 고투는 스에키 선생이 말한 '종교사상사'의 중요한 내용이 되고 있다. 곧 스에키선생은 이렇게 근대기에 전통적인 종교로서 불교의 정 신을 선양시키고 또 내면적인 고투로서 불교의 종교적 신념을 정립한 불교가에 대한 사상사적 고찰을 시도하고 있다.[5] 필자 또한 본장에서 다루고자 하는 것은 일본 근대기에 불교정신의 회복과 불교중흥을 위 해 노력한 불교가의 삶과 생애에 대한 고찰이다.

일본 근대기에 불교의 중흥과 재활을 위해 노력한 불교가는 상 당히 많지만, 필자가 본서에서 다루고자 하는 사람으로는 시마지 모쿠 라이(島地默雷), 하라 탄잔(原坦山), 이노우에 테츠지로(井上哲次郎), 이노우에 엔료(井上円了), 난조 분유(南條文雄), 무라카미 센쇼(村上 專精), 다카쿠스 준지로(高楠順次郎), 기무라 타이켄(木村泰賢), 우이

---

5) 末木(2004)에서 스에키선생이 다루는 메이지의 사상가들은 다음과 같다. 제1장 신불습합에서 신불보완으로 – 島地默雷, 제2장 純正哲學과 불교 – 井上圓了, 제3장 윤리화되는 종교 – 井上哲次郎, 제4장 강단불교학의 성립 – 村上專精, 제5장 내면으로의 침잠 – 淸澤滿之, 제6장 <個>의 자립은 가능한가 – 高山樗牛, 제7장 체험과 사회 – 鈴木大拙, 제8장 신을 본다 – 綱島梁川, 제9장 나라를 움직이는 불교 – 田中智學, 제10장 사회를 움직이는 불교 – 內山愚童 高木顯明, 제11장 아시아는 하나인가 – 岡倉天心, 제12장 순수경험으로로터의 출발 – 西田幾多郎.

하쿠주(宇井伯壽), 가와구치 에카이(河口慧海) 등을 들 수 있다. 이들은 근대 초기 폐불훼석으로부터 불교의 재활(再活)에 직접적인 역할을 하고 또 도쿄대학의 인도철학 전개 속에 불교의 철학적, 학문적 정립을 시도해 일본사회에 불교가 체계적으로 이해되고 전파하는데 큰 역할을 한 사람들로 이들은 필자가 그간 연구하면서 그 생애를 정리할 필요를 느낀 사람들이라고 할 수 있다. 이들 가운데 하라 탄잔은 제4장에, 이노우에 테츠지로는 제5장에, 이노우에 엔료는 제6장과 제7장에서 그 생애를 정리하였기에 본 장에서는 이들을 제외한 나머지 인물들의 구체적인 생애를 살펴보기로 한다. 그렇지만 이들의 개별적이고 구체적인 생애에 들어가기 전에 앞서 거론한 인물들이 일본 근대에 끼친 역할과 영향을 다시 한 번 정리해 보기로 한다.

II. 근대기 불교재활에 기여한 불교가

1. 폐불훼석을 극복하는데 기여한 불교가

일본 근대의 시작으로서 메이지 유신은 천황제 국가를 지향하고 그 이념적 토대로서 신도의 국교화가 동반된 일종의 제정일치(祭政一致) 형태의 국가체제를 출범시켰다. 이 메이지 유신에 의한 국가 체제에 있어 천황의 존재는 당연히 그 이전 쇼군(將軍)을 권력의 중추로 삼았던 막부를 타도하는 근거가 되었고, 또한 천황의 이념을 뒷받침하는 신도의 국교화는 그 이전까지 국교로서 역할을 한 불교를 탄압하는 구실을 제공하였다. 따라서 신도국교화의 정책이 정부의 가장 중요한 정책으로 간주됨으로써 메이지 정부 내에 신도를 담당하는 부서가 중요한 역할을 하였고, 그러한 부서의 공식적인 명령은 전사회적으로도 중시되었다.[6] 그러한 구조 속에 메이지 초기에 내려진 정부의 신불분리령은 전국적인 불교탄압으로 이어져 폐불훼석의 광풍(狂風)을 몰고 오고, 따라서 불교계는 에도 시대와 대조적으로 국가적인 지원이 완전히 사라지는 상황을 맞이하게 되었다. 곧 정부 내에서 불교계를 관리하는 부서조차 없어진 상태로 사실 불교가 어찌되든 그것은 메이지 정부로서는 관심 밖의 일이 되었던 것이다. 이러한 메이지 정부에 의한 불교계의 탄압과 무시에 대해 불교계는 일찍부터 제종동덕회맹(諸宗同德會

---

6) 본서 p.8(서장, II-1. 신불분리령과 폐불훼석) 및 p.30(제1장 II.메이지 초기의 신불분리령) 참조.

盟)을 통해 각 종단이 연합하여 국가적인 탄압에 대응하고자 하였다. 이 제종동덕회맹과 같은 각 종단의 연합기구는 그 이전 에도 시대에는 강력히 금지되었던 것으로, 이 모임은 새로운 시대의 불교계의 비전과 역할을 제시하여 불교계가 탄압으로부터 소생하는데 중요한 역할을 하게 된다. 이 모임을 만드는데 직접적인 역할을 한 도코쿠(韜谷), 셋신(攝信), 가쿠보(覺寶) 등을 비롯한 교토의 승려들이나, 도쿄의 회맹을 주도한 테츠조(徹定), 조류(增隆), 단운(淡雲) 등의 승려들은 메이지 초기 불교계로서는 빼놓을 수 없는 중요한 인물임에 틀림없다.[7]

그렇지만 폐불훼석의 광풍이 불던 시기 전체를 두고 볼 때 불교계에서 실질적으로 중요한 역할을 한 사람을 꼽는다면 정토진종의 시마지 모쿠라이(島地黙雷, 1838-1911)일 것이다. 그는 정토진종 대곡파(大谷派)의 승려로서 메이지 유신 이후 정토진종의 종단개혁에 실질적으로 참여하여 진종이 새로운 사회에 적응하는 체제를 만드는데 중요한 역할을 담당하였다. 그리고 그는 메이지 유신 이후 불교담당기구가 없던 메이지 정부에 불교를 담당하는 기관으로서 사원료(寺院寮)의 설치를 요구하는 건의문을 써 실현시키고 또한 새롭게 설립된 교부성(教部省)에 불교와 신도의 합동교육기관으로서 대교원(大教院)을 만드는데도 주도적인 역할을 담당하였다.[8] 또 그는 일찍부터 해외의 사정에도 관심을 가져 유럽의 종교사정을 알게 되고 그것을 바탕으로 일본사회에 정교분리(政教分離) 및 신교(信教)의 자유라는 새로운 이념을 뿌리 내리는데 중요한 계기를 만들었다. 그와 같이 시마지는 대교원 설립

---

7) 본서 p.9(서장 II-2 제종동덕회맹의 성립과 전개) 및 본서 p.52(제2장 II-2 도쿄제종동덕회맹의 규약) 참조.
8) 본서 p.66(제3장 II.대교원의 설립 배경) 참조.

의 주도자였지만 실제 대교원이 신도 중심으로 운영되는 가운데 불교계의 대교원 탈퇴에 대해서도 주도적인 역할을 하였던 것으로, 시마지의 역할이 실효(實效)를 거둔 데는 정토진종의 후원과 메이지 정부 내에 주요 인사와의 밀접한 관계도 큰 힘이 되었다고 생각된다.[9] 아마도 그는 메이지 초기 불교계의 인물로서는 폐불훼석의 탄압을 극복하는 데 가장 혁혁한 공적을 세운 인물로 간주해도 좋을 것 같다.

이렇게 시마지를 비롯한 많은 불교가들이 메이지 초기 불교탄압의 풍조를 벗어나기 위해 노력하지만, 그 중에서도 중요한 역할을 한 사람이 앞서 살펴본 하라 탄잔(原坦山, 1819-1892)이다. 그는 제종동덕회맹의 활동에 핵심적인 일원으로 참여한 것은 물론 그의 삶에서 보듯 서양의학에도 관심을 가져 실제 의술을 배우고 그렇게 배운 지식을 바탕으로 불교적인 분석과 연구에 임한 독특한 사람이었다. 서양의 의술을 도입하여 불교에 대해 과학적이고 분석적인 태도에 의거해 저술한 그의 책은 당시 많은 지식인층에 영향을 주었고 그러한 것들이 계기가 되어 도쿄대학의 초대 불교학 강사에 임용되었다고 할 수 있다.[10] 실제 신도를 받들고 불교를 탄압하던 메이지 정부의 방침에서 보면 메이지 정부가 세운 최초의 관립대학(官立大學)에 불교강의가 이루어진다는 것은 가히 상상하기 어려운 일이었다. 그러한 상황에서도 〈불서강의(佛書講義)〉를 개설하고 그 강사로서 하라 탄잔을 임용한 것은 당시 서양으로부터 밀려오는 정신적인 가치체계에 대한 구체적 대응으로서 불교계의 노력이 인정된 것이라고 말할 수 있다. 이것은 서양종교인 기

---

9) 본서 p.78(제3장 IV-3.대교원의 폐지) 참조.
10) 본서 p.90(제4장 III-1.하라 탄잔의 생애).

독교를 비판하는 저술이 불교계에서 압도적으로 출간된 것에서도 확인할 수 있고,[11] 또 실질적으로 기독교와 불교의 사상적 차이가 명백한 만큼 정신적인 가치의 선택에 있어 불교정신의 중요성이 인정된 것이다. 이렇게 도쿄대학에서 하라 탄잔에 의해 시작된 불교학의 강좌는 바로 이어 인도철학(印度哲學)으로 이름을 바꾸어 이후 계속 강좌가 이어진다.

2. 인도철학·불교학에 근거해 불교정신을 선양한 불교가

하라 탄잔의 〈불서강의〉로 시작되는 일본의 불교학은 이후 인도철학이란 명칭으로 전개되어 요시타니 가쿠쥬(吉谷覺壽), 무라카미 센쇼(村上專精), 마에다 에운(前田慧雲) 등에 의해 그 학문적 전통이 이어진다. 이러한 불교학의 전통을 이어받은 사람 가운데 중요한 역할을 담당한 사람이 무라카미 센쇼(1851-1929)이다. 정토진종 출신인 무라카미는 도쿄대학의 교수로서 실증자료에 의거한 불교사학(佛敎史學)의 토대를 세우는데 크게 기여하였다. 그의 실증적인 작업은 그의《불교통일론(佛敎統一論)》으로 이어지지만, 그곳에서 다루는 대승비불설(大乘非佛說)의 논의로 인해 그는 진종의 종단차원에서 승적을 박탈되는 상황까지 이르게 된다.[12] 그렇지만 도쿄대학에서 인도철학의 전통을 굳건히 세우고 후대 인도철학이 인도철학과로서 독립하는데 중

---

11) 본서 p.63(제2장 [부록3]).
12) 본서 p.21(서장 Ⅳ-3.불교사상 논쟁과 불교학의 영향).

요한 역할 담당하며, 독립된 인도철학과의 초대교수가 된다.[13]

이렇게 인도철학의 이름으로 전개 되는 불교학의 전통이 그 기조를 바꾸어 순수한 인도철학의 강의가 실질적으로 이루어지는데 기여한 사람이 다카쿠스 준지로(高楠順次郎, 1866-1945)이다. 곧 그가 1906년 개설한 〈인도철학종교사〉 강의는 실제 일본에서 순수한 인도철학의 연원으로 간주되고 있다.[14] 하지만 이 다카쿠스에 의해 개설된 순수한 의미의 인도철학의 강좌는 이미 도쿄대학의 철학과에서 개설되어 있었던 것을 알 수 있다. 그것을 담당한 사람은 근대 초기 기독교를 비판한 대표적인 인물로서 '종교와 교육의 충돌'을 야기(惹起)시킨 장본인인 이노우에 테츠지로(井上哲次郎, 1855-1944)였다.

이노우에는 일본인으로서 최초의 도쿄대학 철학과 교수로 임용되지만, 서양철학의 입장에서 많은 비판을 받았고 또 사회전반에서 국가의 교육이념을 대변하는 어용(御用)의 인물로서 간주되어 지금까지도 크게 비판의 틀을 벗어나지 못하고 있다고 보여 진다.[15] 하지만 그는 유럽에서의 6년 동안 유학기간 중 인도철학을 공부하였고 또 이 공부를 위해 산스크리트어의 연구에도 크게 매진하였다.[16] 이러한 인도철학에 대한 열정이 일본으로 귀국 후 실제 순수인도철학을 강의하게 되는 계기가 되었을 것이다. 또 그의 기독교 비판도 유럽 유학을 통해 서구의 정신문명으로서 기독교에 대한 이해가 있었기에 가능했던 것으로, 따라서 그는 메이지 시기 일본사회에 순수인도철학을 널리 알리는

---

13) 본서 p.95(제4장 IV.도쿄대학 인도철학·범어학의 전개) 참조.
14) 본서 p.94(제4장 IV.도쿄대학 인도철학·범어학의 전개) 참조.
15) 본서 pp.102-106(제5장 II.이노우에 데츠지로 생애와 위상) 참조.
16) 본서 pp.106-108(제5장 III-1. 〈인도철학사〉 강의록 출간경위) 참조.

데 앞장섰고, 또 기독교의 배격에 이론적 기반을 제공하는데 중요한 역할을 하였다.

도쿄대학을 중심으로 전개되는 인도철학·불교학에 대한 본격적인 연구와 열정이 불교재활의 직접적인 계기로 나타나는데 중요한 역할을 한 사람이 이노우에 엔료(井上円了, 1858-1919)이다. 그는 도쿄대학 입학 당시부터 일본사회에서는 아직 생소하였던 철학(哲學)의 개념을 철저히 연구해 철학의 이념에 부합한 진리를 찾는데 열정을 쏟았다.[17] 그는 정토진종의 사원에서 출생하고 자라면서 불교의 진리에 대해서는 크게 공감을 하지 못한 듯하지만, 오랜 기간 철학에 대한 연구 결과 그 철학에서 강조하는 진리에 가장 부합하는 종교가 불교라는 것을 확신하고 불교부흥에 일생을 바치게 된다.[18] 방대한 그의 저술 가운데《불교활론서론(佛敎活論序論)》등에서 밝히고 있는 철학적 견지에 의거한 불교의 사상은 서양의 기독교를 능가하는 것은 물론 가장 철학 정신에 부합하는 종교로서 중시해야한다고 강하게 역설하고 있다. 엔료에 의해 철학적인 눈을 통해 강조된 불교의 정신은 당시 많은 지식층은 물론 불교계 전체가 새롭게 불교정신에 눈 뜨는 역사적 계기를 제공하였다고 할 수 있다. 그에 의해 설립된 철학관(哲學館)은 불교의 정신에 근거하면서도 진리를 존중하는 철학자들의 정신을 배우는 학교로 많은 주목을 받았고, 이 철학관은 도요대학(東洋大學)으로 오늘날까지 존속하고 있다.

---

17) 본서 p.123(제6장 II-1. 생애) 참조.
18) 본서 pp.129-131(제6장 III-2. 활불교의 의미) 참조.

3. 인도철학·불교학의 정착에 기여한 불교가

하라 탄잔의 〈불서강의〉에서 출발하는 인도철학의 강좌는 이후에도 불교학의 강좌가 지속적으로 이루어진다. 이 불교학으로서 인도철학의 강좌가 지속되는 가운데 인도철학과로서 독립된 학문영역을 구축하는 데 크게 기여한 사람이 앞서 거론한 무라카미 센쇼이다. 그의 노력에 의해 인도철학과는 독립된 학과로서 길을 열고 이후 일본불교 전종단의 열정과 관심으로 더욱 확고한 학문으로서 독립적 체계를 갖게 되었다.[19] 그리고 이러한 철학적, 사상적 흐름과 별개로 근대기에 도쿄대학에서 행해진 최초의 산스크리트 즉 범어(梵語)의 강의는 영국 옥스퍼드대학에 유학하여 1885년 귀국한 난조 분유(南條文雄, 1849-1927)에 의해 이루어진다. 난조는 정토진종의 승려로서 1880년 동료이었던 가사하라 겐주(笠原研壽)와 함께 종단의 유학승으로서 장도에 올라 서양불교계에 많은 업적을 남기고 귀국하였다.[20] 난조는 일본에서 최초로 문학박사를 받고 그에 의한 산스크리트 강의는 많은 학생들에게 영향을 주어 일본에서 본격적으로 원전에 의거하는 연구가 가능하게 되는 계기를 마련해 주었다.

그리고 난조의 영향과 추천으로 유럽에 유학하게 된 다카쿠스 준지로(高楠順次郎)는 앞에서도 말했듯 후에 도쿄대학에서 불교학과 차별되는 순수한 의미의 인도철학 강좌를 개설하는데 중요한 역할을 하였다. 또 그는 뒤에서 살펴보듯 일본의 불교학계가 세계에 자랑할 수

---

19) 본서 pp.94-95(제4장 IV.도쿄대학 인도철학·범어학의 전개) 참조.
20) 본서 pp.17-18(서장 IV-1.근대불교학의 형성) 참조.

있는 일들을 총체적으로 이끈 인물로서 근대불교학에 끼친 그의 역할은 매우 크다고 할 수 있다. 그리고 다카쿠스의 제자로서 일본의 인도철학 수준을 세계적 수준으로 끌어올리는데 기여한 대표적인 사람이 기무라 타이켄(木村泰賢)과 우이 하쿠주(宇井佰壽)이다. 기무라는 다카쿠스와 공저로《인도철학종교사》를 출간하였고, 그 이듬해인 1915년에는 자신의 이름으로《인도육파철학》을 출간하였다. 이《인도육파철학》은 1916년 제국학사원으로부터 은사상을 받아 당시까지 출간된 인도철학·불교학의 서적 가운데 최고의 책으로 인정받았다.[21] 우이는 기무라와 졸업을 함께한 동기로서 기무라가 먼저 도쿄대학에 교수로서 재직하고, 기무라 서거(逝去) 후 우이가 도쿄대학의 교수로 취임하게 된다. 우이의 철저한 문헌 비판적 불교연구의 전통은 이후에도 계속 이어져 나카무라 하지메(中村元), 가나쿠라 엔쇼(金倉圓照), 히라카와 아키라(平川彰) 등의 학자들를 통해 오늘날 까지 도쿄대학의 중요한 연구 전통으로 자리잡게 된다.

도쿄대학의 인도철학 전통은 이와 같이 중요한 철학적, 사상적 연구로 이어지는 한편으로 언어적인 면에서도 산스크리트어, 팔리어, 티베트어의 연구가 이어져 그 연구의 폭은 깊고 넓어진다. 산스크리트어 즉 범어(梵語)의 연구는 앞에서 말한 난조 분유에 의해 최초의 범어 강좌가 개설된 이후 범어학 강좌의 초대 교수로서는 다카쿠스가 임명된다.[22] 그리고 팔리어를 중심으로 한 연구도 다카쿠스 준지로에 의해 개설되고 촉진되어, 그에 의해 팔리어 강좌가 개설됨은 물론 남방불교

---

21) 본서 p.94(제4장 IV.도쿄대학 인도철학·범어학의 전개) 및 본서 p.101(제5장 서언.)
     참조.
22) 본서 pp.94-95(제4장 IV.도쿄대학 인도철학·범어학의 전개) 참조.

의 문헌을 번역 정리하는 작업도 이루어졌다. 다카쿠스에 의한 팔리어 연구는 나가이 마코토(長井眞琴), 야마모토 카이류(山本快龍), 미즈노 고겐(水野弘元) 등과 같은 제자에게 이어지고, 이들 제자들과 공동으로 남전대장경 전체를 일본어로 번역하는 작업이 이루어져 남전대장경 전역이 완성되는 성과를 올렸다.[23] 그리고 티베트어 강좌와 관련해서는 도쿄대학 내에서 티베트어강좌가 생기기 이전에 가와구치 에카이(河口慧海)가 도쿄대학에 티베트대장경을 기증하기도 하였다.[24] 이 가와구치는 메이지 시기 일본인으로서 티베트에 들어간 최초의 인물로서 일본에 티베트 불교학의 중요성을 알린 것은 물론 불교학을 국제적인 시각에서 바라보게 하는 계기를 만들기도 하였다. 메이지 시기에 불교를 국제적인 관점에서 바라보게 하고 불교를 세계의 종교로서 이해하는 계기를 만든 중요한 역할을 담당한 가와구치에 대해서는 본장에서 좀 더 세밀하게 그의 생애를 살펴보기로 한다.

이렇게 메이지 시기 불교의 전개에 있어 불교의 재활에 직접적으로 중요한 역할을 하거나 불교학 내지 인도철학의 정립과 연구에 크게 기여한 인물로서 필자가 본장에서 살펴보고자 한 사람이 이상에서와 같이 시마지 모쿠라이, 하라 탄잔, 이노우에 테츠지로, 이노우에 엔료, 무라카미 센쇼, 난조 분유, 다카쿠스 준지로, 기무라 타이켄, 우이 하쿠주, 가와구치 에카이 등이다. 본서의 앞 장에서 구체적으로 살펴본 하라 탄잔, 이노우에 테츠지로, 이노우에 엔료 이외의 나머지 불교가들의 각각의 생애를 다음 절에서 살펴보기로 한다.

---

23) 東京大學百年史 部局史 I, p.534.
24) 東京大學百年史 部局史 I, p.536.

III. 대표적 불교가의 생애

1. 시마지 모쿠라이

시마지 모쿠라이

시마지는 1838년 오늘날 야마구치현(山口縣)인 스오우(周防)의 정토진종 본원사파의 절에서 태어나, 어려서부터 유교와 불교를 배우고, 인근 히고(肥後; 구마모토현)와 아키(安芸; 히로시마현)로 유학을 하기도 하였다.[25] 1864년(元治元) 스오우현에서 전통적인 불교의 화장제를 금지하였는데, 당시 27세의 시마지는 이것에 반대해《장송론(送葬論)》1권을 지었다. 1866년 같은 현의 정토진종 승려인 오오즈 데츠넨(大洲鐵然)과 진종의 풍속정화를 도모하고, 1868년 교토로 나가 역시 같은 현의 승려인 아카마츠 렌죠(赤松連城)와 함께 본원사의 제도 개정을 건의하고 그 개정안에 의거 혁신을 이루었다. 1870년 진종 서본원사파의 참정(參政)이 되어 도쿄에 나가 당시 최고의 권력기관이었던 태정관에 불교계를 담당하는 기구로서 사원료(寺院寮)의 설치를 건의하였다.[26] 같은 해 10월에 일어난 도야마번(富山藩)의 폐합사(廢合寺) 문제와 관련해서는 진종의 대표자로 문제를 조사해 정부로 하여금 극단적인 불교

---

25) 시마지의 생애에 대해서는 주로 田村(2005) pp.60-64. 참조.
26) 본서 p.66(제3장 II.대교원의 설립 배경) 참조.

탄압을 자제시키는 중요한 계기를 마련하였다. 그와 같은 극단적인 불교탄압은 "조정을 음해하고, 천민을 속이는 일이다. 어찌 사람을 다스리는 일에 부합한다할 수 있으랴. 조정도 만약 이것을 모른척하고 묻지 않는다면, 사람들이 조정을 뭐라고 하겠는가"[27]라고 비판하였다.

시마지는 메이지 유신 이후 신도 중심의 종교정책을 펴 온 신기관 내지 신기성에 대신하는 새로운 종교담당기관으로서 교부성의 개설을 주장하는 건의문을 작성, 제출하여 실현시켰다.[28] 1872년 1월 서본원사의 해외시찰에 가담해 영국, 프랑스, 독일, 스위스, 이탈리아로부터 예루살렘을 돌아 인도의 불적지를 탐방하고 다음해 1873년 7월 귀국하였다. 이 해외시찰에 있어 서구제국에서의 종교와 정치의 관계를 주의 깊게 살피고, 종교와 정치의 분리 즉 정교분리와 신교의 자유를 주장하는 계기가 되었다. 이 해외시찰 중에 일본 내에서 대교원의 정책으로서 '3조의 교칙'이 하달된 것을 알고, 파리에서 이 3조의 각각을 비판한 〈삼조교리비판건백서(三條教理批判建白書)〉를 교부성에 보냈다.[29] '3조교칙'에 대한 비판은 신랄하고 철저하였으며, 시마지는 이 비판을 통해 정교분리는 물론 종교의 본질적인 의미가 무엇인지도 밝히는 중요한 자기주장을 드러내었다. 하지만 시마지가 주장한 종교의 입장은 종교가 인간내면의 문제를 중시하는 인간성찰의 계기를 제공하였지만, 다양한 전통문화와 종교를 별개의 것으로 간주하는 계기를 만들기도 하였다. 시마지가 강조하는 내면의 문제로서 종교의 역할론은 후에 신도가 종교가 아니라 전통의례문화로 간주될 수 있는 길을 열어

---

27) 田村(2005) p.61.
28) 본서 p.66(제3장 II.대교원의 설립 배경) 참조.
29) 본서 p.72(제3장 IV-1.시마지의 3조교칙 비판) 참조.

신도가 국가의 제사의례를 담당하는 국가신도(國家神道)의 출현을 만드는 계기가 되었다고도 할 수 있다.

시마지는 해외시찰에서 귀국한 뒤, 정교(政敎)의 혼잡 내지는 신도에 대한 불교의 종속(從屬)을 가져온 대교원의 제도에 반발하여 진종의 4파(大谷派, 本願寺派, 專修寺, 木邊[기베]派) 연합에 의한 대교원의 분리운동을 시작하였다.[30] 1875년 분리운동이 받아들여져 4월 대교원은 해산되었다. 이와 같이 시마지는 정교분리와 신교 자유의 길을 개척한 데 큰 역할을 하고, 그 외에도 1871년 메이지 정부의 실력자 기도 다카요시(木戶孝允)와 함께 《신문잡지(新聞雜誌)》를 창간하여 주도적으로 이끌고, 1875년에는 야마가타 아리토모(山縣有朋) 등과 함께 불교강화소(佛敎講話所), 여자문예학사(女子文藝學舍, 현재 치요다여학원[千代田女學園])를 창설하기도 하였다. 또 1891년 오다 도쿠노오(織田得能) 등과 함께 《삼국불교약사(三國佛敎略史)》를 간행하고, 나아가 불교각종협회의 위촉으로 《불교각종강요(佛敎各宗綱要)》 편찬의 편집위원장을 역임하였다. 그 외에 적십자사상의 천명, 감옥교회(監獄敎誨)의 필요, 사형의 폐지, 자살의 악습과 나체풍속 등에 대한 개혁을 논하고 또 자녀교육의 중요성, 남녀동권, 유곽의 폐지, 불교식 결혼의 제정, 여성문제 등에 대해서도 발언을 하였다.

서남전쟁(西南戰爭,1877) 당시에는 전쟁의 지역인 구마모토(熊本), 가고시마(鹿兒島)로 가 민심을 위로하며 곤궁자를 구제하고, 정토진종이 금지하였던 가고시마의 개교(開敎)에도 노력하였고, 해외의 대만이나 만주로 설법을 위한 여행을 하기도 하였다. 시마지는 1911년 74

---

30) 본서 p.76(제3장 IV-3.대교원의 폐지) 참조.

세로 세상을 떠났다.

2. 난조 분유

근대기 일본인으로서 서양에 유학해 다수
의 업적을 내고 귀국한 뒤 최초로 도쿄대
학에서 산스크리트어를 강의한 사람이 난
조 분유로서, 그는 1849년(嘉永2) 현재 기
후현(岐阜縣)에 해당하는 미노(美濃) 오가
키(大垣)의 진종대곡파의 절에서 태어났
다.[31] 교토고창학료(京都高倉學寮)에서 우
수한 실력이 인정되어 유명한 종학자(宗學

난조 분유

者)이었던 난조 신코(南條神興)의 양자가 되었다. 난조가 속해있던 진
종대곡파도 메이지 초기 서양의 문물을 시찰하고 돌아온 법주 현여상
인(現如上人)의 뜻에 따라 1875년 12월 교토에 교사교교(教師敎校)와
육영학교(育英敎校)를 발족시켰다. 교사교교는 각지에 만든 소학교,
중학교 교사를 양성하는 기관이며, 육영교교는 국제적 시야를 가진 대
곡파의 인재를 양성하는 기관이었다. 이 육영학교가 만들어지던 해 난
조와 3살 밑인 가사하라 겐쥬(笠原研壽, 1852-1883)가 서구유학생으
로 뽑혀 1876년 영국에 유학했다.[32] 그들은 한문과 한역불전에는 통달

---

31) 난조의 생애에 대해서는 기본적으로 大法輪(1993-5) pp.120-121, 田村(2005) pp.164-
    172 참조.
32) 본서 p.17(서장 IV-1.근대불교학의 형성) 참조.

하였지만, 영어는 전혀 배운 적이 없었기 때문에 처음 2년 정도는 영어를 배웠다. 그 후 당시의 인도학과 범문학에서 영국 제일의 학자이었던 옥스퍼드 대학교수 막스 뮬러 밑에서 대학생으로서 3년간 범어를 배웠다. 그 사이 격일로 교수의 집에서, 범본의 《무량수경》, 《아미타경》, 《금강반야경》, 광략(廣略)의 《반야심경》, 불전의 《대장엄경》, 《법화경》 〈보문품〉 등을 차례로 읽어 나갔다. 이렇게 읽어간 범본 가운데는 일본으로부터 받은 것도 있었고, 또 새롭게 네팔로부터 수집하여, 대학도서관, 인도국, 아시아협회 등에 보관된 것도 있었다. 난조는 이러한 범본 사본들과 그 한역 등을 조사, 대조하여 검토하였고, 그 결과물이 《옥스포드 일서(逸書)》로서, 그것은 (1) 《금강반야경》 (2) 《대무량수경》, 《아미타경》 (3) 《반야심경》 광략본 등 3분책(1881-83)의 형태로 서양에서 최초로 간행되었다.

　　메이지 초년 일본의 사절 이와쿠라 토모미(岩倉具視)가 영국에 왔을 때 영국에는 한역불전이 없었기에 인도국(印度局)에 요청하여 귀국 후 《황벽판대장경(黃檗版大藏經)》을 전부 보냈다(明治8). 그 한역대장경의 흐트러진 목록이 있어서 난조는 막스뮬러 교수의 협력을 얻어 유명한 《남조목록(南條目錄)》 《대명삼장성교목록(大明三藏聖敎目錄)》, A Catalogue of the Chinese Translation of the Buddhist Tripitaka, the Sacred Canon of the Buddhists in China and Japan, Oxford, 1883)을 범본을 대조 연구하던 거의 같은 시기에 제작 출판하였다(1883).[33] 이 목록은 불전의 번역시기와 번역자, 각 시대의 경전목록 등을 세밀하게 설명한 것으로, 서양 불교학자에게 있어 한역불전에 대한 유일한 지침서가 되

---

33)　본서 p.18(서장 IV-2.불교학의 다양한 전개) 참조.

어 중시되었다.

　난조는 이러한 훌륭한 범문 불전연구와 한역 불전목록 제작을 하고, 영국에 9년간 머문 뒤 1884년(明治17, 36세) 귀국했다. 함께 유학한 가사하라도 유능하여 막스 뮬러 교수로부터 주목받았지만, 너무 연구에 몰두한 나머지 폐병을 얻어 중도에 귀국하여 다음해 1883년(明治16, 32세) 세상을 떠났다. 그러나 그는 독자적으로 범문 불교사전(한역《법집명수(法集名數)》)을 여러 자료들과 대비해 제작 중에 있었던 까닭에 막스 뮬러 교수는 이것을 정리하여, 일서(逸書) 제4분책으로서 출판했다(1885). 또 가사하라가 영역 준비중에 있었던 의정삼장(義淨三藏)의 인도여행기《남해기귀전(南海歸寄傳)》은 십 수년 후에 영국에 머물렀던 다카쿠스 준지로가 보완하여 출판했다(1896).

　귀국한 난조는 도쿄 대곡교교(大谷敎校)의 교수가 되고 다음해 1885년 도쿄대 강사로서 범어를 강의하고 1887년 6월 일본 최초의 학위수여식에서 불교계 최초로 문학박사를 받았다. 유학시절부터 계속 연구하고 있던 범문《법화경》의 교정은 네덜란드의 석학 케른과 공동으로 러시아에서《불교문고(佛敎文庫) 10》으로서 출판되었다(1809-1812). 그리고 또한 유학당시부터 귀국 후에도 모든 사본 등을 참조하여 제작한《범문 능가경》은 고희(古稀) 기념으로서 1923년 일본에서 범자로서 출판되었다. 이와 같이 범문불전의 교정출판에 있어서도 난조는 큰 역할을 하였고, 이들 범본의 일본어역으로《화역(和譯) 불설무량수경, 아미타경》(明治41), 이즈미 호케이(泉芳璟)와의 공역《범한대조신역법화경》(大正6년), 동일한 공역《방역범문입능가경》(昭和4) 등을 출간하였다.

　1912년(大正元) 교토에 신축된 대곡대학(大谷大學)의 학장으로 임명되어 1924년 학장직을 사임할 때까지 교육과 교화에도 많은 활약을 하였다. 사임 이후 진종의 교화에 노력하고, 자서전인 《회구록(懷舊錄)》을 간행한지 2개월 뒤 1927년 11월9일 79세로 타계하였다.

3. 무라카미 센쇼

무라카미 센쇼

도쿄대학의 인도철학강좌를 학과로서 독립시키는데 크게 기여한 무라카미 센쇼(1851-1929)는 1851년(嘉永4) 현재 효고현(兵庫縣)의 동부에 위치하는 단바(丹波)의 가난한 절에서 태어났다.[34] 본래의 성은 히로사키(廣崎)이며, 부친은 센쇼에게 《정토삼부경》을 읽혀 어린 나이에도 이것을 읽을 수 있었다고 한다. 어려서부터 여러 절에 맡겨져 공부할 기회를 가졌으며, 18세에는 학문하는 것에 뜻을 가져 이웃의 하리마(播磨, 현 효고현) 에히메(姬路)에서 한학숙(漢學塾)을 열고 있던 정토진종 본원사파 선교사(善敎寺)의 유우키 기도오(結城義導)를 스승으로 모시고 공부를 하였다. 3년여 에히메에서 한적을 공부한 뒤, 센쇼는 불교학을 공부할 뜻을 세우고 당시 불교학이 성행하였던 에치고(越後, 현 니가타현)로 가 향량원(香凉院) 행충(行忠)을 스승

---

34) 무라카미의 생애에 대해서는 기본적으로 大法輪(1993-5) pp.121-122, 田村(2005) pp.100-126 참조.

으로 유식학을 중심으로 한 불교의 서적을 배웠다. 에치고에 3년정도 머물며 공부한 뒤 센쇼는 교토로 나가 당시 동본원사 유일의 전문학교이었던 고창학료(高倉學寮)에 들어가지만, 사정상 학교가 문을 닫게 되어 미카와(三河)로 돌아와 입각사(入覺寺) 절의 양자로 들어가게 되었다. 이때 무라카미의 성을 얻게 되고 이때가 25세이었다. 입각사에서는 인명 관련의 저술들을 배웠고, 1880년에는 교토로 나가 동본원사의 교사교교(敎師敎校)에 들어가 공부하였지만, 크게 만족하지 못했다고 한다.

교사교교는 본래 3년의 기간이었지만 2년만에 졸업을 하고, 이어 고창학료에서 강의한 뒤 1년만에 수료하여 5등학사의 칭호를 얻게 되었다. 이어 조동종의 절에서 강의하게 된 것을 계기로 도쿄의 조동종대학에서 강의 요청이 와 도쿄로 가게 된다. 도쿄에서는 이노우에 엔료의 자택을 방문하여 교유하고 엔료가 설립한 철학관에서도 강의하게 된다. 조동종대학에서 2년여 강의한 뒤 센쇼는 1896년 3월 도쿄의 간다(神田)에 불교강화소(佛敎講話所)를 설립해 매주 토요일 저녁과 일요일 오전에 대중을 모아 강연하였다. 이것은 기독교 교회가 정기적으로 설교 강연하는 것에 대항하는 의미를 갖기도 한 것으로, 불교의 실질적 활동에 참여하는 뜻을 보인 것이라 할 수 있다. 그리고 6월부터는《불교강화집(佛敎講話集)》이란 이름으로 당시 강의를 모아 매월 1회 발간하여 폐간할 때까지 3년간 36호를 발행하였고, 이것은 당시 많은 사람들에게 호평을 받았다고 한다. 1890년 도쿄의 대곡교교의 교장에 임명되던 해, 제국대학(帝國大學, 후에 도쿄제국대학)으로부터 인도철학의 강사로 위촉되었다.

제국대학의 인도철학 강사로 위촉된 뒤 센쇼는 서양의 실증분석적 입장에 의거한 불교의 역사적 연구가 중요한 것을 인식해 역사연구에 전념하였다. 1894년 4월부터 불교사연구의 월간지《불교사림(佛敎史林)》을 발간하여 3년간 간행하고, 이때의 연구 성과가 1897년《일본불교사강(日本佛敎史綱)》2권으로 정리되어 출간된다. 그리고 이 책으로 문학박사의 학위를 받았다. 이후 센쇼의 가장 대표적인 책으로 알려진《불교통일론(佛敎統一論)》의 〈제1편 대강론(大綱論)〉, 〈제2편 원리론(原理論)〉, 〈제3편 불타론(佛陀論)〉이 1901-1905년에 걸쳐 발행되고, 〈제5편 실천론(實踐論, 上下)〉은 1927년에 발간되었다. 제4편은 그의 저술《진종전사(眞宗全史)》로서 대신하였다.

이《불교통일론》은 일체의 종파를 초월해 통일적인 불교교리를 추구하고자 한 것이었지만, 특히 〈제1편 대강론〉에 나타나는 대승불교에 대한 논의에서 "대승비불설"의 논쟁이 이루어지게 되고, 이것을 계기로 승적이 박탈되는 일이 생기기도 하였다.[35] 곧 센쇼는 〈제1편 대강론〉의 끝에 〈여론〉으로서 5장을 세워 제3장에 〈대승불교에 관한 비견(鄙見)〉이라는 제목을 글을 실어, 그 속에서 대승불교에서의 부처는 역사적 부처와는 다르며, 따라서 대승불교의 교리는 역사적 인물로서 고타마 붓다가 설한 것이 아니라고 논증하였다. 이러한 내용은 당시 진종교단 내에 문제가 되어 대곡파의 승적을 떠나야하는 상황이 전개되었지만, 그 후 6여 년 뒤 센쇼는 다시 승적복귀원을 제출해 승적을 회복하였다.

센쇼는 야스다재벌을 일으킨 실업가 야스다 젠지로(安田善次郎, 1838-1921)를 설득해 1917년(大正6) 5만엔을 기부하여 강좌기금을 마

---

35) 본서 p.21(서장 IV-3.불교사상의 논쟁과 불교학의 역할) 참조.

련해 도쿄제국대학 인도철학과를 독립시키고 교수가 되었다.[36] 그 후 대강당 설립운동에 힘을 쏟아 다시 야스다로 하여금 백만엔을 기부케 하여 동경제국대학강당(야스다강당)을 건축하였다. 1918년 제국학사 원 회원이 되고, 1922년 동경제대명예교수, 1926년에서 1928년까지 대 곡대학 제4대학장을 역임하고 1929년(昭和4) 서거하였다. 향년79세. 호는 부주(不住).

4. 다카쿠스 준지로

다카쿠스 준지로

다카쿠스 준지로(1866-1945)는 일본의 근 대적인 인도학과 불교학의 연구를 개척하 고 추진한 제1인자로, 일본의 불교학자로 서 세계의 학계에도 널리 알려진 인물이 다.[37]

그는 아키(安芸) 문도(門徒)라고 일 컬어지는 히로시마현의 열성적인 진종(서)

신앙의 집에 태어나, 젊어서부터 한학을 배우고, 20세에 교토의 서본 원사가 경영하는 보통교교(普通教校)에 들어가 어학에 매진하여 영어 를 4년간 배웠다. 더욱이 새로운 학문을 받아들이기 위해 25세에 영국 으로 유학했다. 난조 분유의 소개장을 가지고 옥스퍼드 대학교수 막스

---

36) 본서 p.94(제4장 IV. 도쿄대학 인도철학·범어학의 전개) 참조.
37) 다카쿠스의 생애에 대해서는 기본적으로 大法輪(1993-5) pp.125-127, 田村(2005) pp.260-272 참조.

뮐러를 방문하고, 당시 서양에서 융성하고 있던 인도학의 연구로 마음이 기울어 졌다. 이 대학에 정규의 학생으로 입학하여, 라틴어, 그리스어와 함께 범어도 배웠다. 이미 일본에서 한학에 능통하고 영어도 상당히 되었기 때문에 졸업이 가까워지면서 막스 뮐러 교수가 편집중이었던 《동방성서(東方聖書)》 제49권중에 한문의 《관무량수경》을 영역하여 싣고, 선학이었던 가사하라(笠原)의 유업(遺業)을 이어 의정삼장(義淨三藏)의 인도여행기 《남해귀기내법전(南海歸寄內法傳)》을 영역 간행하기도 했다. 대학을 졸업하자 독일로 건너가 여러 학자들로부터 인도철학과 팔리어를 배웠다. 팔리어를 배우고 있을 때 한역불전 가운데 팔리어로부터 번역된 《선견율비바사(善見律毘婆沙)》(팔리율장의 주석서)가 있는 것을 발견했다. 종래 서양 불교학자들 사이에서는 한역불전은 모두 범어로부터 번역된 것으로, 팔리어로부터 번역은 전혀 없다고 하는 것이 통념이었다. 그것을 31세의 일본의 젊은 학자가 팔리문과 한역문을 대조하여, 양자가 동일하다는 것을 구체적으로 증명하여 전문잡지에 발표한 것으로(1896), 서양의 학자들도 감탄했다고 한다.

영국, 독일, 프랑스에서 연구를 하고, 유럽체재 7년후 1897년 32세로 귀국하였다. 그는 그해 도쿄대의 강사가 되고, 범어와 서양 고전어 등을 강의하고 2년 뒤에는 교수가 됨과 동시에 《팔리어 불교문학강본(佛敎文學講本)》이라는 일본어와 영어로 해설하고 사전을 담은 교과서를 출판했다. 이 책은 도쿄대에서 팔리어의 본격적인 강의가 이루어지는 계기가 되었다. 1904년의 일로, 일본 최초의 팔리학 연구서라고 할 수 있다.

그는 도쿄대에서 일본의 인도학과 불교학에 관련한 다수의 학자를 양성하고, 정년 후에도 학문연구와 교양교화 등을 위해 정력적인 활약을 계속하고, 특히 출판사업에 큰 업적을 남겼다.[38] 먼저 첫 번째로 《대정신수대장경(大正新修大藏經)》의 간행으로(1922[大正11]-1935[昭和10]), 범본, 팔리본과의 대조를 더해 한역본도 교정과 대조를 엄밀히 하여 새로운 학문연구자료에 합당한 것으로, 와타나베 가이교큐(渡邊海旭)와 감수로서 출판하였다. 모두 100책으로 이루어져 각책은 대판(大版)으로 1천 페이지 내외의 방대한 것이다.

두 번째로 범어팔리어 관련 학자들과 그 문하생을 합쳐 50인정도로서, 팔리어 삼장성전(三藏聖典) 전부와 중요한 성전주석서, 교리강요서, 역사서 등이 번역된 《남전대장경(南傳大藏經; 65권 70책)》을 간행하였다(1935[昭和10]-1941[昭和16]). 이것에 의해 팔리어를 읽지 못하는 사람들도 쉽게 남방불교에 대해 이해할 수 있게 되고, 또 이것들과 한역 아함 등과의 관계도 그 주기(註記)로서 알 수 있게 되었다.

세 번째로 다카쿠스 본인과 문하생들에 의해 인도 정통바라문교 성전(哲學書)으로서 우파니샤드(奧義書)의 전부가 번역 주해된 《우파니샤드 전서(全書)》 9권을 간행하였다(1922[大正11]-1923[大正12]). 특히 이 번역은 당시 영역이나 독일어역으로 출간된 우파니샤드 문헌을 훨씬 능가하는 126종에 달하는 방대한 문헌을 번역한 것으로, 일본의 인도철학연구의 성과를 세계에 알리는 중요한 의미를 갖는다고 할 수 있다.

그가 설립한 학교로는 중앙상업학교와 무사시노(武藏野) 여자전문학교(현재의 무사시노여자대학[武藏野女子大學])가 있고, 또 동양대학의 학장도 역임했다(昭和6-9). 또 민중의 계몽, 수양, 학문, 신앙,

---

38) 본서 p.19(서장 IV-2.불교학의 다양한 전개).

교화, 여자청년교육 등을 위한 잡지의 논설 등은 젊은 시절부터 상당히 많고, 관계한 잡지로서는 교토 시대의 《반성회잡지(反省會雜誌)》, 그것이 도쿄에서 발전한 《중앙공론(中央公論)》, 불교관계의 《현대불교》 《피타카》, 젊은 여성을 위한 《아카츠키(アカツキ)》, 영문판 《영 이스트》 등이 있고, 계몽교화관계의 단행본도 30책 이상 출간하였다. 이러한 각종 분야에서의 활약은 1945년(昭和20) 6월 80세의 운명에 이르기까지 계속되었다.

5. 기무라 타이켄

기무라 타이켄

기무라 타이켄(1881-1930)은 이와테현(岩手縣)[이와테군 (岩手郡) 오오부케촌(大更村)]에서 태어나 어렸을 때는 니조(二藏), 후에는 겐(賢)이라 불렸다.[39] 소학교를 마친 뒤 조동종 동자사(東慈寺)의 주지를 은사로 득도(得度:출가)하고, 조동종 중등원(中等院), 고등학원(高等學院)에서 배우고 상경하여 고학을 하면서 청산학원(青山學院) 중등부에 편입하였다. 이어서 1903년(明治36) 조동종대학(曹洞

---

39) 기무라의 생애에 대해서는 기본적으로 大法輪(1993-5) pp.140-141과 芹川(1989) pp.232-233 참조.
기무라가 탄생한 곳에 대해서는 芹川(1989) p.232 에는 田頭(덴도오)村으로 나타나는데 여기에서는 木村(1968-2) p.389의 연보를 따랐다.

宗大學)을 졸업한 뒤, 도쿄제국대학의 선과생(選科生)이 되어 입학하였다. 도쿄대학에 입학한 다음해 5월에는 러일전쟁에 간호병으로 복무하고, 1905년(明治38) 말에 복학했다. 재학 중에는 이노우에 테츠지로, 무라카미 센쇼, 다카쿠스 준지로 등의 지도를 받았다. 그 사이 다카쿠스 준지로는 전쟁 중에 국가의 명령을 받아 영일동맹(英日同盟) 강화를 위해 구주에 출장을 간 뒤 1907년 초에 대학에 돌아왔다.

기무라는 우이 하쿠주와 동일하게 조동종의 승려로서, 종문의 불교학자 가지카와 겐토(梶川乾堂)가 도쿄대 앞의 모리카와초(森川町)에 개설한 전단료(栴檀寮)에 들어가, 가지카와로부터 《구사론》과 《유식론》의 강의를 듣고, 불교의 지식을 얻었다. 그 무렵 가지카와는 《구사론대강》,《유식론대강》을 출간하였다.

기무라는 귀국한 다카쿠스 교수로부터 인도학과 육파철학 등을 배우고, 1909년에 우이 하쿠주와 동시에 우수한 성적으로 졸업해 은사(恩賜)의 은시계(銀時計)를 받았다. 다음 해부터 3년간은 특선급비생으로 대학원에서 연구를 계속해, 도쿄대 강사가 되고, 다카쿠스와의 공저 《인도철학종교사》(1914)와 《인도육파철학》(1915)을 출판하고, 뒤의 책으로 학사원 은사상(恩賜賞)을 수여받았다.[40]

1917년에는 조교수로 승진하고(37세) 2년후 해외유학을 명받았지만, 그 사이 갖가지 논문을 발표하거나 오기하라 운라이(荻原雲來)와 함께 《국역 구사론》을 출간하거나, 제부파의 이설을 설한 《이부종륜론(異部宗輪論)》을 국역하여 부파불교의 성립 분파를 정리하여 논하는 일 등을 하였다. 유럽에 유학하여서도 팔리어의 아함경과 아비달

---

40) 본서 p.94(제4장 Ⅳ.도쿄대학 인도철학·범어학의 전개) 및 p.101(제5장 서언) 참조.

마(철학) 등을 배우고, 종래 연구하여 온 한역과의 비교연구를 행하였다. 그 성과가 《원시불교사상론》과 《아비달마론의 연구》로서 귀국 전후하여 차례로 출간되었다(1922). 그 다음 해에는 《아비달마론의 연구》로 문학박사가 되고 교수로 승진하였다.

그 후 《해탈에의 길》과 《진공(眞空)으로부터 묘유(妙有)로》 등의 저술을 지어 많은 독자들로부터 환영받고, 가게야마 테츠오(景山哲雄)와 공역으로 올덴베르히의 명저 《불타》의 번역을 출간했다. 그 밖에 불교의 교리와 신앙실천 등의 인생관, 소승과 대승의 사상 등을 평이하게 쓴 글들을 발표하고, 강연활동 등으로 사회의 요구에 응하였다. 이러한 갖가지 일에 쫓겨 과로로 인해 1930년(昭和5) 50세의 나이로 급서했다.

타계한 뒤 나온 《소승불교사상론》, 《대승불교사상론》은 대학에서의 강의노트와 종래의 발표논문 등을 제자들이 모은 것이다. 이 두 책과 이전의 대저 4책이 《목촌태현전집(木村泰賢全集)》 6권으로 1936년 출판되었다.

기무라 타이켄은 다카쿠스 준지로의 제자로서 뒤에 기술하는 우이 하쿠주와 함께 근대 일본의 인도철학·불교학의 연구 위상을 높이는데 중요한 역할을 하였다. 특히 기무라가 그의 저술 《인도육파철학》으로 천황의 은사상을 받은 것은 폐불훼석 이래 일본사회에서 억압의 상태에 놓여있던 불교계가 학술적인 면에서도 공식적인 사회적 인정을 받은 상징적인 사건으로 중요한 의미를 갖는다. 비록 이른 나이에 운명하였지만, 기무라야말로 일본의 인도철학·불교학의 연구를 세계적인 수준으로 끌어올리는데 중요한 역할을 하였다고 말할 수 있다.

6. 우이 하쿠주

우이 하쿠주

우이 하쿠주(1882-1963)는 아이치현(愛知縣) 미카(三河)의 조동종 절의 제자가 되고, 상경하여 경북중학(京北中學)에서 제일고등학교에 진학하고 1906년에 기무라보다 3년 늦게 도쿄대 인도철학과에 들어갔다.[41] 그러나 기무라가 러일전쟁 중에 2년여 군복무를 하였기 때문에 학생으로서의 시간적 차이는 그다지 나지 않아 두 사람은 1909년 대학을 졸업했다. 기무라가 다카쿠스의 총애를 받고 학자로서 빛나는 길을 걸은 데 반하여 우이는 종문(宗門)의 중학과 대학에서 교편을 잡고 학생시절부터 묵묵히 착실한 연구를 축적해 갔다. 대학졸업 4년후 1913년 가을(32세) 종문의 해외연구생으로서 독일에 유학하고, 유명한 가르베 교수 밑에서 상키야 철학을 배웠다.

그곳의 인도학계에서는 막스 뮐러 교수나 도이센 등의 거대 담론적인 인도학에는 관심을 기울이지 않고, 베버나 가르베 등에 의한 자료 중심의 객관적이고 분석적인 연구가 이루어지고 있었다. 이러한 방법은 우이가 해온 종래의 연구태도와 동일한 것으로, 그는 생애를 이 연구법으로 일관하였다.

---

41) 우이의 생애에 대해서는 기본적으로 大法輪(1993-5) pp.141-142 참조. 우이 하쿠주에 대해서는 본서 p.19(서장 IV-2.불교학의 다양한 전개) 참조.

유럽으로 간 다음해 일독전쟁이 일어나 우이는 난을 피해 영국으로 갔다. 여기에서는 스승을 두는 일없이 독학으로 인도학과 인도철학을 연구하고, 이 사이에 한역의《승종십구의론(勝宗十句義論)》이라는 승론파의 철학서를 영역하여 출간했다. 유럽에서 5년간 체재 후 1917년 귀국하여 조동종대학의 교수를 이어갔다. 그 무렵《국역대장경(國譯大藏經)》이 출판되고 있어, 그는《국역삼론(國譯三論)》을 담당하여 그 가운데《중론》에 대해서는 용수(龍樹)의《근본중송》범문을 모두 대조해 해설하였다.

1919년 도쿄대 조교수인 기무라가 해외유학을 하자 우이는 도쿄대 강사로 명을 받아 기무라 대신 인도철학과 불교를 강의하고 그 다음해 기무라에 앞서 문학박사의 학위를 받았다. 그 후 1923년 센다이의 도호쿠 제대(東北帝大)에 인도철학과가 개설되자 우이는 초대교수로 부임해 조용한 환경에서 마음껏 연구하게 되었다(42세). 센다이에서는 그간 연구 축적되어 있던 것을《인도철학연구》로서, 다음 해부터 매년 제1책에서 제6책까지 순차적으로 출간했다(1924-1930). 그것은 원시불교 이래의 불교와 인도철학에 대한 상세한 연구를 담은 책으로, 이 출판으로 우이는 학사원상(學士院賞)을 받았다(1931).

1930년 기무라가 갑작스레 서거한 까닭에, 그 후임으로 우이가 지명되어, 잠시 동안은 양쪽의 교수를 담당했다. 그 후에도 저작활동은 계속되어 1932년에는 지금까지 연구한 인도의 정통파와 불교의 철학을 정리 서술한《인도철학사(印度哲學史)》를 출판했다. 또 불교연구로서는 미륵(彌勒), 무착(無著) 세친(世親) 이하의 중기대승으로서의 유가유식 관계의 제논서등을 새롭게 개척 연구한 것이 열 책 가까이 간행되고, 그 사이에는 중국의 선종에 대해 모든 자료를 활용해 논구한

《선종사연구(禪宗史硏究)》3책과 한역경전 역출의 초기시대를 연구한 것 3책이 있어, 곳곳에 지금껏 연구되지 않았던 새로운 내용이 밝혀졌다.

이렇게 하여 출간된 대저가 생애에 걸쳐 30책 이상 되며, 그 밖에도 국역해설서나 간략한 해설서 등도 십 수책에 이르며, 불교사전도 출간했다. 이 가운데서 대표적인 총괄서로서는 앞서 말한 《인도철학사》와 불교 전체를 정리한 《불교범론(佛敎汎論)》으로, 뒤의 책은 불법승(佛法僧)의 순서로 설하며, 특히 법으로서 교법의 설명이 대부분을 차지하며, 불의 설법으로부터 불멸후에 전개된 각 나라 종파의 교리학설을 체계적으로 조직 정리하고 있다. 이렇게 다방면에 걸친 30책 이상의 연구 결과는 일본의 불교학계가 보다 깊고 넓게 학문적 지평을 넓혀 가는 데 큰 기여를 하였다.

우이는 도쿄대 정년 후에 10년간 정도 나고야대학 인철학과(印哲學科)의 전임강사가 되고, 그 전후에 걸쳐 1963년 서거할 때까지 독자적인 연구를 계속했다. 1953년 문화훈장을 받고, 그 문하생으로 가나쿠라 엔쇼(金倉圓照), 나카무라 하지메(中村元), 히라카와 아키라(平川彰) 등의 인재가 배출되었다.

타카쿠스 준지로의 제자이자 기무라 타이켄과 졸업동기생이기도 한 우이 하쿠주는 인도철학·불교학의 연구에 타의 추종을 불허하는 연구 성과를 내어 일본의 불교학계가 세계적 수준으로 도약하는데 큰 역할을 하였다.

7. 가와구치 에카이

가와구치 에카이

가와구치 에카이는 1866년(慶應2) 오사카 사카이시(堺市)에서 태어났다.[42] 어릴 때부터 학문을 좋아하여, 15세 때는 석존전을 읽고 발심하여, 불음주(不飮酒)·불육식(不肉食)·불음(不淫)의 계율을 오랫동안 지켰다. 19세에는 징병령 개정을 반대하고, 또 한편으로는 좌선과 독경을 배우고, 20세에는 불교연구와 대조적으로 기독교와 영어를 배웠다. 21세에 교토 도지샤(同志社) 대학에 입학하였지만 바로 그만두고, 소학교 교원이 된 뒤 그것도 그 다음해 사직하였다. 1888년 철학관(哲學館)에 입학하고 1891년 26세로 졸업하였다. 그 사이에 잡지 등에 집필한 것을 《일본의 건강》이라는 책으로 출간하였다. 1889년 황벽종(黃檗宗) 오백나한사(五百羅漢寺)에서 득도하여 에카이 닌코(慧海仁廣)라 이름하고 그 절의 주지가 되었지만, 다음해 주지직을 사퇴하였다.

27세때 한역대장경을 읽어가는 도중에 구미 동양학자들이 한역대장경에 비판적인 것을 알게 되고 인도의 원전에 의지해 올바로 불교를 아는 것이 중요하다는 것을 느꼈다. 하지만 인도의 범어원전은 인도에는 없고 네팔과 티베트에 남아있는 것을 알게 되고 또 티베트어로

---

42) 가와구치의 생애에 대해서는 기본적으로 大法輪(1993-5) pp.146-147 및 井上(2007) pp.56-57 참조. 그리고 본서 p.19(서장 IV-2.불교학의 다양한 전개) 참조.

번역된 경전이 인도의 원전을 충실히 전하고 있다는 것을 알게 되어 티베트로 가고자 결심하였다. 그리고 인도와 티베트로 떠나기 전에 석흥연(釋興然)에게 팔리어를 배우기도 하였다.

1897년 32세에 여러 지인들로부터 원조를 받아 인도로 향했다. 인도의 다지링에서 장영사전(藏英辭典)을 편찬 중이던 찬드라 다스와 만났다. 거기에서 1년 2개월 정도 사전편찬의 고문역을 맡았던 쉐랍 쵸 등에게 티베트어를 배웠다. 1899년 티베트 입국을 위해 네팔로 가, 티베트인 순례자로부터 정보를 모아 로(무스탄) 지구의 짜란으로 갔다. 짜란에서는 티베트 불교와 문법을 배우고, 등산에 대한 훈련도 하였다. 그리고 거기에서 수집한 경전은 카투만두로 보냈다. 후에 일본으로 가져온 전적 중에는 이 지역에서만 남아있는 전적이 다수 존재하였다.

1900년 드라기리 북방의 설봉을 갖은 고난을 헤치며 넘어 7월4일 티베트에 들어갔다. 고산병에 피를 토하고, 강에 빠져 익사 직전까지 가는 일도 있었지만, 강한 신앙과 굳은 의지로 인간이 지니는 한계적 상황을 극복하며 목적지로 나아갔다. 1901년 36세의 몸으로 그해 3월 라사에 도착하고 투르낭사에서 석존의 가호에 대한 기쁨의 눈물을 흘렸다. 세라사에 들어가 어린아이의 탈구를 치료하는 등의 의료활동으로 평판을 얻고 달라이라마 13세와 만났다. 그 후 전 대장대신의 집에 머물며, 그의 형인 간덴 티 린포체로부터 가르침을 받았다. 그 사이 티베트 사람들에 대한 애정과 공감을 가지고 풍속사회 등을 다방면에 걸쳐 기록하였다.

1902년 5월 일본인인 것이 발각되어 그동안 모은 전적은 인도로 보내고 라사를 탈출하여 다지링으로 돌아왔다. 그렇지만 라사에서 신세를 졌던 사람들이 투옥되었다는 것을 듣고 잠을 이루지 못할 정도로

괴로워했다. 그래서 네팔로 가서 그곳 왕의 협조를 얻어 은인들을 위한 구명서(求命書)를 달라이라마에게 보냈다. 또 네팔의 왕으로부터는 41질의 범어불전을 받고 1903년에 귀국하였다.

귀국 후 교토의 히가시야마(東山)에서 〈시사신보(時事新報)〉와 〈매일신문(每日新聞)〉의 기자에게 하루 4시간씩 18일간 구술하여 155회로 연재한 것이 《서장여행기》이다.

1913년에 다시 티베트로 가, 1914년에 시가체에서 판첸라마에게 한역대장경을 바치고 라사로 갔다. 가는 도중의 곤란한 상황에서도 식물학자가 기뻐할 것을 생각하며 다수의 식물을 열심히 채집하였다고 한다. 라사에서는 다다 토오칸(多田等觀)과도 만났다고 한다. 달라이라마로부터 대장경을 하사받고, 판첸라마로부터도 장경을 받아 1915년 51세 때에 라사로부터 캘커타를 거쳐 귀국하였다. 그 후 그는 보다 나은 서장대장경을 구하고자 3번째로 판첸라마를 만나기 위해 중국으로 갔다.

그가 가지고 온 방대한 범장문헌은 학회에 커다란 이익을 주었고, 그 자신도 티베트어와 불교를 도요대학(東洋大), 다이쇼대학(大正大)에서 가르쳤다. 1926년에 환속하고, 1927년에 재가불교수행단을 설립하였다. 장범장경(藏梵藏經)의 일본어 번역을 위한 큰 꿈을 가지고, 또 스스로도 다수의 저작, 번역, 논문을 썼다. 1940년에 티베트어, 범어, 경전류를 동양문고(東洋文庫)에 기증하고, 이후 동(同)문고의 가와구치 연구실을 통하여 장화사전(藏和辭典)의 편찬에 착수했지만 완성을 보지 못하고 전시(戰時) 중인 1945년 2월 80세로 세상을 떠났다.

Ⅳ. 결어

본장은 앞서 〈서언〉에서 말했듯 일본 근대기에 있어 불교가(佛敎家) 개인의 사상적 철학적 입장을 살펴보는 '종교사상사'적인 관점이 매우 중요하다는 입장을 전제로 필자가 근대 초기 일본불교 역사에 중요한 역할을 한 사람들의 생애를 살펴본 것이다. 물론 종교사상사의 입장에서는 개인들의 철학적 입장을 다루는 게 일반적이지만, 본서의 각장을 통해 몇몇 사람들의 사상적 입장을 살펴보고 또 본장에서는 좀 더 그 생애를 알아야할 사람들의 구체적인 발자취를 살펴보았다. 여기에서 살펴본 사람들은 본서에서 다루고자 한 불교의 재활과 근대화에 기여한 사람들로서 실제 필자가 오랫동안 궁금증을 가지고 있던 사람들이기도 하다. 이들은 근대기에 일본불교의 회생과 불교학의 성립에 중요한 역할을 한 사람들이지만, 당연히 이들 외에도 다수의 불교가가 근대기를 통해 일본불교의 회생에 크게 기여한 것은 물론이다. 필자가 본서를 집필하면서 특히 제종동덕회맹의 결성과 활동에 크게 기여를 한 불교가인 도코쿠(韜谷), 셋신(攝信), 가쿠보(覺寶), 테츠조(徹定), 조류(增隆), 교카이(行誡) 그리고 정토진종의 개혁승 아카마츠 렌죠(赤松連成) 등의 인물은 실제 폐불훼석의 불교탄압에 목숨을 걸고 맞선 중요한 인물이라고 생각된다. 근대 초기 폐불훼석에 맞서 불교의 회생과 재활에 직접적인 역할을 한 이들 불교가의 노력이 있었기에 후에 근대불교학의 성립과 전개 또한 가능했던 것은 말할 필요가 없다. 그리고 여기에서 살펴본 인물들 외에도 일본의 불교와 불교학을 위해 공헌한 많은 불교가들이 있으며, 그들 가운데는 우리 한국에서도 좀 더 세밀하게 검토해야 할 사람들이 있는 것은 당연할 것이다. 이러한 사람들에 대한 검토는 향후 행해야 할 과제라고 생각된다. 그렇지만 재삼 느껴지듯 앞에서 살펴본 불교가들의 불교에 대한 애정과 의지 그리고 열렬한 열정이 있었기에 일본근대의 불교는 폐불훼석의 억압을 극복함은 물론 다른 어떤 나라에서도 볼 수 없는 불교학의 메카로 자리 잡을 수 있게 되었다고 생각된다.

초출일람

참고문헌

[기초자료]

解說事典(1977) :《昭和新纂國譯大藏經 解說部 佛像·佛典 解說事典》, 名著普及
　　　會, 1977. 2.

大法輪(1993-4) :〈特集 心に残る近代の仏教者100人〉上,《大法輪》, 1993年 4月
　　　號.

大法輪(1993-5) :〈特集 心に残る近代の仏教者100人〉下,《大法輪》, 1993年 5月
　　　號.

東京大學百年史(1986) :《東京大學百年史 部局史一》, 東京大學出版會, 1986.

日本史辭典(1989) :《日本史辭典》(高柳光壽 、 竹内理三 編; 角川第二版), 角川書
　　　店, 1989. 11.

日本思想史辭典(2001) : 子安宣邦 監修,《日本思想史辭典》, ぺりかん社 , 2001.6.

《岩波コンパクト六法》(平成2年[1990]版), 岩波書店, 1989. 10.

《明治維新 神佛分離史料(上·中·下)》(村上專精 、辻善之助 、鷲尾順敬 共編), 東
　　　方書院, 大正15年3月 · 大正15年11月 · 昭和2年12月.

《진리금침초편》(원문) : http://dl.ndl.go.jp/info:ndljp/pid/816763. (《속편》과
　　　《속속편》은 동일한 사이트의 끝자리 816764, 816765)

《진리금침초편》(일본어역) : http://id.nii.ac.jp/1060/00002882 (이 주소에 실
　　　린 내용은《초편》,《속편》,《속속편》이 모두 합본된 것이다).

기독교사전(1991), 한영제편,《평신도와 학생을 위한 기독교사전》, 기독교문사,
　　　1991. 2.

성경(2009), 대한성서공회,《큰글자 성경전서(개역개정4판, 새찬송가)》, 생명의
　　　말씀사, 2009. 5.

[DB]

일본근대디지털라이브러리 http://kindai.ndl.go.jp/
일본동양대학이노우에엔료연구센타 http://www.toyo.ac.jp/site/enryo
이노우에엔료선집 http://www.toyo.ac.jo/site/enryo/select.html

[일서 단행본 및 논문]

栗屋 外(2005)：栗屋憲太郎 外,《戰爭責任·戰後責任, 日本とドイツはどう違う
　　　か》, 朝日新聞 出版, 2005. 10(第11刷; 第1刷 1994. 7.).
荒木(2004)：荒木稔惠,《西洋から仏教を耕した人、明治維新と宗教,そして増谷
　　　文雄博士》, 風濤社, 2004. 3.
洗建 外編(2008a)：洗 建·田中 滋 編,《國家と宗教, 宗教から見る近現代日本 上
　　　卷》, 法藏館, 2008. 7.
洗建 外編(2008b)：洗 建·田中 滋 編,《國家と宗教, 宗教から見る近現代日本 下
　　　卷》, 法藏館, 2008. 7.
安中(2000)：安中尙史,〈日蓮宗と海外布教〉,《現代日本と佛教 第2卷—國家と佛
　　　教》, 平凡社.
李泰昇(2017)：〈韓國佛教の立場から見た日本近代佛教の樣子〉,《印度學佛教學硏
　　　究》第65卷 第2號, 2017. 3.
池田(1976)：池田英俊,《明治の新佛教運動》, 吉川弘文館, 1976. 12.
池田(1995)：池田英俊,〈近代佛教の系譜〉《日本 佛教 4.近世·近代と佛教》, 法藏
　　　館, 1995. 12.
池田 外編(2000)：池田英俊 外編,《現代日本と佛教 II 國家と佛教》, 2000. 5.
石井(2004)：〈宗教者の戰爭責任-市川白弦その人の檢證を通して〉《岩波講座宗
　　　教8 暴力破壞 秩序》, 岩波書店, 2004 .9.
市川(1970)：市川白弦,《佛教者 戰爭責任》, 春秋社, 1970.
井上(2007)：井上順孝編,《近代日本の宗教家101》, 新書館 , 2007. 4.

稲垣(1993)：稲垣眞美,《近代佛教の變革者》, 大藏出版, 1993.11(初版 1975. 6).

今西(1990)：今西順吉, 〈わが国最初の〈印度哲学史〉講義〉(1),《北海道大學 文學部紀要》39-1, 北海道大學文學部, 1990.

今西(1991)：今西順吉, 〈わが国最初の〈印度哲学史〉講義〉(2),《北海道大學 文學部紀要》39-2, 北海道大學文學部, 1991.

今西(1993)：今西順吉, 〈わが国最初の〈印度哲学史〉講義〉(3),《北海道大學 文學部紀要》42-1, 北海道大学文学部, 1993.

宇井(1976)：宇井伯壽, 〈特別講演<印度哲學>命名の由來〉《インド哲学から仏教へ》, 岩波書店, 1976. 2.

岡田(2010)：岡田莊司[編],《日本神道史》, 吉川弘文館, 2010. 7.

小川原(2004)：小川原正道,《大教院の研究 - 明治初期宗教行政の展開と挫折》, 慶應義塾大學出版會, 2004. 8.

小川原(2010a)：小川原正道,《近代日本の佛教者》, 慶應義塾大學出版會, 2010. 4.

小川原(2010b)：小川原正道,《近代日本の戰爭と宗教》, 講談社, 2010. 6.

小澤(2009)：小澤 浩,《民衆宗教と國家神道》(日本史リブレット61), 山川出版社, 2009. 4(1版2 刷; 初版 2004. 6).

オリオン(2012)：オリオン・クラウタウ(Orion KLAUTAU),《近代日本思想として佛教史學》, 法藏館, 2012. 9.

川崎(1964)：川崎庸之·笠原一男編,《宗教史 體系日本史叢書18》, 山川出版社, 1964. 11.

川村(2004)：川村覚昭, 〈明治維新期に於ける廃仏毀釈と京都諸宗同徳会盟〉《京都産業大》日本文化研究所紀要》第9號, 2004. 3.

芹川(1989)：芹川博通,《近代化の佛教思想》, 大東出版社, 1989. 11.

北河(2003)：北河賢三,《戰爭と知識人》(日本史リブレット65), 山川出版社, 2003. 11(2010. 11, 1版3刷).

木場(2000a)：木場明志, 〈近代佛教研究を問う〉,《現代日本と佛教 第2卷—國家と佛教》, 平凡社.

木場(2000b)：木場明志, 〈眞宗と海外布教〉,《現代日本と佛教 第2卷—國家と佛教》, 平凡社.

木村(1969)：木村泰賢,《印度哲學宗教史》(《木村泰賢全集 第1卷》), 大法輪閣, 1981. 7(5쇄; 1쇄 1969. 2).

木村(1968-1)：木村泰賢,《印度六派哲學》(《木村泰賢全集 第2卷》), 大法輪閣, 1980. 9(5판; 초판1968. 8).

木村(1968-2)：木村泰賢,《阿毘達磨論の研究》(《木村泰賢全集 第4卷》), 大法輪閣, 1982. 2(5판; 초판 1968. 3).

木村(2002)：木村清孝, 〈詳論・原坦山の〈印度哲學〉の誕生 - 近代日本佛教史の一斷面〉《木村清孝博士還曆記念論集 ― 東アジア佛教 ― その成立と展開》, 春秋社, 2002. 11.

小谷野(2010)： 小谷野 敦,《天皇制批判の常識》, 洋泉社, 2010. 2.

工藤(2000)：工藤英勝, 〈曹洞宗と海外布教〉,《現代日本と佛教 第2卷―國家と佛教》, 平凡社.

柏原(1990)：柏原祐泉,《日本佛教史 近代》, 吉川弘文館, 1990. 6.

佐伯(1988)：佐伯惠達,《廃仏毀釈百年》, 鑛脈社, 1988. 2.

櫻井(1971)：櫻井 匡,《明治宗教史研究》, 春秋社, 1971. 5.

佐藤(2012)：井上圓了著・佐藤 厚譯,《佛教活論序論(現代語譯)》, 大東出版社, 2012. 10.

島地全集第1卷(1973) :編集者 二葉憲香・福嶋寬隆,《島地黙雷全集<全五卷>, 第1回配本/第1卷》, 本願寺出版協會, 1973. 4.

信夫(1978)：信夫清三郎,《明治維新》, 南窓社, 1978. 11.

ジョアキン(1998)：ジョアキン・モンティロ,《天皇制佛教批判》, 三一書房, 1998. 7.

ジョアキン(2002)：ジョアキン・モンティロ, 〈市川白弦論・現代佛教における社會倫理の問題を 中心に〉《駒澤大學禪研究所年報》第13・14號, 2002. 12.

淨土眞宗(2007)：淨土眞宗本願寺派,《戰爭と平和に学ぶ-宗教と國家を考える》, 本願寺出版社, 2007. 9.

末木(1993)：末木文美士,《日本佛教史, 思想史としてのアプローチ》, 新潮社, 1993. 2(3版; 初版 1992. 7).

末木(2004a)末木文美士,《明治思想家論―近代日本の思想、再考 I》, TRansview,

2004.

末木(2004b), 末木文美士,《近代日本と佛教—近代日本の思想、再考 II》, TRansview, 2004.

末木 編(2006)：末木文美士[編],《現代と佛教:いま佛教が問うもの、問われるもの》, 佼成出版社, 2006. 12.

末木(2010-1)：末木文美士,《近世の佛教—華ひらく思想と文化》, 吉川弘文館, 2010. 7.

末木(2010-2)：末木文美士,《他者、死者たちの近代》,トランスヒュー, 2010. 10.

末木(2011)：末木文美士,《新アジア佛教史14 日本IV 近代國家と佛教》, 佼成出版社, 2011. 3.

末木編(2012)：末木文美士編,《近代 佛教 Modernlty amd Buddhism》(國際シンポジウム 41, 2011), 國際日本文化センター, 2012. 3.

末木外編(2014)：末木文美士·林淳·吉永進一·大谷榮一,《ブッダの變貌》、法藏館, 2014. 3.

杉原(1992)：杉原誠四郎,《日本の神道、佛教と政教分離》,文化書房博文社, 1992. 10.

芹川(1989)：芹川博通,《近代化の佛教思想》, 大東出版社, 1989,11.

田村(2005)：田村晃祐,《近代日本の佛教者たち》, NHKライブラリー, 2005. 8.

辻(1931)：辻善之助,《日本佛教史之研究 續編》, (株)金港堂書籍, 1931. 1 [제3판 1942. 9].

辻(1949)：辻善之助,《明治佛教史の問題》, 立文書院,, 1949. 1.

戶塚(2009)：戶塚悅朗,《日本が知らない戰爭責任》, 現代人文社, 2009,6(普及版 1-2刷: 1-1刷 2008. 4：初版 1999. 3).

遠山(1991)：遠山茂樹,《明治維新と天皇》, 岩波書店, 1991. 1.

中西(2013)：中西直樹,《植民地朝鮮と日本佛教》, 三人社, 2013. 10.

中村(1994)：中村元,《インドの哲學體系 I：《全哲學綱要》譯註 I》(中村元選集 第28卷), 春秋社, 1994. 12.

中村(1995)：中村元,《インドの哲學體系 II：《全哲學綱要》譯註 II》(中村元選集 第29卷), 春秋社, 1995. 1.

新野(2014)：新野和暢，《皇道佛教と大陸布教》，社會評論社, 2014. 2.

日本佛教研究會編(1995)：日本佛教研究會編，《日本の佛教 第4號、 近世·近代と
　　　佛教》，法藏館, 1995. 12.

日本佛教研究會編(1998)：日本佛教研究會編，《日本の佛教 제II기 제1권, 仏教と
　　　出会った日本》，法藏館, 1998. 8.

日本佛教研究會編(2005)：日本佛教研究會編，《日本の佛教 第5號、 ハンドブック
　　　日本佛教研 究》，法藏館, 2005. 6(初版3刷 ; 初版1刷 1996. 4).

原坦山全集(1985)：原坦山和尙全集(釋悟庵 編輯, 川口高風 解說), 名著普及會,
　　　1985. 6[제1판은 1909년].

菱木(2000)：菱木政晴，〈日本佛教の戰爭責任〉，《現代日本と佛教 第2卷—國家と
　　　佛教》，平凡社.

ひろ さちや(1987)：ひろ　さちや，《仏教と神道》，新潮選書, 1987. 10.

藤井(2000a)：藤井健志，〈佛教の海外布教に關する研究〉，《現代日本と佛教 第2卷
　　　—國家と佛教》，平凡社.

藤井(2000b)：藤井健志，〈島地默雷の三條敎則批判〉，《現代日本と佛教 第2卷—國
　　　家と佛教》，平凡社.

ブライアン・アンドルー・ビクトリア著、エィミ・ルィズ・ツジモト 譯,
　　　2001，《禪と戰爭》，光人社(Brian Victoria, 1997, ZEN AT WAR, New
　　　York: Weatherhill).

星野(2012)：星野靖二，《近代日本の宗教概念》，有志舍, 2012. 2.

三浦(2004)：三浦節夫，〈井上圓了 著述 :井上圓了略年譜· 井上圓了著述目錄·《井
　　　上圓了選集》目次〉，《井上圓了センター年報》13호, 2004. 7 http://id.nii.
　　　ac.jp/1060/00002754).

三浦節夫(2007A)，「井上円了の初期思想(その一)，《眞理金針》以前」，《井上円了セ
　　　ンター年報》16, 2007. 9.(http://id.nii.ac. jp/ 1060/00002776).

三浦節夫(2007B), 三浦 ，「井上円了の初期思想(その二), 東京大學時代の軌」，《井
　　　上円了センター年報》16, 2007, 9.(http://id.nii.ac. jp/1060/00002777).

源(1998)：源 淳子《フェミニズムが問う王権と仏教》，三一書房, 1998. 7.

宮本(1975)：宮本正尊著，《明治佛教の思潮—井上圓了の事績—》，佼成出版社,

1975. 3.

村上(2011) : 村上 護著,《島地黙雷傳 劍を帶した異端の聖》, ミネルヴァ書房,
2011. 4.

村田(2000) : 村田安穂,〈廃仏毀釈と葬祭問題〉《現代日本と仏教》, 平凡社,
2000. 5.

安丸(1979) : 安丸良夫,《神々の明治維新 -神仏分離と廃仏毀釈》(岩波新書), 岩波
書店、1979. 11.

吉田(1996) : 編集·解說 吉田久一,《現代佛教思想入門》, 筑摩書房, 1996. 2.

吉田(1998) : 吉田久一, 1998,《近現代佛教の歷史》, 筑摩書房.

讀賣新聞(2006a) : 讀賣新聞 戰爭責任檢證委員會,《檢證 戰爭責任 I》, 中央公論
新社, 2006. 8(5版; 初版 2006. 7).

讀賣新聞(2006b) : 讀賣新聞 戰爭責任檢證委員會,《檢證 戰爭責任 II》, 中央公論
新社, 2006. 11(4版; 初版 2006. 10).

[한글 단행본 및 논문]

가노(2008) : 가노 마사나오 지음(서정완 옮김),《근대일본의 학문 – 관학과 민간
학(한림신서 일본학총서 90)》, 小花, 2008. 5.

가노(2009) : 가노 마사나오 지음(이애숙·하종문 옮김),《근대일본의 사상가들》,
삼천리, 2009. 3.

가마다(1985) : 鎌田茂雄著,《中國佛敎史》(鄭舜日譯), 경서원, 1985. 3.

가시와하라(2008) : 가시와하라 유센 지음(원영상、윤기엽、조승미 옮김),《일본
불교사 근대》, 동국대학교출판부, 2008. 8.

가토(2003) : 가토 요코 지음(박영준 옮김),《근대일본의 전쟁논리》, 태학사,
2003. 3.

권오문(2010) : 권오문 지음,《일본천황 한국에 오다》, 현문미디어, 2010. 10.

김호성(2015) :〈이노우에 엔료(井上圓了)의 활동주의와 그 해석적 장치들〉,《불
교연구》제42집, 한국불교연구원, 2015. 2.

김영숙(2009) : 김영숙,《근대 일본의 동아시아 정책》, 선인, 2009. 9.

나리타 외(2011) : 나리타 류이치 외 지음(연구공간 수유 + 너머 '일본 근대와 젠더 세미나팀' 옮김), 《근대 지의 성립(근대일본의 문화사3 : 1870~1910년대 1)》, 소명출판, 2011. 2.

다치바나(2008) : 다치바나 다카시 지음, 《천황과 도쿄대 1》(이규원 옮김), ㈜청어람미디어, 2008. 10(1판2쇄; 1판1쇄 2008. 9).

도히(1991) : 도히 아키오 지음, 김수진옮김, 《일본기독교사》, 기독교문사, 1991. 9[1판2쇄 2012. 12].

동국대학교 불교문화연구원 엮음, 《근대 동아시아의 불교학》, 동국대학교출판부, 2008. 8.

동국대학교 불교문화연구원 엮음, 《동아시아 불교, 근대와의 만남》, 동국대학교 출판부, 2008. 8.

마리우스(2006a) : 마리우스 B. 젠슨 지음(김우영·강인황·허형주·이정 옮김), 《현대일본을 찾아서 1》, 이산, 2006. 1.

마리우스(2006b) : 마리우스 B. 젠슨 지음(김우영·강인황·허형주·이정 옮김), 《현대일본을 찾아서 2》, 이산, 2006. 1.

무라오카(1998) : 村岡典嗣지음(박규태옮김), 《일본신도사》, 예문서원, 1998. 11.

무라카미(1989) : 무라카미 시게요시외(최길성편역), 《일본의 종교》, 예전사, 1989. 9(1993 재판).

박삼헌(2012) : 박삼헌지음, 《근대 일본 형성기의 국가체제 - 지방관회의·태정관·천황》, 소명출판. 2012. 2.

빅토리아(2009) : 브라이언 다이젠 빅토리아 지음(정혁현 옮김), 《전쟁과 선》, 인간사랑, 2009. 11.

빅토리아(2013) : 브라이언 다이젠 빅토리아(박광순 옮김), 《불교파시즘》, 교양인, 2013. 4.

서현섭(1997) : 서현섭 지음, 《일본인과 천황》, 고려원, 1997. 3.

송현주(2014) : 〈"불교는 철학적 종교" : 이노우에 엔료(井上圓了)의 '근대일본불교' 만들기〉, 《불교연구》제41집, 한국불교연구원, 2014. 8.

스에키(2009a) : 스에키 후미히코 지음(백승연옮김), 《일본종교사》, 논형, 2009. 7.

스에키(2009b) : 스에키 후미히코 지음(이태승·권서용 옮김),《근대일본과 불교》, 그린비, 2009. 9.

시마조노(1997) : 시마조노 스스무 지음(박규태 옮김),《현대일본 종교문화의 이해》, 청년사, 1997. 3.

심봉섭(1996), 〈일본의 인도철학 연구현황〉,《일본의 인도철학·불교학 연구》, 아세아문화사.

아베(2000) : 아베 마사미치 저(배정웅 역주),《神社文化를 모르고 日本文化를 말할 수 있는가?》, 도서출판 계명, 2000. 12.

야마오리(1995) : 야마오리 테츠오 저(이태승 역), 〈近代日本佛敎學의 功過〉,《印度哲學》제5집. 1995.

야마오리(2009) : 야마오리 데츠오 저(조재국옮김),《근대일본인의 종교의식(한림신서 일본학총서 92)》, 小花, 2009. 3.

야스마루(2002) : 야스마루 요시오 지음(이원범 옮김),《천황제 국가의 성립과 종교변혁(한림신서 일본학총서 67)》, 小花, 2002. 9.

요시다(2005) : 요시다 유타카 지음(최혜주 옮김),《일본의 군대 : 병사의 눈으로 본 근대일본》, 논형, 2005. 8.

원영상(2009) : 원영상,〈근현대 일본의 국가권력과 종교」,《불교학보》제53집, 동국대학교 불교문화연구원, 2009. 12.

원영상(2011) : 〈근대 일본불교의 서양사상의 수용과 전개〉,《동양철학연구》제67집, 동양철학 연구회, 2011. 8.

윤기엽(2005) : 윤기엽,〈廢佛毁釋과 메이지정부(明治政府)〉,《佛敎學報》제45집.

윤기엽(2007) : 윤기엽,〈일본大正時代 佛敎界의 編纂事業〉《韓國佛敎》제48집.

이에나가(2005) : 이에나가 사부로 지음(현명철 옮김),《전쟁책임》, 논형, 2005. 1.

이에나가(2006) : 이에나가 사부로(家永三郞) 엮음(연구공간 '수유+너머' 일본근대사상팀 옮김),《근대 일본 사상사》, 소명출판, 2006. 9.

이치노헤(2013) : 이치노헤 쇼코 지음(장옥희 옮김),《조선침략참회기 : 일본 조동종은 조선에서 무엇을 했나》, 동국대학교출판부, 2013. 4.

이태승(2006) : 〈日本 明治時期 廢佛毁釋의 展開와 그 原因에 대하여〉,《제45회 한국불교학회 추계학술발표대회》(발표논문초록집).

이태승(2013a) : 〈일본 메이지시기 불교의 전개와 근대불교학의 성립〉《한국불교사연구입문 下》, 지식산업사. 2013. 9.

이태승(2013b): 〈일본근대불교계의 전쟁에 대한 인식 연구〉, 《불교학연구》제36호, 불교학연구회, 2013. 9.

이태승(2014a) : 〈일본 근대 인도철학의 성립과 하라 탄잔(原坦山)의 역할〉, 《인도철학》제42집, 2014. 12.

이태승(2014b) : 《지성불교의 철학》, 올리브그린, 2014. 12.

이태승(2015) : 〈일본 근대의 신도와 불교의 갈등〉, 《日本佛教文化硏究》제12호, 한국일본불교문화학회, 2015. 12 [서울대 역사연구소 제5차국제학술대회 "종교, 권력 그리고 사회갈등" 발표집, 2012. 11.].

이태승(2016a) : 〈일본 근대의 불교가 이노우에 엔료의 활불교에 대하여 - 《불교활론서론》의 활불교를 중심으로〉《동아시아불교문화》제27집, 동아시아불교문화학회, 2016. 9.

이태승(2016b) : 〈일본 최초의 <인도철학사> 강의록에 대한 일고찰〉, 《인도철학》제48집, 인도철학회, 2016. 12.

이태승(2018) : 〈일본 근대의 불교가 이노우에 엔료의 기독교비판과 그 의의 -《진리금침초편》을 중심으로-〉, 《불교연구》49, (사)한국불교연구원, 2018. 8.

일본역사교육자협의회(2001) : 일본역사교육자협의회 엮음(김현숙 옮김), 《천황제 50문50답》, 혜안, 2001. 10.

조용래(2009) : 조용래 지음, 《천황제코드》, 논형, 2009. 7.

최승표(2007) : 최승표지음, 《메이지 이야기 1》, BG북갤러리, 2007. 3.

한국유학생 인도학불교학연구회 편, 1996, 《일본의 인도철학 · 불교학 연구》, 아세아문화사(《韓國佛敎學 SEMINAR》第6號 韓國語版特輯號, 1995).

함동주(2009) : 함동주 지음, 《천황제 근대국가의 탄생》, 창비, 2009. 2

허남린(2005) : 〈일본에 있어서 불교와 불교학의 근대화〉, 《종교문화비평》통권8호, 한국종교문화연구소.

후기

"불가(佛家)의 폐불을 슬퍼하는 것은, 사탑(寺塔)의 파괴를 슬퍼하는 것이 아니고, 의식(衣食)이 줄어듦을 슬퍼하는 것이 아니고, 관록(官錄)을 잃는 것을 슬퍼하는 것이 아니고, 단지 천과 인간 세계에 이 지선(至善)의 도를 잃는 것을 슬퍼하는 것이다. 승려가 홍법(興法)을 마음에 두고, 폐불을 방지하는 것은 오직 이것을 위한 때문이다."(福田行誡,《釋門新規三策》; 村上 護《島地黙雷傳》p.153에서 재인용)

〈후기〉를 쓰려고 마음먹은 상황에서 떠오르는 글로서, 이 책을 쓰면서 가장 깊게 가슴에 와 닿은 일본 정토종의 승려 후쿠다 교카이 상인(上人)의 글이다. 이 글은 저자인 본인이 왜 일본의 근대불교에 대해 연구하는가를 자문자답하였을 때, 가장 명확하고 분명하게 답을 주고 힘을 준 글이기도 하다. 일본 근대 초기 폐불훼석의 난에 임해 무수한 불교의 승려와 신도들이 가졌을 마음을 헤아려보면 천차만별이었겠지만, 이러한 '지선의 도'로서 불법에 대한 확실한 믿음이 없었다면 폐불훼석의 난을 극복하고 근대불교학이 성립될 토대를 만드는 일은 지난

(至難)한 일이 되었을 것이라 생각된다. 본서를 준비하는 과정에서 만난 후쿠다 상인의 말에 크게 공감하고 힘을 얻으며 지금에 이르렀지만, 그렇더라도 지금 저자로서 〈후기〉에 임하는 마음은 실로 복잡하다.

따라서 먼저 〈후기〉에 임하는 심경을 털어놓는 것으로 글을 시작해야 할 것 같다. 지금의 마음은 사실 저자인 본인도 잘 모르는 다양한 심정이 솟구쳐 오르는 것을 느낀다. 그간의 작업을 정리하고 마무리했다는 산뜻한 기분은 물론 좀 더 많은 자료를 바탕으로 더욱 깊이 있는 저서가 되어야 하는데 그렇지 못한 듯한 아쉬움 그리고 근년 이 분야에 관심을 갖고 연구한 것이 정말 잘한 일이었는지에 대한 반성 등 다양한 생각들이 감성 속에 춤추는 듯한 느낌을 받는다. 아마도 지금의 시점에서 스스로의 평가는 그다지 의미있는 일은 아닐 듯하지만, 본서의 준비 내내 기울였던 많은 시간과 열정을 돌이켜 보면 출간의 시점에서 다양한 감정이 솟아나는 것은 어쩌면 당연한 일이라고도 느껴진다. 이러한 다양한 감정의 고리를 우선적으로 정리해 보고자 한다.

먼저 본서의 출간에 임해 산뜻하고도 즐거운 기분은 분명하게 느낄 수 있다. 이것은 2009년 9월 출간된 역서 《근대일본과 불교》(스에키 후미히코 저, 이태승·권서용 옮김, 그린비)를 다시 펼쳐보니 더욱 분명해진다. 아마도 당시 역서의 출간을 앞둔 시점에서 향후 과연 역자인 본인이 근대일본과 관련해 독자적인 저술을 낼 수 있을까 생각은 했겠지만 그것은 당연 알 수 없는 일이었다. 나름 불교철학 그 중에서도 인도 중관철학을 연구한 입장에서 일본 근대불교에 약간의 관심을 가졌고 그 증표로서 역서를 출간한 정도의 수준에서 과연 저술을 출간할 수 있을까는 당연 미지수였고 가능한 일은 아니었음에 틀림없었다. 하지만 역서의 출간으로부터 정확히 10여 년의 시간이 흐른 지금, 독자적인 저술을 출간하는 심정은 당연 이 분야에 들인 열정과 관심이 깊었고 또한 스스로도 그 중요성을 깊이 느꼈던 것임은 말할 것도 없다. 단순한 관심의 영역을 넘어 연구자로서 그간의 연구결과를 정리 출간하는 마음은 당연히 가슴 벅차고 의미 있는 일임이 분명하다고 스스로에게 말하고 싶다.

하지만 당연히 이러한 벅찬 가슴의 뒤에는 아쉬운 마음도 따르게 마련인 듯하다. 아주 젊은 날부터 관심을 가지고 자료를 모은 것이 아니라 근래 수년정도의 기간에 자료를 모으고 정리한 것으로, 실제 근대불교와 관련된 자료가 충분치 못하다는 느낌을 받는다. 아마도 이것은 향후 필자가 어떠한 마음으로 이 분야를 지속해 갈 런지에 달려있는 문제이기도 할 것 같다. 또한 이것은 앞에서 과연 이 분야에 대한 연구를 한 것이 잘 한 것인지에 대한 반성의 생각과도 연결이 될 듯하다. 곧 이러한 반성의 생각은 한국이나 일본의 불교에 대해 현실적으로 보다 깊이 접근해서 이해해야 풀어질 문제라고 생각된다. 그것은 근대일본의 불교가 우리나라와는 역사적으로 뗄래야 뗄 수 없는 현실적 문제와 결부되어 있어 그러한 현실인식에 대한 경중(輕重)의 여부가 향후의 연구로 이어지리라 생각된다. 따라서 본서의 〈후기〉에 임해 생겨나는 감정은 그간의 노고와 향후의 연구와 관련된 것으로 새기고 정리하는 것으로 하고, 좀 더 본서의 이해를 돕는 의미로서 글의 내용을 서술해 가기로 한다.

먼저 본서의 부제와 관련된 언급을 하여야 할 듯하다. 필자가 본서의 부제를 '재활'로 잡은 것은 이노우에 엔료의 '활불교'의 용어에 영향을 받았음을 밝힌다. 메이지 유신으로 인한 불교탄압에서 불교가 다시 살아나 사회적 역할을 한다는 입장에서 '재생', '재흥', '부활', '부흥' 등의 다양한 용어가 떠올랐지만, 이노우에 엔료의 '활'의 개념을 살린다는 의미에서 '재활'의 명칭을 붙였다. 메이지 유신 이전의 도쿠가와 막부에서의 불교의 위상은 상당히 높았다고 할 수 있지만, 불교에 대한 탄압과 불교의 위상추락의 어려운 여건에서 불교계가 어떻게 어떤 노력을 통해 다시 소생의 기회를 갖게 되었는가를 밝히는 것이 본서의 목적으로, 이것을 잘 나타내는 것이 '재활'이라고 생각된다. 이러한 '재활'을 통해 일본의 불교계는 오늘날과 같은 세계적인 불교학의 메카가 되었다고 생각된다.

다음으로 본서의 출간의 경과에 대해 언급해야 할 것 같다. 앞에서 밝힌 바와 같이 필자는 근대불교에 대한 관심을 2009년의 역서를 통해 드러내었지만, 실제 역서 출간의 시점에서는 미래는 불투명하였다. 그러한 불투명한 미래가 좀 더 분명해진 것이 본서 〈서장〉의 논문이 2013년도 출간된 것이다. 사실 〈서장〉의 논문을 집필한 것은 그보다도 훨씬 전의 일이지만 2013년 출간되었고, 이 시점에서 필자도 조금 더 관심을 가지고 근대의 일본을 연구하고, 그 결과로서 나온 것이 〈일본 근대불교계의 전쟁에 대한 인식 연구〉(2013,9)이었다. 그리고 이 논문의 작성을 위해 2013년 1월 그간 많은 도움을 주신 스에키 후미히코 선생이 재직하던 교토의 국제일본문화연구센터(일문연)에 머물기도 하였다. 일문연과의 인연은 그 후로도 2년간 매년 1개월 정도 일문연을 방문하였고, 2015년 3월 스에키 선생의 퇴직 시점에도 여러모로 신세를 지며 일문연에 머무르기도 하였다. 당시 일문연에서 모은 자료들이 본서 논문들의 기본적인 토대가 된 것은 말할 것도 없다.

이렇게 일문연의 자료 등에 의해 연구에 관심을 높여가는 중에 한국연구재단에 지원한 근대일본불교에 대한 과제가 채택되어 지원을 받기도 하였다. 이 연구재단의 과제는 한정된 기간에 상당한 연구 성과를 전제로 한 것이어서 생각 이상으로 힘든 경험을 하였다고 생각된다. 과제 수행을 완결한 지금 돌이켜보면 안도의 한숨이 절로 나오지만, 과제 완수를 위해 애를 쓴 것은 앞으로도 잊을 수 없는 추억이 되리라 생각한다. 이렇게 본서의 출간에는 일문연이나 연구재단과의 추억이 담겨있고, 또한 그와 함께 근대불교와 관련한 일본에서의 발표 및 일본 학자들과 교유 등 실제 일본과의 추억도 담겨있다. 특히 일본근대불교사연구회의 핵심 역할을 담당하는 안나카 나오후미(安中尙史) 선생을 2017년 11월에 한국으로 초청해 서울의 (사)한국불교연구원에서 세미나를 거행한 추억은 오래도록 기억되리라 생각된다.

이러한 경과를 통해 본서의 내용이 만들어지고 출간에 임하게 되었지만, 본서의 의도를 다시 한 번 분명히 하고 싶다. 저자가 본서에서 의도한 것은 제목에서와 같이 메이지 유신 이후 불교계의 모습을 살피고자 한 것이다. 곧 메이지 정부의 신도국교화정책 속에 소위 폐불훼석의 탄압과 규제를 받은 불교계가 어떻게 그러한 어려움을 극복하고 사회적 역할을 인정받게 되는가를 개별의 논문을 통해 살펴본 것이다. 따라서 그러한 폐불훼석의 역사적 경과 속에서 불교계의 노력과 결실을 드러내는 대표적인 것으로 제종동덕회맹의 결성, 대교원의 설립과 폐지, 도쿄대학 내 불교강좌 개설, 인도철학의 성립과 전개, 이노우에 엔료의 활동 등을 선정해 심도있게 살펴보았다. 이러한 중요한 역사적 사건을 개별적으로 깊이 있게 살펴보고, 또 그러한 사건들의 좀 더 전반적인 의미를 〈부편〉을 통해 살펴보았다.

따라서 본서는 근대 초기 일본 불교의 억압과 재활에 초점이 맞춰져 있지만, 실제 근대기 전반의 일본은 우리나라와 직접적인 관계를 가지고 있다. 하지만 이런 직접적인 관계 속에서 정치적이고 사회적인 문제에 대한 고찰은 저자의 능력을 벗어나는 것으로 다루지 못했지만, 실제 여러 역사적 사실들을 연구 과정에서 자연스레 알게 되고 인식되기도 하였다. 특히 일본불교의 전쟁 책임을 공개적으로 제기한 이치카와 하쿠겐(市川白弦)이나 브라이언 빅토리아 등은 보다 새롭게 알게 된 인물로 향후 좀 더 관심을 가지고 살펴볼 필요가 있다고 생각된다. 그리고 우리나라의 일제강점기도 일본의 근대기 불교와 직접적으로 관련이 되어 있어 향후 근대기 불교연구를 어떻게 할지도 진지하게 고려해 보고 싶다.

본고의 〈후기〉를 마무리하는 시점에서 다시 한번 스에키 후미히코 선생님께 감사를 드리고 싶다. 스에키 선생의 《근대일본과 불교》는 근대기 일본불교의 사정에 굶주려 있던 필자에게 많은 정보를 제공해 준 책으로 잊을 수 없다. 그 책을 번역한 이후 선생님과의 교류, 여러모로 편의를 아낌없이 봐주시던 모습, 아마도 일생 내내 잊을 수 없을 것 같다. 사실 그러한 감사의 증표로서 본서의 〈추천사〉를 부탁하여 받은 것으로, 앞으로도 내내 건강하시고 또 지도편달을 바라는 바이다. 그리고 앞의 〈머리말〉에서 거론한 분들 외에도 일본 유학 이후 오랫동안 교유한 여러 지인들이 생각난다.

특히 2017년 12월 타계하신 일본 고마자와대학의 은사이신 나라

야스아키(奈良康明) 선생님의 부드럽고 배려에 넘친 모습은 잊을 수가 없다. 1988년 4월 처음 뵈었던 이래 늘 자상하고 온화한 모습을 잃지 않고, 운명하시는 순간까지 학문적 책임과 유머 감각을 잃지 않으신 선생님의 영전에 이 책을 바치고 싶다. 그리고 한결같은 학자의 귀감을 보이시는 은사 마츠모토 시로(松本史朗) 선생님에게 감사의 말씀을 올리고 싶다. 지금도 느껴지는 따뜻한 후의에 감사드리며, 늘 건강하시길 기원한다. 그 외에도 앞에서 언급한 안나카 나오후미 선생, 저자와 일본 유학시절부터의 지인인 사쿠마 겐유(佐久間賢祐) 선생, 이노우에 엔료의 《불교활론서론》의 현대일본역을 출간한 사토 아츠시(佐藤厚)선생 등은 잊을 수 없는 고마운 분들이다.

　　본서의 출간이 앞으로 한국과 일본의 선린우호에 서로 도움이 되는 계기가 될 수 있도록 더욱 심도 있게 고민해야 할 시점이라 생각된다.

2019년 6월
의암 識

색인

폐불훼석과 근대불교학의 성립

근대 초기 일본불교 재활 연구

초판 1쇄 2020년 2월 13일

지은이   이태승
펴낸이   오종욱
펴낸곳   올리브그린
주소   경기도 파주시 회동길 145 아시아출판문화정보센터 2F 201호
이메일   olivegreen_p@naver.com
전화   070-6238-8991
팩스   0505-116-8991

가격   18,000원
ISBN   978-89-98938-30-7 93220

이 도서의 국립중앙도서관 출판도서목록(CIP)은 서지정보유통지원시스템 홈페이지
(http://seoji.nl.go.kr)와 국가자료공동목록시스템(http://www.nl.go.kr/kolisnet)에서 이
용하실 수 있습니다. (CIP제어번호: CIP2019039646)